企业员工的知识分享

基于多层次及多元文化的视角

李倩　龚诗阳◎著

本书受到
国家自然科学基金项目（72072014、71972040、71702010）
北京外国语大学青年学术创新团队项目（2021JT001）
北京外国语大学卓越人才计划项目
资助

中国经济出版社
CHINA ECONOMIC PUBLISHING HOUSE
·北京·

图书在版编目（CIP）数据

企业员工的知识分享：基于多层次及多元文化的视角 / 李倩，龚诗阳著．--北京 ：中国经济出版社，2022

ISBN 978-7-5136-7102-6

Ⅰ．①企… Ⅱ．①李… ②龚… Ⅲ．①企业管理-知识管理-研究 Ⅳ．①F272.4

中国版本图书馆 CIP 数据核字（2022）第 175225 号

责任编辑　牛慧珍
责任印制　马小宾
封面设计　任燕飞

出版发行　中国经济出版社
印 刷 者　北京艾普海德印刷有限公司
经 销 者　各地新华书店
开　　本　710mm×1000mm　1/16
印　　张　16.75
字　　数　270 千字
版　　次　2022 年 6 月第 1 版
印　　次　2022 年 10 月第 2 次
定　　价　88.00 元
广告经营许可证　京西工商广字第 8179 号

中国经济出版社　**网址** www.economyph.com　**社址** 北京市东城区安定门外大街 58 号　**邮编** 100011
本版图书如存在印装质量问题，请与本社销售中心联系调换（联系电话：010-57512564）

前言

preface

知识分享是组织知识管理和组织学习的重要环节。组织内有效的知识分享能帮助企业开发和利用内部丰富的知识资源，使其在动态变化的市场环境中获得持续的竞争优势。员工是组织内知识的来源，也是进行知识分享的主体。因此，如何促进他们在工作环境中积极做出分享知识的行为是值得深入探讨的话题。目前，学者们从组织情境、团队特征及个体和领导特征三个层面分别开展了一些研究。但总体而言，当前研究的数量仍相对有限，对不同层面影响变量的叠加研究还有待深入，有关影响知识分享行为的内在机制和情境效应的研究也有待进一步扩展。

有研究指出，想要推动员工间自由分享知识，首先要建立适当的组织员工社会关系。员工感知到的社会交换关系质量越好，越愿意自由分享知识。因此，在本书中，我们首先考察了员工在企业内部面临的多层次社会交换关系：与组织的交换关系（组织支持感）、与领导的交换关系（领导—成员交换）以及与团队内其他员工的交换关系（团队—成员交换），对于知识分享行为的影响。同时，我们也对上述影响关系产生的内部作用机制和情境因素进行了探讨。

此外，随着中国企业逐渐走向世界舞台的中央，员工在工作中也面临着越来越复杂的多元文化环境。一方面，企业工作中的各个环节更加多元化，例如，积极开拓各级海外市场，全球范围内招聘国际员工，向全球子公司外派员工等。另一方面，随着全球化发展的不断深入，员工的文化视野也变得越来越宽广。例如，许多员工都有丰富的海外学习和交流经历，各类媒体平台上提供了丰富的来自不同文化的作品等。不断累积的多元文化经历会对员工的心理状态产生影响，进而影响他们在工作中的知识分享行为。

因此，本书在这一研究背景下，同时从多层次和多元文化两个研究视角着手，探讨了多层次交换关系与多元文化经历对于企业员工知识分享行为的影响，同时讨论了在上述影响过程中的内部作用机制和情境因素。希望本书的研究结论能够为企业提升知识管理能力和促进员工个人成长提供一定的借鉴和参考。

对于本书的付梓，我要感谢众多的师长、同事、亲友和学生。首先，我要感谢我的导师清华大学经济管理学院的陈国权教授。感谢陈老师在博士期间对我的教导和帮助。本书的部分内容来自博士论文，虽然当时的研究较为稚嫩，但这也是对博士经历和陈老师教导的一种总结。既是终点也是起点。感谢北京外国语大学各位领导和同事对我的支持和帮助。很荣幸能和他们共事，更感谢他们在我来到北外之后在各方面给予的关心与支持。感谢我博士同师门的各位兄弟姐妹，学术道路上能与他们为伴十分荣幸。感谢我的学生李超凡、可祎、刘增燕在本书校对过程中提供的帮助。

本书得到了国家自然科学基金项目（72072014、71702010）、北京外国语大学青年学术创新团队项目（2021JT001）、北京外国语大学卓越人才计划项目、北京外国语大学“双一流”重大（点）标志性项目（2022SYLZD001）和“双一流”建设专项项目（SYL2020ZX012）的支持。

最后，我要把本书献给我的父母和先生，感谢他们无私的爱与支持，推动着我不断进步。

李 倩

2022 年 3 月 1 日于北京

目 录

contents

第1章

绪　论

1.1 研究背景

在知识经济时代，知识分享对于企业和个人发展都具有重要意义。对企业而言，知识分享是组织知识管理和组织学习的重要环节。企业内部有效的知识分享能帮助企业开发和利用内部丰富的知识资源，使其在动态变化的市场环境中获得持续的竞争优势。并且，知识分享也是企业内部知识存储和更新的重要途径，员工间积极分享知识有利于企业进行知识迭代，促进组织公民行为，营造积极健康的组织氛围。于员工而言，知识分享也具有重要意义。一方面，知识分享会促进员工自身的知识学习和更新，员工能在知识分享中获得自我成长和进步。另一方面，知识分享也是企业看重的组织公民行为。员工积极做出知识分享行为能够为组织和个人带来正向回馈。

员工是组织内知识资源的来源，也是进行知识分享的主体。因此，如何促进他们在组织中积极做出分享知识行为是一个值得深入探讨的话题。目前，学者们从组织情境、团队特征及个体和领导特征三个层面分别开展了一些研究。在组织情境层面，学者们探讨了组织文化和氛围、管理支持、薪酬奖励制度、组织结构等对员工知识分享的影响（Wang，2004；Willem & Scarbrough，2006；Al-Alawi et al.，2007；Schepers & Van den Berg，2007）。在团队特征和人际关系层面，现有研究主要从团队属性、多样性、社会网络和人际信任与公平四个方面开展了相应研究（De Vries et al.，2006；Sawng et al.，2006；Smith et al.，2006）。在个体和领导力特征层面，学者们主要探讨了个体性格特征、动机、态度以及领导力类型的问题。

然而从总体来看，现有关于员工知识分享研究的数量和层次都相对有限，主要从单一层面切入，缺少对不同层面影响变量的叠加研究。此外，对影响知识分享行为的内在机制和情境效应也有待进一步研究。因此，本书在现有研究的基础上，进一步拓展了员工知识分享的研究层次和视角，以多层次和多元文化为切入点，创新性地探讨了员工在组织内的多层次交换关系和自身的多元文化经历对于知识分享行为的影响，以及在上述影响关系中的作用机制和情境因素。

1.2 研究内容

本书立足于中国企业的知识管理问题，着重探讨了影响企业员工知识分享行为的因素，具体而言，主要研究内容可分为两个研究视角：多层次和多元文化。第一部分研究主要立足于员工在企业中的多层次交换关系：与组织的交换关系（组织支持感）、与领导的交换关系（领导—成员交换）和与团队成员的交换关系（团队—成员交换）对于个体知识分享行为的影响。第二部分研究主要立足于员工的多元文化经历（包括深度多元文化经历和广度多元文化经历）对于个体知识分享行为的影响。主要内容的安排和布局如下：

第一部分即绪论，主要介绍本书的研究背景和意义、研究内容和观点，以及相应的研究方法。

第二部分包括第2~7章。主要从多层次的研究视角，探讨了企业员工三种类型的社会交换关系：与组织的交换关系（组织支持感）、与领导的交换关系（领导—成员交换）和与团队成员的交换关系（团队—成员交换）与知识分享的关系问题。第一，提出了这部分研究的背景和意义，引出研究问题。第二，对关键变量的已有文献进行细致梳理，提炼出研究脉络。第三，基于已有文献，提出本部分研究的理论模型和研究假设。第四，介绍研究所使用的关键方法和技术路线。第五，介绍本部分研究的数据情况及数据分析结果。第六，总结研究结论，提出理论贡献和管理启示，并对未来研究提出展望。

第三部分包括第8~12章。主要从多元文化的视角，探讨了不同类型的多元文化经历：深度多元文化经历和广度多元文化经历与知识分享的关系问题。第一，介绍研究背景并提出研究问题。第二，对多元文化经历等关键研究变量进行回顾和总结。第三，基于现有研究和理论基础，提出多元文化经历对知识分享影响的理论模型和研究假设。第四，介绍多元文化经历的数据来源及数据分析结果。第五，总结本部分的研究结论和贡献，并对未来研究提出展望。

1.3 研究方法

为验证本书提出的理论模型和研究假设，我们综合运用了文献研究、问卷调查和实证分析的方法。第一，我们对于本书中涉及的关键研究变量，细致地梳理了国内外高水平期刊上的相关文献，系统地分析了目前的研究进展和趋势，为构建理论框架和提出研究假设打下了坚实的理论基础。第二，问卷调查法。我们根据已有的国内外成熟量表设计了本书中的相关调查问卷。采用成熟量表的优点在于确保了良好的信度和效度，因此能够获得相对可靠的研究结论。第三，实证分析法。为了验证本书提出的主效应、中介效应和调节效应等，我们根据所获得的一手数据，采用了最小二乘回归、Bootstrap 等方法对于相应假设进行了实证检验，确保所得结论的科学性和可靠性。

1.4 主要观点

基于本书的理论框架和研究假设，根据对所获得的一手数据进行的实证分析，本书获得了如下主要观点。首先，从多层次的理论视角来看，员工在组织内的多层次社会交换关系会对知识分享行为产生显著影响。具体而言，员工感受到的高质量的组织支持感、良好的领导—成员交换关系和团队—成员交换关系都会正向促进员工的知识分享行为。在上述影响过程中，员工的自我效能感起到了中介作用，即高质量的多层次交换关系会通过提升员工对于自身能力的信心而促进知识分享行为；员工感知到的组织公平氛围在上述关系中起到了正向调节作用，即组织的工作氛围越公平公正，多层次交换关系对员工知识分享行为的影响会越显著。其次，从多元文化的理论视角来看，员工的多元文化经历（包括广度多元文化经历和深度多元文化经历）会对其知识分享行为产生显著影响。具体而言，个体接触的外国文化内容越丰富，外国经历时间越长，越有利于促进个体的知识分享行为。多元文化经历的深度和广度会提升个体的核心自我评价，进而促进其知识分享。个体对多元文化经历的评价在多元文化经历与知识分享的关系中起调节作用，即个体对自身多元文化经历的评价越积极，多元文化经历对知识分享的影响越显著。进一步地，个体多元文化经历评价会正向调节核心自我评价在多元文化经历与知识分享关系中的中介作用，即个体多元文化经历的评价越积极，核心自我评价在多元文化经历与知识分享关系中的中介效应越显著。

1.5 研究意义

基于所获得的研究结论，本书对于企业管理理论和实践具有如下意义。

在理论方面，本书的理论贡献主要体现在以下三方面。

首先，本书拓展了知识分享行为的前因变量研究。有关员工知识分享行为的研究，是信息系统、组织行为学、战略管理和心理学等领域学者共同关注的问题。早期的研究集中在信息系统领域，主要关注企业内部的知识管理系统对于员工知识分享的影响。而后，学者们发现，知识管理系统本身并不能显著地促进员工在组织内部做出知识分享行为，已有研究缺乏对促进员工知识分享行为的组织、团队及个体和领导变量的考虑（Cabrera et al.，2006）。因此，学者们在之后的研究中对上述三个层次的影响变量分别开展了相应研究。纵观已有研究，我们发现其主要关注单一层面的变量，未考虑多层次变量的叠加效应。因此在本研究中，我们从多层次和多元文化两个理论视角着手，探讨了个体的多层次交换关系和多元文化经历对于员工知识分享行为的影响，丰富了员工知识分享行为的前因变量研究。

其次，本书丰富了影响个体知识分享行为的内部机制研究。本书在多层次和多元文化的研究视角中，都引入了关于内部机制的探讨。在多层次研究中，我们发现个体的自我效能感在员工多层次交换关系和知识分享的关系中起中介作用，即高质量的交换关系会让员工增加对自身能力的信心，进而更愿意做出知识分享行为。在多元文化的研究中，我们发现个体的核心自我评价在多元文化经历与知识分享的关系中起中介作用，即丰富和深入的多元文化经历会促进个体提升对自身的评价，从而使其更愿意做出知识分享行为。上述对于中介机制的探讨有利于研究者深入理解员工知识分享行为产生的作用机制。

最后，本书丰富了影响个体知识分享行为的情境因素研究。我们在研究中也发现了影响个体知识分享行为的情境因素。在多层次交换关系和知识分享的研究中，我们发现组织公平氛围会对员工知识分享产生显著影响。当员工感到较高的程序公平和正义时，会对组织、领导和团队产生更高的信任，更愿意在工作中付出，做出更多的知识分享行为。在多元文化经历与知识分享的研究中，我们发现个体对于多元文化经历的评价会对其知识分享行为产生显著影响。当员工对多元化的经历持有积极态度时，他会以更积极的态度面对多元文化经历给自己带来的影响，持有更开放的心态，在组织中做出知识分享行为。上述研究结论对于我们理解影响知识分享行为的情境具有重要意义。

在实践层面，本书的实践意义主要体现在以下两方面。

首先，本书的研究结论表明，员工在工作环境中的社会交换关系（组织支持感、领导—成员交换、团队—成员交换）会对知识分享行为产生积极的正向影响，而知识分享会对企业绩效和创新产生积极的促进作用。因此，企业应从多方面着手，营造良好的企业氛围，注重培养和维系与员工较好的关系质量。在组织层面，应多建立相应制度以给予员工更多的支持。例如，鼓励和奖励员工为组织发展献计献策、贡献知识，制定更贴近员工需求的福利政策等。通过制度和资源上的保证，让员工感受到来自组织的高水平支持；在领导层面，建议直属领导在工作中多给予下属资源支持，适当考虑给予下属更高的工作自主权，慎重提出负面意见，鼓励下属创新性地完成工作任务；在精神层面，多给予下属关心和照顾；在团队层面，建议团队建立相应制度来保证内部员工的沟通和交流。例如，定期举行经验交流活动、建立师傅带徒弟制度等，此外也可以考虑在个体绩效考核方面适当加入团队内部合作考核，在制度上促进团队成员间多交流和沟通，形成合作的工作氛围，增强彼此间的信任和帮助。

其次，本书的研究结论也有助于企业科学认识多元文化经历对于员工知识分享的作用，在员工甄别筛选以及团队构成中，将多元文化经历作为参考，从而促进企业内部员工的知识分享行为。随着企业对于员工多元文化经历的关注和重视，企业可以开展对于员工多元文化经历的培训。研究发现，多元文化经历的增长不一定需要物理上的“移动”（如进行海外培训），企业也可以通过间接的方式，如在公司开展外语培训、组成跨文化的临时工作团队等，提高员工的多元文化经历，从而促进企业内部的知识分享。企业人力资源管理部门可以通过科学规划企业多元文化培养，优化海外培训体系，科学设计各类多元文化经历的内容，达到人才培养和知识分享的目标。

第2章

多层次交换关系与知识分享

2.1 研究背景与问题提出

随着组织学习理论和以知识为基础的企业理论（Knowledge-based Theory）的提出，众多学者和企业管理者意识到了知识管理和学习对于企业发展和创新的重要作用（March，1991；Grant，1996）。由于组织知识具有价值性、稀缺性、路径依赖性、模糊性和难以被模仿和替代性（Wernerfelt，1984；Nanda，1996），因此成为新时代下企业重要的战略资源。以知识为基础的企业理论认为，知识是促进企业发展的关键性资源，它能够为企业在动态变化的市场竞争中提供持续性支持。许多组织学习的理论模型也指出，知识分享是重要的组织学习过程。知识如果没有被分享就意味着组织内认知资源是被极大地浪费了（Argote，1999）。组织学习的过程实际上是组织获取、分享、演绎和储存知识的过程。通过对知识的学习，组织能在不断变化的内外环境中保持可持续生存与和谐健康发展（Huber，1991；陈国权，2009）。

既然知识对企业的生存和发展如此重要，那么企业如何才能有效地获取更加丰富的知识呢？从组织管理理论上讲，企业首先可以考虑依靠招聘和培训等人力资源管理手段。通过增加招聘和培训投入，选拔知识技能更加丰富的员工，通过培训帮助员工获取某方面的知识，以此来为企业提供知识资源。然而在通常情况下，此种方式需要花费较高成本，也难以长期持续。因此，学者们提出，对企业而言，更为重要的是去考虑如何进一步挖掘企业内部现有的知识资源，这才是企业能够获得持续发展的核心。近期，研究者们重点关注了企业内部的知识分享问题。他们认为知识分享是企业知识管理和学习的重要环节，能够帮助企业开发和利用内部丰富的知识资源。他们提出，员工实际上是组织内部知识资源的提供者，每名员工身上都具有独特且有价值的知识。假如他们都能在组织中积极分享自身拥有的知识，主动做出知识分享行为，将为企业积累大量宝贵而丰富的知识资源。员工将各自拥有的知识进行分享和交流，更可能碰撞出知识火花，为组织产生新知识。因此，在企业环境下，如何有效地开发员工身上所具有的知识资源，促进他们在工作环境中积极做出分享知识的行为，推动组织知识管理和学习创新，是一个值得深入探讨的话题。

在实践中，越来越多的企业也加强了对知识管理和学习的重视。它们同样发现探讨影响员工知识分享行为的因素具有重要的实践意义。KPMG（2000）的产业调研报告指出，在欧洲和美国的行业领军企业中，62%的企业表示它们已经使用或正在建立知识管理系统。该系统的建立能够消除企业内部员工间的时间和距离障碍，方便员工以多样化的形式（文字、多媒体等）来分享各自的知识，实现信息互惠。相当多的中国企业也投入了大量的时间和财力去建设内部的知识管理系统，希望通过知识管理系统，帮助企业收集、储存和分享知识，建立内部知识库，为企业发展提供知识资源。然而，Babcock（2004）的调研却发现，尽管《财富》五百强企业每年在知识管理系统方面的投入高达 31.5 亿美元，却未能达到理想的效果，知识管理系统的建立并不能显著地促进企业内部的知识分享和学习。KPMG（2000）在报告中也指出，知识管理系统本身并不能保证组织内产生实际的知识分享行为。许多企业表示在知识管理系统的实施过程中，面临的最大障碍是“人”的问题，例如员工表示没时间参与、员工意识不到系统能为自身带来的好处，缺乏沟通等。究其原因，学者们提出，这是由于组织只考虑了技术层面的因素，却忽视了组织情境、员工心理因素，低估了上述因素对员工知识分享行为可能产生的影响（Davenport & Prusak, 1998；Carter & Scarbrough, 2001；Voelpel et al., 2005）。企业如果能在重视技术层面的基础上，充分考虑组织、团队、个体特征和领导力等对员工知识分享行为的影响，则可以达到事半功倍的效果。

如何促进企业员工的知识分享，是一个在理论和实践两方面都具有重要意义的研究问题。目前，信息系统、组织行为学、战略管理和心理学等领域的学者，均开展了有关知识分享影响因素的研究。早期的研究主要集中在信息系统领域，关注在技术层面探讨企业知识管理系统的相关问题。战略层面的研究则更偏重于从企业外部着手，探讨企业间或产业集群内的知识分享战略。由于在本研究中，我们主要关注员工个体层面的知识分享行为，因此我们将主要围绕组织行为学和心理学方面的研究开展探讨。

目前，组织行为学和心理学领域的学者们，主要从组织情境、团队特征及个体和领导力特征三个层面开展了相关研究。第一，组织情境。已有研究探讨了组织文化和氛围、管理支持、薪酬奖励制度、组织结构对员工知识分享的影响（Wang，2004；Willem & Scarbrough，2006；Al-Alawi et al.，2007；Schepers & Van den Berg，2007）。在组织文化和氛围方面，大部分研究发现，相比于强调竞争的组织文化，强调信任和合作的组织文化和氛围，更有利于员工的知识分享行为。在针对跨国企业开展的跨文化研究中，研究者发现，受集体主义文化影响的个体更愿意做出知识分享行为。在管理支持方面，研究发现，员工感受到获得的管理支持越多，越愿意做出知识分享行为。在薪酬奖励方面，研究发现，组织内的升职、奖励等薪酬激励制度，可以有效地促进知识分享行为。在组织结构方面，研究者们提出，去中心化、灵活的组织结构会更利于内部的知识分享。第二，团队特征和人际关系。学者们主要从团队属性、多样性、社会网络和人际信任与公平四个方面开展了相应研究（De Vries et al.，2006；Sawng et al.，2006；Smith et al.，2006）。在团队属性方面，成立时间越长、沟通方式越外向亲和的团队，其内部成员的知识分享意愿越强烈。在多样性方面，主要关注员工构成方面的多样性，例如文化背景、教育水平、性别比例、婚姻状况等。目前此方面的研究较少，尚未达成统一的研究结论。在社会网络方面，学者们采用社会学中的社会网络分析方法，探讨个体在团队中的位置、社会连接数量、强弱程度等对知识分享的影响。现有研究认为，员工的社会连接数量和质量，与员工知识分享的质量和有用程度正相关。在人际关系方面，研究中比较关注的问题是信任和公平。已有研究发现，以情感和认知为基础的信任会对员工的知识分享产生正向影响；员工感知到的公平氛围越强烈，越愿意做出知识分享行为。第三，个体和领导力特征。主要包括个体性格特征、动机、态度以及领导力类型。性格方面，主要关注个体的性格特征，例如大五人格中的开放性对个体知识分享的正向影响，目前相关研究尚未达成一致结论。动机方面，研究关注的重点是员工对分享知识能否获得回报的心理感知。当个体认为分享知识的收益大于成本时，他们更愿意做出知识分享行为。在个体态度层面，学者们提出个体对于知识分享、工作和组织的态度，都会对其是否愿意分享知识产生影响。在领导力类型方面，已有研究发现授权型领导、道德型领导、变革型领导等都会对员工的知识分享行为产生显著影响。

但总体而言，我们发现当前研究的数量仍相对有限，主要从单一层面切入，缺少对不同层面影响变量的叠加研究。此外，对影响知识分享行为的内在机制和情境效应也有待进一步挖掘。有学者指出，想要推动员工间自由分享知识，首先要建立适当的组织员工社会关系。员工感知到的社会交换关系质量越好，越愿意自由分享知识。纵观已有研究，我们发现研究者们主要关注组织内部三种类型的社会交换关系：与组织层面的社会交换——组织支持感（perceived organizational support）、与直属领导的社会交换——领导—成员交换（leader-member exchange），以及与团队成员之间的社会交换——团队—成员交换（team-member exchange）。例如，Settoon等（1996）在研究中检验了组织与员工间的社会交换关系（组织支持感和领导—成员交换关系），是否会对员工的组织承诺、组织公民行为和角色内行为产生不同影响。Wayne等（1997）的研究也主要关注员工在工作中发展出的两种类型的社会交换关系：与组织交换（组织支持感）和与上级交换（领导—成员交换）。该研究提出两者虽然在理论上具有一定程度的相似性，但通过他们在美国某大型公司进行的问卷调查证实，两者具有不同的前因和后果因素，是两个独立的概念，他们的研究证明了两种社会交换关系所具有的差异性和重要意义。Kamdar和Van Dyne（2007）的研究则同时探讨了领导—成员交换和团队—成员交换这两种社会交换关系对于员工工作绩效和公民行为的影响。由以往研究可知，员工在工作环境中存在着三类不同性质的社会交换关系。因此，在本研究中，我们同时考察了员工在上述三个层面的社会交换关系：与组织的交换关系（组织支持感）、与领导的交换关系（领导—成员交换）以及与团队内其他员工的交换关系（团队—成员交换）对于个体知识分享行为的影响。同时，我们也对上述影响关系产生的内部作用机制和情境因素进行了探讨。本研究认为，自我效能感可能在上述影响关系中起中介作用。良好的社会关系会通过增强员工的自我效能感，进而对知识分享行为产生促进作用。此外，组织公平氛围也可能在上述影响关系中起调节作用。

基于以上研究背景分析，我们提出本书的研究问题：

（1）企业员工多层次的社会交换关系是否会影响员工的知识分享行为？具体而言，员工与组织层面的社会交换关系（组织支持感）是否会影响员工的知识分享行为？与领导之间的社会交换关系（领导—成员交换）是否会影响员工的知识分享行为？与团队成员间的社会交换关系（团队—

成员交换）是否会影响员工的知识分享行为?

（2）企业员工的社会交换关系如何影响员工的知识分享行为？其内部作用机制如何？具体而言，自我效能感是否会对员工的知识分享行为产生影响？组织支持感是否会通过自我效能感的中介作用，影响员工的知识分享行为？领导—成员交换关系是否会通过自我效能感的中介作用，影响员工的知识分享行为？团队—成员交换关系是否会通过自我效能感的中介作用，影响员工的知识分享行为？

（3）在员工的社会交换关系与知识分享行为的影响关系中，情境效应是否会对上述关系产生影响？具体而言，组织公平氛围是否会在员工的组织支持感与知识分享行为关系中起正向调节作用？组织公平氛围是否会在领导—成员交换关系与知识分享行为关系中起正向调节作用？组织公平氛围是否会在团队—成员交换关系与知识分享行为关系中起正向调节作用？

2.2 研究意义

2.2.1 理论意义

第一，本研究丰富了知识分享行为的前因变量研究。有关员工知识分享行为的研究，是信息系统、组织行为学、战略管理和心理学等领域学者共同关注的问题。早期的研究集中在信息系统领域，主要关注企业内部的知识管理系统对于员工知识分享的影响。而后，学者们发现，知识管理系统本身并不能显著地促进员工在组织内部做出知识分享行为，已有研究缺乏对促进员工知识分享行为的组织、团队及个体和领导变量的考虑（Cabrera et al., 2006）。因此，学者们在之后的研究中对上述三个层次的影响变量分别开展了研究。纵观已有研究，我们发现其主要关注单一层面变量对于知识分享行为的影响，未考虑多层次变量的叠加效应。因此在本研究中，我们采用社会交换关系的视角，同时考察了员工在组织内多层次交换关系：与组织的交换关系（组织支持感）、与上级的交换关系（领导—成员交换）和与团队成员间的交换关系（团队—成员交换），同时涵盖了三个层次变量对于知识分享行为的影响，丰富了员工知识分享行为的前因变量研究。

第二，丰富了组织内有关社会交换关系的研究。员工在组织内的社会交换关系，一直是学者们关注的研究热点问题。依据社会交换理论（Social Exchange Theory）和互惠原则（Norm of Reciprocity），当员工在组织内感受到来自组织、领导和团队成员的有益行为时，会倾向在未来以其他形式做出相应的回报行为，以达到社会交换的平衡。已有研究提出组织内的社会交换关系包括与组织层面的社会交换（组织支持感）、与直属领导之间的社会交换（领导—成员交换）以及和团队成员之间的社会交换（团队—成员交换），并分别探讨过他们对于个体层面一些结果变量的影响。在组织支持感的研究方面，已有研究发现组织支持感会对个体的组织承诺（Eisenberger et al.，2001；Kraimer & Wayne，2004；Lee & Peccei，2007）、工作情感（Stamper & Johlke，2003）、工作卷入度（Eisenberger et al.，1990）、工作绩效（Shore & Wayne，1993；Armeli et al.，1998；Farh et al.，2007）、压力（Cropanzano et al.，1997）、离职意向和行为（Allen et al.，2003；Stamper & Johlke，2003；Maertz et al.，2007；Eder & Eisenberger，2008;）以及创新（Oldham & Cummings，1996；Madjar & Oldman，2002；Yu & Frenkel，2013）等产生显著影响。在领导—成员交换方面，已有研究发现会对个体的工作绩效（Vecchio & Gobdel，1984；Liden et al.，1993；Chen et al.，2007）、公民行为（Ilies et al.，2007）、工作满意度（Graen et al.，1982；Duchon et al.，1986；Fisk & Friesen，2012）、离职意向（Gerstner & Day，1997；Harris et al.，2009）、组织承诺（Nystrom，1990）和创新（Atwater & Carmeli，2009；Volmer et al.，2012;）等产生显著影响。在团队—成员交换层面，已有研究发现会对个体的工作绩效（Seers，1989；Liden et al.，2000；Jordan et al.，2002；Banks et al.，2014）、工作满意度（Seers et al.，1995）、组织承诺（Liden et al.，2000；Banks et al.，2014）、离职意向（Major et al.，1995）和公民行为（Kamdar & Van Dyne，2007；Love & Forret，2008）等产生影响。同时，也有研究同时探讨了两种类型的社会交换关系对于员工行为的影响。例如，Settoon 等（1996）在研究中，同时检验了组织与员工之间的社会交换关系（组织支持感）和领导—成员交换关系对于员工行为的差异化影响。Wayne 等（1997）也从实证研究的角度，区分了组织支持感与领导—成员交换，并发现其具有不同的前因后果变量。Kamdar 和 Van Dyne

（2007）的研究则同时探讨了领导—成员交换和团队—成员交换这两种社会交换关系，对于员工工作绩效和公民行为的影响。此外，国内学者也对上述问题开展了积极的探讨。例如，孙锐等（2009），李超平和鲍春梅（2011），邹文篪和刘佳（2011），黄河和吴培冠（2012），王震和孙健敏（2012），苗仁涛等（2013），张军成和凌文辁（2013），赵红丹和彭正龙（2013），顾远东等（2014），井润田和胡思瑶（2014），邱功英和龙立荣（2014），张桂平和廖建桥（2015）等。目前，我们尚未发现有研究同时探讨过三种类型的社会交换关系，也未有研究同时探讨过三种类型的交换关系对于员工知识分享行为的影响。

第三，本研究将自我效能感引入员工知识分享行为的研究之中，进一步探讨了影响员工知识分享行为的内部机制。自我效能感是指个体对于自己是否有能力去调动自身动机、认知资源以及行动去实现某一目标的信心。个体的自我效能感会决定个体是否会做出某种行为、会花费多大的精力以及在面对困难情况时能够坚持多久（Bandura，1977）。自我效能感是促进员工做出某种行为的重要动机和心理因素。已有研究发现，个体的自我效能感会对员工的工作绩效（Stajkovic & Luthans，1998；Judge et al.，2007）、工作满意度（Gist & Mitchell，1992；Judge et al.，1997；Judge & Bono，2001）、培训与学习效果（Martocchio & Judge，1997；Lee & Klein，2002）以及组织公民行为（Eden & Kinnar，1991；Chen et al.，1996；Cabrera，2002；Raub & Liao，2012）产生显著的正向影响。此外还有相当多的研究探讨了自我效能感的中介作用（张辉华等，2009；方阳春，2014；田在兰，黄培伦，2014）。在本书中，我们将探讨员工的自我效能感，在员工的多层次社会交换关系（组织支持感、领导—成员交换、团队—成员交换）与知识分享行为的关系中可能起到的中介作用。这一研究结果有利于研究者深入理解员工知识分享行为产生的作用机制。

第四，我们将组织公平氛围整合到了多层次交换关系与知识分享的研究中，丰富了影响员工知识分享行为的情境因素研究。组织公平是员工在工作中非常关心的情境变量。已有研究发现，程序公平不仅会对员工的工作表现，包括工作绩效（Cohen-Charash & Spector，2001；Colquitt et al.，2001）、组织公民行为（Moorman，1991）、工作态度（Aryee et al.，2002）等产生影响，还会影响员工对领导及工作团队的身份认同感、支持以及顺从（Tyler & Degoey，1995；Tyler & Blader，2003；De Cremer et al.，2005）。通过阐述公平对员工认同感的影响，我们从理论上说明了为什么组织公平氛围会在社会交换关系与员工知识分享行为间起正向调节作用。

2.2.2 实践意义

本书表明，在中国的企业环境下，员工在工作环境中的社会交换关系（组织支持感、领导—成员交换、团队—成员交换）会对员工知识分享行为产生积极的正向影响，而知识分享会对企业绩效和创新产生积极的促进作用。依据我们的研究结论，企业可以注重从以下三方面着手，注重与员工维系和培养较好的关系质量。第一，在组织层面，应多建立相应制度在工作层面上给予员工更多的支持。例如，可以考虑明确员工知识分享的激励制度，注重对员工知识分享意识的培养，鼓励和奖励员工为组织发展献计献策、贡献知识，制定更贴近员工需求的福利政策等。通过制度和资源上的保证，让员工感受到来自组织的高水平支持。第二，在领导层面，建议直属领导在工作中多给予下属资源支持，适当考虑给予下属更高的工作自主权，慎重提出负面意见，鼓励下属创新性地完成工作任务；在精神层面，多给予下属关心和照顾。第三，在团队层面，建议团队建立相应制度来保证内部员工的沟通和交流。例如，定期举行经验交流活动、建立师傅带徒弟制度等，此外也可以考虑在个体绩效考核方面适当加入团队内部合作考核，在制度上促进团队成员间多交流和沟通，形成合作的工作氛围，增强彼此间的信任和帮助。

此外，我们的研究有利于协助企业更好地发挥知识管理系统的作用，节省企业在知识管理系统方面的投入。在实践中，众多企业发现知识管理系统本身并不能显著地促进员工的知识分享，未能为企业积累丰富的知识资源。究其原因，在于企业忽视了组织内部的环境因素、团队人际因素、个体性格特征及领导类型对于员工知识分享行为的影响作用。我们的研究证实了上述原因的存在。因此，在实践中，我们建议企业在内部采取相应的管理手段，注重培养员工间良好的社会交换关系。通过在组织、领导和团队三个层面建立良好关系，让员工感受到支持、信任和鼓励，从而积极地做出知识分享行为。

2.3 研究思路与内容

2.3.1 研究思路

围绕本书的研究问题，我们将采用实证分析的方法。本部分的研究思路概括如下：

第一，我们将对以往知识分享、员工社会交换关系（组织支持感、领导—成员交换、团队—成员交换）以及自我效能感和组织公平氛围方面的研究进行系统回顾，介绍其基本概念和测量方法、国内外的研究发展情况，并在此基础上提出研究假设。第二，在研究假设的基础上开展企业调研，收集数据，运用回归分析的方法对假设进行检验。第三，总结研究结论及相应贡献，并提出未来研究方向。

2.3.2 研究内容

本研究的论述集中在第 2~7 章，内容安排如下（见图 2.1）。

第 2 章，引言。阐述研究背景，提出研究问题。分析本研究的理论和实践意义。介绍整体的研究思路和结构。

第 3 章，文献综述。对知识分享、员工多层次交换关系（组织支持感、领导—成员交换、团队—成员交换）以及自我效能感和组织公平氛围的文献进行系统回顾。明确上述变量的概念和测量方式，系统总结国内外目前的研究进展。

第 4 章，理论模型。在文献回顾的基础上，提出本书的研究假设和整体研究框架。

第 5 章，研究方法。介绍本研究所使用的研究方法，包括样本选择与数据收集方法、问卷设计与选取方法以及在实证分析中所使用的数据分析方法。

第 6 章，实证研究。基于问卷收集的数据，采用回归分析的方法，对所提出的研究假设进行实证检验。

第 7 章，研究总结。对研究结论进行总结，提出研究的理论贡献和管理启示，以及研究局限和未来发展方向。

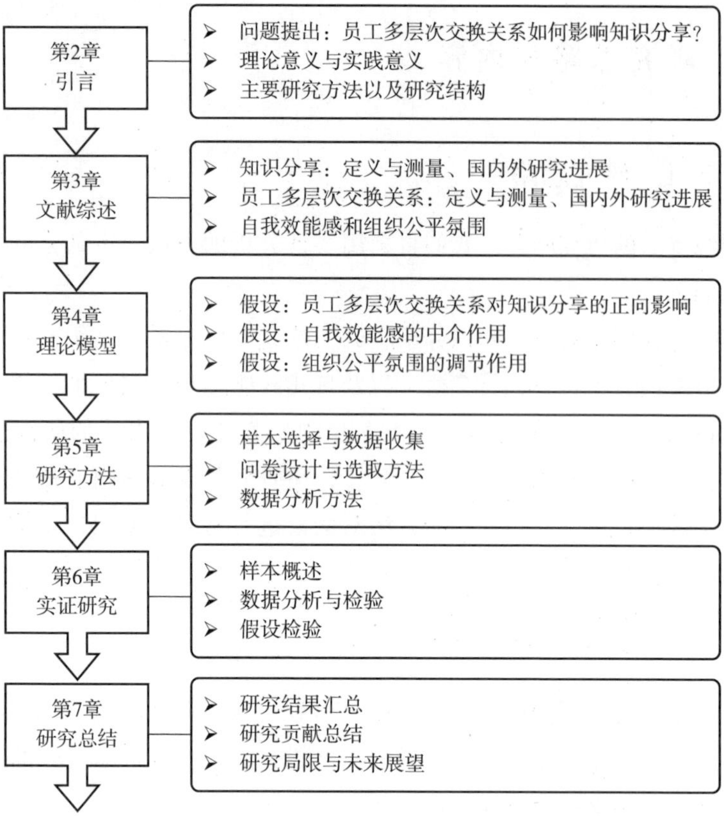
第2章
引言
➢ 问题提出：员工多层次交换关系如何影响知识分享?
➢ 理论意义与实践意义
➢ 主要研究方法以及研究结构
第3章
文献综述
➢ 知识分享：定义与测量、国内外研究进展
➢ 员工多层次交换关系：定义与测量、国内外研究进展
➢ 自我效能感和组织公平氛围
第4章
理论模型
➢ 假设：员工多层次交换关系对知识分享的正向影响
➢ 假设：自我效能感的中介作用
➢ 假设：组织公平氛围的调节作用
第5章
研究方法
➢ 样本选择与数据收集
➢ 问卷设计与选取方法
➢ 数据分析方法
第6章
实证研究
➢ 样本概述
➢ 数据分析与检验
➢ 假设检验
第7章
研究总结
➢ 研究结果汇总
➢ 研究贡献总结
➢ 研究局限与未来展望

图 2.1　研究内容

第3章

文献综述：多层次交换关系与知识分享

3.1 知识分享

3.1.1 知识分享的定义与测量

有关组织内知识分享的定义，目前学者们尚未达成共识。部分研究者将组织内的信息和知识概念混用，认为区分两者没有实际意义。也有学者强调，信息是“流动的消息”，而知识是建立在信息的基础上、被人证实了的信息（Nonaka，1994）。也有学者认为，所有的信息都是知识，但知识却不仅仅是信息，知识的范围更广，应该包括信息和诀窍（know-how）（Zander & Kogut，1995）。

Cabrera 等（2006）提出，对于知识分享的定义可分为广义和狭义两种。广义的知识分享包括分享自己的知识和从他人身上获取知识，也可称为知识交换。而狭义的知识分享是指个体提供自身所拥有的信息。Srivastava 等（2006）将知识分享定义为团队成员之间分享与工作相关的想法、信息和建议。Wang 和 Noe（2010）提出了更为全面的定义。他们认为，知识是个体所处理的信息，包括与个体、团队和组织表现相关的想法、事实、经验和判断。组织内的知识分享是指通过提供与工作任务相关的信息和技巧去帮助别人或者与别人合作，来解决问题，开拓新思路，或执行政策、程序。在本书中，我们采用狭义的知识分享定义，认为知识分享是组织内员工之间分享与工作相关的想法、信息、建议和技巧，去帮助或与他人合作以解决组织内的问题，开拓新的思路和程序。

目前，对于个体层面知识分享的测量，主要采用调查问卷的方式，让被调查者填写自己分享知识的意愿或者行为（Cabrera et al.，2006；Lee et al.，2006）。本书采用 Cabrera 等（2006）开发的测量个体知识分享的调查问卷。原问卷用来测量广义的知识分享概念，具体包括知识分享和知识获取两个维度，共 8 个测量条目。在我们的研究中，仅选用了狭义的知识分享测量条目。也有研究者采用实验的方法来测量个体的知识分享。在实验中，他们通常会让知识接受者去评价知识分享者的行为（Chowdhury，2005），或用第三方事后编码小组讨论的内容来寻找知识分享行为（Ferrin & Dirks，2003），或在实验开始前对分享的知识内容进行操控，在实验中观察知识是否被小组成员成功分享（Thomas-Hunt et al.，2003）。

3.1.2　知识分享的影响因素

知识分享是一个重要的研究问题。目前，信息系统、组织行为学、战略管理和心理学领域的学者，均开展了有关知识分享影响因素的研究。早期的研究主要集中在信息系统领域，关注在技术层面探讨企业知识管理系统的相关问题。战略层面的研究更侧重于从企业外部，探讨企业间或产业集群内的知识分享。Cabrera 等（2006）的研究综合探讨了影响企业员工知识分享行为的决定因素。他们提出，企业建立的知识管理系统、沟通系统本身并不能激励员工参与到组织内部的知识分享活动中，一些个体心理和组织环境因素才是促进员工参与知识分享的关键。因此，他们在一家大型跨国企业开展了探索性研究。针对 372 名员工的调研结果显示，自我效能感、对经验的开放性、领导和同事的支持，以及组织承诺、工作自主性、对于知识管理系统的有效性和质量的感知、对于分享知识的奖励都会对员工的知识分享行为产生显著的影响。由于在本书中，我们主要关注组织内部员工个体层面的知识分享行为，因此我们综述了组织行为学和心理学方面的相关研究。

具体而言，影响员工知识分享的因素，可以划分为以下三个方面。

（1）组织情境：在组织情境层面，已有研究探讨了组织文化和氛围、管理支持、薪酬奖励制度、组织结构对员工知识分享的影响。第一，组织文化和氛围。大部分研究发现，相比于强调竞争的组织文化，强调信任和合作的组织文化和氛围，更有利于员工的知识分享（Wang，2004；Willem & Scarbrough，2006；Al-Alawi et al.，2007；Schepers & Van den Berg，2007）。例如，Wang（2004）的研究发现，当员工感受到同事间的竞争与自身利益相关时，就会降低自身的知识分享意愿。Al-Alawi 等（2007）的研究也发现，强调人际信任的组织文化更有利于组织内的知识分享。另一部分研究，关注跨国企业内的文化差异对于员工分享知识的影响。例如，

Chow等（2000）进行的跨文化研究，比较了中国人和英裔美国人在组织内分享知识的表现。结果发现，相对而言，来自中国文化环境中的参与者更愿意出于对组织利益的考虑，在组织内积极分享知识，即便是分享一些对自己不利的知识（例如分享自己曾在工作中犯的错误）。Hwang和Kim（2007）的研究只关注了文化维度当中的集体主义维度。他们发现，个体的集体主义水平，与他们在网络课堂中使用群邮功能分享知识的行为正相关。第二，管理支持。已有研究发现，有利于知识分享的管理支持措施会对员工分享知识的意愿以及对知识分享文化的感知产生正向影响。例如，Lee等（2006）发现，高层的管理支持会通过影响员工对于知识管理系统的承诺来促进员工知识分享的水平和质量。第三，薪酬奖励制度。研究发现，组织内激励和奖励措施（例如升职、奖励、高额工资）被认为是促进知识分享、帮助建立支持知识分享文化的媒介物质。例如，Kim和Lee（2006）在韩国开展的研究发现，采用绩效薪酬制度的组织更有利于知识分享。Ferrin和Dirks（2003）发现，相对于竞争型的薪酬制度，集体型的奖励制度会对员工间的知识分享产生正向影响。第四，组织结构。研究者们提出，去中心化的、灵活的组织结构更有利于组织内部知识分享。例如，Kim和Lee（2006），Jones（2005）以及Yang和Chen（2007）的研究提出，采用开放式的工作环境、灵活的工作制度、鼓励部门间多进行会议沟通的组织结构和工作设计，更有利于内部员工间积极分享知识。

（2）团队特征和人际关系：在团队特征层面，学者们主要从以下四方面探讨其对组织内知识分享的影响。第一，团队特征。研究者们发现，团队成立的时间越长、内部凝聚力越强，团队成员间越愿意分享知识（De Vries et al.，2006；Sawng et al.，2006；Smith et al.，2006）。例如，De Vries等（2006）的研究发现，团队内部亲和、外向型的沟通方式，能够增强员工分享知识的意愿和行为。第二，团队多样性。研究者们主要关注团队成员构成方面的多样性对于组织分享行为的影响，例如团队成员构成的性别比例、受教育水平、婚姻状况、工作职能等。目前在这方面的研究还相对有限，所得结论也并不完全一致。例如，Ojha（2005）的研究发现，员工如果感受到他们在性别、婚姻状况和受教育类型方面，在团队中属于少数类型，他们分享知识的意愿就会降低。Sawng等（2006）针对58家韩国企业研发团队的调研则发现，团队中女性比例越高，知识分享水平越高。第三，社会网络。学者们也开始引入社会网络的研究方法，去探讨个体在社交网络中的连接数量、强弱连带对知识分享的影响。例如，Chiu 等（2006）以及 Wasko 和 Faraj（2005）针对虚拟社区的研究发现，个体的社会连带数量，与个体感受到的分享知识的质量和有用程度呈正相关。Reagans 和 McEvily（2003）的研究则发现，与知识提供者的连接越多，越能促进个体去积极分享知识。Boh 和 Wong（2015）指出，作为重要的社会关键参照物，部门经理和部门同事的知识分享行为，会促使个体将其看作一种群体规范和期望，从而会显著增加个体在公司内以及公司间的知识分享行为。第四，人际信任和公平。信任和公平是人际交往关系中最重要的两个因素。知识分享的过程是将自身拥有的知识提供给他人，并期待他人能够做出同样行为的过程。个体对知识分享者的信任程度、团队和组织环境中的公平和安全氛围是个体做出分享决策前所考虑的两个重要因素。研究表明，以情感为基础的信任（affect-based trust）和以认知为基础的信任（congnition-based trust）会对个体层面和团队层面的知识分享产生显著的积极影响（Chowdhury，2005；Mooradian et al.，2006；Wu et al.，2007）。Smith 等（2006）的研究检验了让人产生信任的三个维度：能力（capability）、正直（integrity）和仁爱（benevolence）。结果发现，当个体感觉到其他团队成员能力越强时，做出的知识分享行为越少；当感觉到其他团队成员越诚实、公平、正直时，做出的知识分享行为越多；但仁爱维度与个体知识分享间不存在显著的影响关系。有关公平与知识分享行为之间的关系研究还比较少。Schepers 和 Van den Berg（2007）的研究发现，程序公平与员工对于知识分享的感知正相关。

（3）个体特征和领导因素：第一，已有研究主要关注个体的性格、动机、态度方面的变量对于知识分享行为的影响，现有研究的数量仍相对有限，也未达成相对统一的结论。例如，Cabrera 等（2006）的研究发现，大五人格中的开放性与个体的知识分享行为正相关。开放性越高的个体，对新鲜事物的好奇心越强，就越愿意学习和获取他人所具有的新知识和信息。Constant 等（1994）的研究提出，个体的受教育水平越高，工作时间越久，越愿意做出知识分享的行为。而 Wasko 和 Faraj（2005）的研究却未发现个体经验与知识分享行为间的正相关关系。一些研究发现，如果个体认为自己能够分享有用的知识，对自己越自信，他们会表现出越强烈的分享知识的意愿，参与知识分享的程度也越高。相反，当个体担心会获得负面评价，对自己越没自信时，他们越不愿意做出分享知识的行为。第二，动机因素。现有研究主要关注哪些心理动机因素会促进或抑制员工分享知识的行为。研究的焦点之一是员工对于知识分享益处的心理感知。员工会在心理上对比知识分享能带来的好处和自身需付出的成本。当他感知到分享知识的收益大于成本，做出知识分享行为能够为他带来奖励和好处，例如尊重、名声和实际奖励时（Blau，1964），就会愿意做出相应行为。特别是在网络环境中，当员工感受到分享知识能够增加自身满足感、满足回馈知识的义务感、有利于自身声誉，以及能够帮助网络社区更完善时，他们更愿意做出分享知识的行为。例如，Jarvenpaa 和 Staples（2000）的研究发现，当员工认为他们分享的知识，是来自他们本人而非组织时，他们更愿意参与知识分享。这归因于员工能从分享自身知识的行为中获得心理满足感。然而，之前在工作环境中的研究却发现，员工认为所分享的知识对他人有价值，比认为自身能获得相应好处，更能够促进知识分享行为。这意味着，相比内部满足感，员工认为分享知识能带来的外部有益性是更为重要的。第三，个体态度。态度决定行为。个体对于工作和组织的态度和对于知识分享行为的态度同样会影响个体的知识分享行为。如果个体认为分享知识的行为是有益、有用的，他们就会更愿意做出相应行为（Bock et al.，2005；Lin，2007）。同样，当他们的工作满意度越高，对组织的承诺越高时，也越愿意做出知识分享行为（De Vries et al.，2006；Lin，2007a）。第四，领导类型。已有研究指出，团队成员的知识分享行为并不会主动发生，团队领导的行为对于员工知识分享具有直接的影响作用。已有研究发现，授权型领导和变革型领导会对员工的知识分享行为产生促进作用（Srivastava et al.，2006），而独裁型领导会抑制员工的知识分享行为（Yukl，2002）。例如，Srivastava 等（2006）在美国某酒店针对 102 个工作团队开展的调查显示，授权型领导对于员工知识分享行为具有显著的正向作用，这是因为，授权型领导会让员工感受到自己在工作中的贡献得到了公平的对待，并且，授权型领导鼓励员工参与决策制定，能够让员工有更多机会来分享自己的想法。此外，授权型领导所提倡的教练行为（coaching）鼓励员工去共同解决问题，也提供了更多的机会让员工彼此间沟通交流，鼓励员工贡献出自己独特的知识。Bavik 等（2018）的研究从社会学习和自我决定理论出发，发现道德型领导也会增加下属的知识分享行为，员工的内在知识分享动机和道德认同在上述过程中起着中介作用。Gerpott 等（2020）的研究也指出，尊重型领导可以通过影响下属社会正念的两个维度——观点采择和移情，显著促进员工的知识分享行为。Lee等（2017）从资源保存理论的视角指出，领导者滥用监督（abusive supervison）会导致员工的情绪衰竭，从而显著降低其知识分享的意愿。此外，Cabrera等（2006）以及Wang和Noe（2010）在研究中也发现，领导支持与员工知识分享行为呈显著正相关，两者间关系有待更多的实证检验。

3.1.3 知识分享的国内研究进展

近年来，国内学者在知识分享方面的研究也取得了很大进展。我们以“知识分享”和“知识交换”为关键词，对目前国内相关研究的主要进展进行了总结，见表3.1。

表3.1 知识分享的国内研究进展

作者（年份）	研究内容
徐光，黄莹，谭玲玉（2020）	基于社会交换理论和社会认同理论，通过对250名企业员工样本的实证分析，探讨了现代组织中推动员工知识分享行为的原因及激励因素。结果表明：信息公平对员工知识分享行为存在显著的正向影响；组织认同在信息公平与员工知识分享行为的关系中起中介作用；公平敏感性显著调节信息公平与员工组织认同之间的关系
杜恒波，朱千林，许衍凤（2017）	利用357份调查问卷数据分析了职场欺凌对研发人员知识分享意愿的影响机制。分析结果显示：职场欺凌对研发人员的知识分享意愿有显著的负向影响，组织认同在其中起中介作用；神经质在调节职场欺凌与组织认同之间关系的同时，也调节了组织认同在职场欺凌与知识分享意愿关系中的中介作用；只有当研发人员具有较高的神经质水平时，组织认同在职场欺凌与知识分享意愿关系中的中介作用才会显著
王启亮，虞红霞（2016）	通过对浙江地区213家制造型企业的调查，研究了组织声誉对协同创新中组织间知识分享的影响作用，以及在不同程度环境动态性的情境下，组织声誉对协同创新中组织间知识分享影响作用的变化。研究结果表明：网络能力、社会责任和交易公平都促进了协同创新中组织间进行知识分享，环境动态性程度在其中起到了负向调节作用
胡琼晶，谢小云（2015）	基于动机理论视角，讨论了在团队合作情境下不同地位的个体所具有的双重动机以及团队成员地位与个体知识分享行为之间的关系。通过实验发现，在团队内地位差异稳定的情况下，高地位成员会比低地位成员表现出更多的知识分享行为；在团队内地位差异不稳定的情况下，低地位成员会比高地位成员更愿意分享知识

续表

作者（年份）	研究内容
李宗波，陈红（2015）	通过对209名企业员工的问卷调查，探讨了上下级关系对员工知识分享行为的影响机制，以及集体主义导向的调节作用。分析结果表明：上下级关系对员工知识分享行为具有显著的正向预测作用，组织认同感在两者间关系中起部分中介作用；集体主义导向在上下级关系与组织认同间的关系中起调节作用
周飞，林春培，孙锐（2015）	基于员工内部动机理论和管理者内部促进者视角，研究发现：道德型领导对基于个人利益驱动的员工非正式知识共享行为影响不显著，而对基于组织利益驱动的员工非正式知识共享行为和组织管理创新影响显著。员工非正式知识共享行为对组织管理创新的影响显著，组织利益驱动的知识共享在道德领导与管理创新之间起部分中介作用
陈晓刚，李雪，崔颖安（2014）	以156位开源软件团队成员为研究对象，探讨了交互记忆系统与员工知识分享之间的关系。结果发现：沟通质量对知识分享具有正向影响，并在知识位置和知识信任对知识分享的影响关系中起完全中介作用
谢荷锋，刘超（2014）	构建了知识分享激励机制理论框架。发现外部激励、内部激励和双边关系状况均会对员工的知识分享产生正向影响。外部激励对内部激励具有显著的挤出效应，双方关系质量在上述关系中具有调节作用
张文勤，孙锐（2014）	通过对116个知识型团队的调研，发现知识员工学习取向、证明取向对知识分享行为具有显著的正向影响，团队反思在上述关系中起正向调节作用；回避取向对知识分享具有显著的负向影响，团队反思在上述关系中起负向调节作用
简兆权，马琦，王晨（2013）	以华南地区114家高新技术企业为调研对象，结果发现：知识分享在网络镶嵌与创新绩效的影响关系中起中介作用
王雪莉等（2013）	探讨了变革型领导对于员工知识分享的影响。结果发现：变革型领导对于知识分享具有正向影响，情感信任和认知信任在两者间关系中起中介作用。情感信任会促进个体知识分享，而认知信任则会阻碍知识分享
刘宁，贾俊生（2012）	探讨研发团队的多元性（社会属性、信息和价值观）对知识分享及创新绩效的影响。结果发现：社会属性多元性对知识分享和创新绩效具有负向影响；信息多元性对知识分享和创新绩效具有正向影响；价值观多元性对知识分享和创新绩效的影响不显著。社会属性和价值观多元性在信息多元性和知识分享的关系中起负向调节作用
孙锐，陈国权（2012）	探讨了跨部门心理安全、组织内部知识分享及组织绩效间的关系。结果发现：知识分享会对组织绩效产生正向影响，在跨部门心理安全与组织绩效的关系中起中介作用。跨部门心理安全与组织知识分享、组织绩效间的关系均呈现倒U型
王雁飞，朱瑜（2012）	探讨了组织社会化、信任、知识分享与创新行为之间的关系。结果发现：组织社会化对知识分享行为具有正向影响，信任在两者间关系中起中介作用。知识分享在组织社会化与创新行为的关系中起中介作用
吴丙山，赵骅，罗军（2012）	以知识型团队为研究对象，运用主从博弈微观模型和仿真分析，发现成员的知识分享绩效分配系数与知识分享投入正相关，知识分享安全指数对知识分享投入和收益均具有正向影响

续表

作者（年份）	研究内容
彭建平（2011）	以案例研究的方式，探讨了员工在工作咨询网、讨论网、朋友网和电子邮件网的位置特征对员工知识分享行为和绩效的影响。结果发现：员工在咨询网中的中心度和个人 IT 能力会对知识分享行为产生正向影响，员工的知识分享行为会对关系绩效产生显著影响
谢荷锋，刘超（2011）	探讨了内、外部激励机制对知识分享行为的影响。结果发现：内部激励是知识分享的主要动力来源。外部激励的总体效应，取决于其主效应和对内部激励的拥挤效应
尹洪娟等（2011）	探讨了“关系”（包括人情、面子、报、和谐）对个体知识分享的影响
钱春海（2010）	探讨了团队成员间知识分享行为的影响因素。结果发现：团队成员间的共享心智模式对知识分享行为具有显著的正向影响，成员性格特征在两者间关系中起调节作用
阎海峰，陈灵燕（2010）	基于知识密集型企业的调研发现，承诺型人力资源管理实践对知识分享具有正向影响。知识分享在承诺型人力资源管理实践与组织创新的关系中起部分中介作用
赵红丹，彭正龙，梁东（2010）	以企业管理者及其直接下属的 504 个配对样本，探讨了组织信任、雇佣关系和员工知识分享行为间的影响关系。结果发现，组织信任对知识分享具有显著的正向影响；心理契约在组织信任与知识分享行为的关系中起部分中介作用。领导—下属交换在组织信任和知识分享的关系中起正向调节作用
曹科岩，龙君伟（2009）	以华南地区 95 家高科技企业为研究对象，探讨了组织文化、知识分享与组织创新和绩效之间的关系。结果发现：知识分享在组织文化和组织创新的影响关系中起中介作用
柯江林，孙健敏，石金涛（2009）	通过对 316 个研发团队的调研发现：变革型领导风格对研发团队的创新绩效具有积极影响，知识分享和整合在上述关系中起中介作用
曹科岩，龙君伟，杨玉浩（2008）	以华南地区企业为调查对象，验证了员工知识分享在组织信任和组织绩效间的中介作用
谢荷锋（2008）	探讨了个体关系结构、信任和员工知识分享决策间的影响关系。结果发现：信任是个体关系结构和知识分享决策中的中介变量。关联强度对知识分享决策具有正向影响，竞争对于分享决策具有负向影响
柯江林等（2007）	发现知识分享和知识整合在团队社会资本和团队效能的关系中起完全中介作用。此外，发现知识分享与整合对团队效能具有显著的正向影响
陈力，宣国良（2005）	对“基于分享”和“基于藏私”的两种文化进行了比较分析，并对影响分享文化的因素进行了探讨，提出建设“基于分享”的企业文化的相关建议措施
曾萍，蓝海林（2005）	以微软公司的知识分享策略为基础，提出了促进我国企业知识分享的相关管理措施和建议

3.1.4 相关理论

目前来看，学者们在研究员工知识分享行为时所使用的理论主要包括五种：社会交换理论、社会资本理论和社会网络理论、社会困境理论、理性行为理论和计划行为理论以及动机理论。

（1）社会交换理论

社会交换理论（Social Exchange Theory）认为，在社会交往过程中，当一方对另一方做出了帮助行为，提供帮助的一方会对在未来获得来自另一方的回报产生预期，但通常对于回报行为何时、以何种形式发生并没有明确的规定（Gouldner，1960）。当员工在组织内感受到来自组织、领导和团队成员的有益行为时，会倾向在未来以其他形式做出相应的回报行为，以达到社会交换的平衡。较多研究者从社会交换的视角出发，认为员工感知到自己能够从知识分享中获得的收益——包括经济奖励和社会关系收益是影响员工分享行为意愿的主要因素。社会交换理论认为，个体的行为决策会考虑如何最大化收益和最小化成本，其感知到从此次交换中获得收益的可能性大小决定其是否进行此次交换（Blau，1964）。Blau（1964）将社会交换分为两大类：奖励交换和社会关系交换，具体包括金钱、社会认可、尊重以及符合社会规范。Hippel（1987）将个体的知识分享行为看作一种市场交换，其行为发生的可能性取决于个体对该行为的经济效益的预估。然而，个体所拥有的知识作为一种无形资本，组织很难精准反馈知识提供者所能获得的经济收益，从经济交换的角度看，知识分享是一种非理性的行为。更多的研究者认为知识分享行为可以看作一种人际互动的过程，相比金钱，社会认同、自尊和规范等社会关系回报对交换意愿的影响更大。值得注意的是，社会交换的利益不一定是有形的或者等量的，个人可能会出于对未来互惠的期望而参与交换和共享知识。

（2）社会资本理论和社会网络理论

也有学者关注到了社会资本理论（Social Capital Theory）和社会网络理论（Social Network Theory）。社会网络理论认为社会网络是社会行动者（包括社会中的个体、群体和组织）以及他们之间互动关系的合集，并将其看作一个整体来解释个体的社会行为。该理论包括社会资本理论、结构洞理论、强弱联结理论等。社会资本理论包括三个维度：结构、关系和认知。结构指个体的网络关系的强弱、密度等属性；关系描述个体在与周围群体互动以及达成组织目标的过程中一系列的影响因素，包括信任程度、社会规范等；认知指组织成员所共有的价值观、文化认同等一致性特征。个体的行为与其所处的社会网络是密不可分、相互影响的，较高的社会联结可以拉近个体与其他成员之间的关系，从而对个体行为产生影响。例如，Chow 和 Chan（2008）的研究开发出了社会资本对知识分享行为的理论框架，并在之后的实证检验中发现个体所处的社会网络以及与他人的共同目标都能促进知识分享行为。而 Wasko 和 Faraj（2005）等的研究发现，个体的社会连带数量、群体成员之间共同的目标和文化等都与个体感受到的分享知识的质量和有用程度正相关。

（3）社会困境理论

社会困境理论（Social Dilemma）认为，个体在追求个人利益最大化的过程中可能会导致集体利益非理性的矛盾情况，发生公地悲剧或公共物品困境的情况（Van Lange et al.，2013）。我们可以将知识分享行为看作一种特定的社会困境。员工将自己认为有价值的信息分享给他人，帮助同事和部门提高效率，从而促进公司绩效的提升，在这个过程中员工收获了地位和名誉以及自我满足，然而他也会面临一系列“搭便车”的现象，同事获得的共享知识会降低员工自身的竞争力。在这样的利弊权衡中，个体可能会减少知识分享行为。基于社会困境理论的研究通常会指出应如何进行干预以防止此类社会困境的发生。例如，Cabrera 等（2002）认为组织可以通过建立公平公正的奖励机制、提高员工的组织认同感和责任感等途径防止知识分享困境的产生，从而提高员工的知识分享意愿。

（4）理性行为理论和计划行为理论

还有学者从认知心理学的视角出发，研究个体在决定是否进行知识分享的决策过程中的具体心理想法和认知状况。其中最为广泛使用的是理性行为理论和计划行为理论。理性行为理论（Theory of Reasoned Action）解释了个体产生某种行为意愿的原因，认为个体的行为意愿主要受到行为态度和社会规范的影响（Ajzen & Fishbein，1975）。态度是指个体新进行的某项行为对自身、他人以及环境是否有利/不利的相关评价。而社会规范指的是来自他人和环境的能够对个体行为产生影响的知觉和期望。根据理性行为理论，如果个体认为某种行为是有益的，并且来自周围环境的重要他人希望他执行该行为时，他就有更高的行为意向并更有可能做出该行为。该理论被广泛应用于知识分享行为的研究，例如，Gee 等（2005）基于理性行为理论，发现个体的互惠预期、自我效能感及组织氛围会影响员工的知识分享行为。而计划行为理论（The Planned Behavior Theory）本质上是理性行为理论的延伸，在行为态度和社会规范的基础上加入了个体的感知行为控制。该理论认为感知行为控制是个体对能够促进或抑制自身某项行为的因素的知觉，即感知到的执行某项行为的难易程度。行为态度、社会规范和感知行为控制共同影响着行为意图和实际行为的产生。

（5）动机理论

也有学者关注到了动机，例如内部动机理论和自我决定理论等。动机是指引起和维持个体的活动并促使个体朝向某一目标的内部心理过程或动力。动机可以分为内部动机和外部动机。大量研究表明动机因素，无论是内部动机还是外部动机都会促进个体进行知识分享。例如 Chang 和 Chuang（2011）的研究表明互惠动机、兴趣动机以及利他动机都是个体做出知识分享行为的原因。Lin（2007）的研究表明，包括组织奖励和互惠关系的外部动机，以及自我效能和利他的内部动机都能促进个体的知识分享意愿。当然，Lin（2007）也认为，当内、外部激励机制共同存在时，外部激励会对内部激励产生某种程度的“挤出效应”，因此研究者普遍认为相比外部动机，内部动机是影响个体知识分享行为的首要因素。

3.1.5 小结

第一，在本节中，我们综述了组织内知识分享的定义。目前，学者间尚未达成普遍共识。我们借鉴 Wang 和 Noe（2010）的定义，认为组织内的知识分享是指组织内员工之间分享与工作相关的想法、信息、建议和技巧，去帮助或与他人合作来解决组织内的问题，开拓新的思路和程序。

第二，我们综述了个体知识分享的测量方法。目前主要分为两种：问卷调查法和实验法。问卷调查法是让被调查者填写自己分享知识的意愿或者行为。而实验法是在实验室的环境中给予被调查者任务，让其完成，在此过程中观察知识分享行为。在本研究中，我们使用的是问卷调查法。

第三，我们综述了目前在组织行为学和心理学方面，探讨影响个体知识分享行为的前因变量的研究。已有研究发现，在组织层面，组织文化和氛围、管理支持、薪酬奖励制度、组织结构会对员工知识分享产生影响；在团队和人际关系方面，团队特征、多样性、社会网络以及人际公平和信任会产生显著影响；在个体特征和领导因素方面，个体的性格、动机、态度以及领导者的领导风格都会对员工的知识分享行为产生显著影响。

第四，我们还综述了目前国内在知识分享方面的研究进展。选取了其中的28篇文章，展示了他们的主要研究结论。

第五，我们综述了在知识分享研究中学者们经常使用的相关理论。通过对社会交换理论、社会资本理论和社会网络理论、社会困境理论、理性行为理论和计划行为理论以及动机理论的阐述，结合国内外学者的相关研究，对知识分享在不同理论下的作用机制进行了解释。

3.2 企业员工的社会交换关系

研究者们一直对员工在组织内的社会交换关系有很大的研究兴趣。这一方面研究的主要理论依据是社会交换理论和互惠原则。他们认为，社会交换是一种无限制的事务互惠关系，交换双方都会做出贡献并获得利益。在此过程中，当一方对另一方做出了帮助行为，提供帮助的一方会对于在未来获得来自另一方的回报产生预期，但对于回报行为何时、以何种形式发生并没有明确的规定（Gouldner，1960）。因此在工作环境中，员工倾向于采用一种长期的方式来对待社会交换关系，在互惠原则的指导下，依据自身所感受到的有益行为，做出相应的回报行为，以达到社会交换的平衡。

依据以往研究，员工在工作环境中会产生三个层面的社会交换关系：与组织的社会交换关系（组织支持感），与领导的社会交换关系（领导—成员交换）和与团队员工的社会交换关系（团队—成员交换）。Settoon等（1996）在研究中检验了组织与员工间的社会交换关系（组织支持感）和领导—成员交换关系，是否会对组织产生不同的影响作用。结果显示，组织支持感与组织承诺正相关，而领导—成员交换关系与组织公民行为和员工角色内行为正相关。Wayne等（1997）的研究也主要关注员工在工作中发展出的两种类型的社会交换关系：与组织交换（组织支持感）和与上级交换（领导—成员交换）。虽然两者在理论上具有一定程度的相似性，但研究却发现两者具有不同的前因和后果因素，是两个独立的概念。他们通过对美国一家大型公司进行的问卷调查发现，员工在工作中获得的发展经验和晋升机会以及组织年龄对组织支持感具有正向影响，而组织支持感对员工的情感承诺、组织公民行为和绩效评价具有正向影响，对离职意向具有负向影响；领导的喜爱和预期对领导—成员交换关系具有正向影响，而领导—成员交换关系对员工绩效评价、组织公民行为和对领导有益的行为具有正向影响。因此证明了两种社会交换关系所具有的差异性和重要意义。Kamdar 和 Van Dyne（2007）的研究则同时探讨了领导—成员交换和团队—成员交换这两种社会交换关系对于员工工作绩效和公民行为的影响。由以往研究可知，员工在工作环境中存在着三类不同层次的社会交换关系，但目前我们尚未发现有研究同时探讨三个层面的社会交换关系。因此我们将依次对三类社会交换关系进行详细的论述，以便对目前的研究现状有一个全面的了解。

3.3 组织支持感

本书对组织支持感的研究回顾，首先，从组织支持感的定义出发；其次，探讨有关组织支持感的测量问题；最后，综述目前有关组织支持感的研究进展和国内的研究现状。

3.3.1 组织支持感的定义与测量

组织支持感的概念在1986年由 Eisenberger 和 Huntington（1986）首次提出。概念来源于对组织承诺的解释。以往有关组织承诺的研究认为，员工之所以会产生组织承诺，一方面是由于考虑到离职的经济成本。例如员工感受到他们所拥有的技能在其他公司将不被重视，或频繁的工作转换会影响他们在劳动力市场上的声誉。所以员工对组织的承诺程度在很大程度上取决于组织能给他们带来的经济利益（例如升职或者加薪）。另一方面是由于对组织的情感连带。有学者提出，员工在工作过程中可能会逐渐感觉自身是组织的一部分，在组织中产生了强烈的身份认同感，因此这种较强的情感连带会促使员工产生较高的组织承诺。基于以上两方面的解释，Eisenberger 和 Huntington（1986）提出，可以采用社会心理学中的社会交换视角，将以上解释整合为一种，即“员工对于组织的承诺水平取决于员工感受到的组织给他们的承诺”。此外，之所以采用“承诺”“支持”“感觉”这类人与人之间互动的词来形容人和组织之间的关系，是由于

Levinson（1965）曾指出，员工会将组织拟人化，将组织视为一个虚拟化的“人”。因此在工作中，员工也会像与领导、同事一样，与组织之间产生社会交换。但不同点在于，员工会将所有组织代理人（所有掌握了象征性资源的组织成员）对自己所做出的有利或不利的对待行为以及组织内的奖励等对待制度，均视为组织是否青睐自己的标志。

Eisenberger 和 Huntington（1986）认为，以往研究都主要强调员工对组织的承诺，而忽略了组织对员工的承诺。因此，他们从员工的视角，提出了组织支持感的概念，即“员工对于组织在多大程度上重视自己并关心自身幸福感所具有的观念”。从定义来看，员工所期待获得的组织支持主要包括两部分：一是“物质支持”，即员工希望自身为实现组织目标所付出的额外努力，会得到组织的奖励。这也称为努力回报预期（effort－outcome expectancy）。二是“精神支持”，即员工希望组织满足自身想要获得认可的心理需求，对组织产生积极的情感连带，将组织成员身份内化为自己身份认同的一部分。这也称为情感依附（affective attachment）。

组织支持感的概念诞生后，大量的研究证明了它是一个独立的概念，区别于组织承诺、领导—成员交换、心理契约、工作满意度等概念（Shore & Tetrick，1991；Eisenberger et al.，1997；Coyle－Shapiro & Conway，2005）。Eisenberger 和 Huntington（1986）也开发出了最早的测量组织支持感的调查问卷（Survey of Perceived Organizational Support，SPOS）。问卷采用 7 点李克特量表，总计包括 36 个条目，涵盖员工对组织绩效的满意度、组织对于员工目标和观点的考虑、组织安排工作的丰富程度、员工才能实现的充分程度等方面的陈述，例如：“组织重视我对其成长所做的贡献”“组织充分考虑我的目标和价值观”等。依据实证调查和验证性因子分析的结果，问卷被证明具有很好的内部一致性和单一结构。同时，他们也将问卷中因子载荷较高的前 17 个条目提出，作为组织支持感问卷的简短版本，这也是目前大多数研究所采用的版本。随后，由于实际操作等方面的原因，许多研究也使用了更为简短的版本（例如 8 条目见 Settoon et al.，1996；11 条目见 Armeli et al.，1998；9 条目见 Hofmann & Morgeson，1999；6 条目见 Eisenberger et al.，2001）。在本研究中，我们将采用 8 条目的简短版本，具体条目请参见附录 A 调查问卷。

3.3.2 组织支持感的研究进展

Rhoades 和 Eisenberger（2002）针对1986—2001年70多篇有关组织支持感的文章进行了文献综述和元分析。结果发现，员工在组织中所感受的3种类型的有益对待方式（例如公平感、领导支持、组织给予的奖励和良好的工作条件）与组织支持感高度相关，反过来，组织支持感也会对个体（例如工作满意度、积极情绪）和组织层面（例如情感承诺、绩效、低离职率）的变量产生有利影响。此外，我们也针对有关组织支持感的其他研究进行了检索。由于在本书中组织支持感为自变量，因此此处我们主要关注组织支持感会对哪些个体层面的结果变量产生影响。

有关组织支持感产生影响的结果变量，目前的研究主要包括以下几方面的因素。

（1）组织承诺：由于组织支持感这一概念来源于对组织承诺的解释，因此已有大量研究证明了组织支持感对于组织承诺所具有的正向影响（Lee & Peccei，2007）。这是由于，依据互惠原则，当员工在组织中感受到支持时，会产生义务感，认为自己也有责任去给予组织支持。同时，组织支持感高的企业，更加重视对员工额外劳动的奖励，同时也更能满足员工的社会心理需求，精神和物质层面的双重满足会促使员工对组织产生较高的承诺。例如：Eisenberger 等（2001）通过对413名邮政员工的调查发现，组织支持感对于员工对待组织的情感承诺和工作绩效具有显著的正向影响，且员工的义务感和积极情绪在此过程中起到中介作用。Kraimer 和 Wayne（2004）针对跨国公司外派员工的调查也发现，组织支持感对于外派员工对母公司和外派机构的组织承诺也具有显著的正向影响。

（2）工作情感：组织支持感被认为会影响员工对于工作的情感反应（包括工作满意度和积极情绪）。当员工感受到较高的组织支持时，会认为自己在有特别需要时会得到组织的支持和帮助，自身的社会情感需求得到了满足，因此会提升对于工作的满意度。而积极情绪则是员工在工作中的一种通常的情绪状态。由于组织支持感高的员工，会认为组织对自己是十分重视的，因此更可能对组织产生较高的积极情感。例如：Stamper 和 Johlke（2003）针对需要开展跨界合作的235名销售员进行调研，结果发现他们所感受到的组织支持对于工作满意度、留职意向具有显著的正向影响，而对于角色压力具有负向影响。

（3）工作卷入度：工作卷入度是指员工在执行某一工作过程中的认同感和兴趣水平。由于组织支持感高的企业，会尽可能让员工的工作内容丰富有趣，且在工作过程中让员工感受到对其能力和价值的重视，因此，这更可能会提升员工对待工作的热情和兴趣，进而提升其工作卷入度。例如，Eisenberger 等（1990）的研究证实了员工所感受到的组织支持对于其工作卷入度、建设性意见和责任心具有显著的正向影响。

（4）绩效：组织支持感被认为不仅能够促进员工的工作绩效水平，更能够提升员工在工作角色之外的表现（Armeli et al.，1998；Farh et al.，2007），这是由于，依据互惠原则，当员工感受到较高的组织支持时，会相应产生对组织的义务感，认为自己有义务去为实现组织的目标而服务。因此便会做出有益于组织的行为。例如，Shore 和 Wayne（1993）的研究检验了组织支持感对于组织公民和印象管理行为的影响，结果发现，组织支持感对组织公民和印象管理行为均具有正向影响，且组织支持感比组织承诺的影响力度更大，证明了组织支持感确实会让员工在社会交换的过程中，产生义务感从而做出有利于组织的公民行为。Thompson 等（2020）的研究发现，在感受到相对较低的组织支持感时，女性更有可能产生组织公民行为，而男性只会在高组织支持感的情况下产生组织公民行为。此外，Kim 等（2022）的最新研究也发现，员工感受到的组织支持感会对组织利润率产生积极影响。

（5）压力：组织支持感被认为能够降低员工负面的心理反应。在面对高强度的工作要求时，员工如果感受到自己能随时得到来自组织的物质和情感支持，将会在一定程度上对压力和负面情绪起到缓解作用。例如，Cropanzano 等（1997）针对 185 名兼职员工的研究表明，组织支持感对员工工作压力（包括工作紧张、身体紧张、劳累不安以及精神倦怠）具有显著的负向影响。

（6）离职意向和行为：已有大量研究表明，组织支持感对于员工的离职意向和行为具有负向的影响作用（Allen et al.，2003；Eder & Eisenberger，2008），这是由于，当员工感受到来自组织的支持时，会增强对组织的积极情感承诺，同时也会提高自身对组织的义务感。因此在情感和义务的双重作用下，自身的离职意愿和行为将会降低。例如，Maertz 等（2007）针对 225 名社会服务人员的调查研究发现，组织支持感对于员工离职行为具有显著的负向影响，且规范承诺和情感承诺在两者间的关系中起到中介作用，而领导支持感在两者间的关系中起到负向的调节作用。Stamper 和 Johlke（2003）针对需要开展跨界合作的 235 名销售员所进行的调查也发现，他们所感受到的组织支持对于留职意向具有显著的正向影响。Vardaman 等（2016）针对 342 名酒店管理公司员工的调查研究发现，与同事进行组织支持感比较也会影响离职意向，当发现自己所获得的组织支持不如同事时，该员工的离职意向更大。

（7）创新：近期也有研究发现，组织支持感也会对员工创新产生正向影响。一方面，组织支持会让员工感到自己获得了情感和认知方面的资源支持，而这些资源被认为与员工创新行为高度相关（Oldham & Cummings，1996；Madjar & Oldman，2002）。另一方面，创新行为需要员工具有冒险精神，而冒险精神通常会带来压力。组织支持则会通过缓解员工冒险行为的压力来促进创新行为。例如，Yu 和 Frenkel（2013）的研究，以中国某银行的 206 名雇员为研究对象，验证了组织支持感对于员工创新行为具有显著的正向影响作用，且组织身份认同感、对于成功的预期在两者间关系中起中介作用。

（8）组织认同：组织支持感被认为会对组织认同产生正向影响。高组织支持感的员工会感受到组织的关心，认为组织认可并重视自己的表现，因此更容易产生组织认同。例如，Lam 等（2016）针对 363 名护士的研究表明，组织支持感对组织认同具有显著的正向作用，且组织认同在组织支持感和角色外行为（Extra-role Behavior）之间起中介作用。

（9）员工负责行为：研究也发现组织支持感和员工负责行为之间存在显著影响关系。Burnett 等（2015）对 89 对下属—主管关系进行的调查发现，组织支持感和员工负责行为呈倒 U 型关系。这是由于，过低的组织支持不能激发员工的负责行为，而太多的组织支持会让员工超负荷，将组织支持视为压榨性的过度控制，因此只有适合的组织支持才是鼓励员工在组织中负责的最佳方式。

3.3.3 组织支持感的国内研究进展

近年来，国内学者也在组织支持感的研究方面取得了很大进展，主要研究成果见表 3.2。

表 3.2　组织支持感的国内研究进展

作者（年份）	研究内容
庞立君，任颋，王向阳（2022）	以高新技术企业人员为研究对象，发现组织支持感对员工失败学习（双环学习与单环学习）存在正向影响。自我效能感和情感承诺在组织支持感与双环失败学习的关系中起中介作用，而责任感在组织支持感与单环失败学习的关系中起中介作用
淦未宇，徐细雄（2018）	以 457 名新生代农民工为研究对象，发现组织支持感与新生代农民工离职意愿之间存在显著的负相关关系，而新生代农民工的原始社会资本和新型社会资本会强化二者之间的负向关系
程垦，林英晖（2017）	以 258 名新生代员工为研究对象，探讨组织支持感一致性与离职意愿的关系以及员工幸福感在二者之间的中介作用。研究发现，预期组织支持与感知组织支持的一致性越高，新生代员工的离职意愿就越低。具体来说，与“低预期—低感知”组织支持一致相比，“高预期—高感知”组织支持一致性更能降低新生代员工的离职意愿；与“高预期—低感知”组织支持不一致相比，“低预期—高感知”组织支持不一致更能降低新生代员工的离职意愿
刘玉敏，李广平（2016）	针对 302 名服务岗位的派遣员工的调查发现，组织支持感对派遣员工的离职倾向有负向影响，组织认同在组织支持感与离职倾向的关系中起中介作用，而表层扮演则对中介效应起到显著的调节作用
孙健敏，陆欣欣，孙嘉卿（2016）	针对 302 名证券行业员工的调查发现，组织支持感与工作投入之间存在 U 型关系，情感承诺显著调节二者间的曲线关系。对于情感承诺高的员工来说，组织支持感与工作投入之间为 U 型曲线关系；而对于情感承诺低的员工而言，二者呈显著线性关系
颜静，樊耘，张旭（2016）	针对 312 名员工的调查发现，组织支持感通过影响员工情感承诺使员工产生挑战型组织公民行为
淦未宇，刘伟，徐细雄（2015）	针对新生代农民工的研究发现，组织支持感负向影响农民工离职意愿，而组织公平感和身份认同感均在组织支持感与离职意愿的关系中起中介作用
郭文臣，杨静，付佳（2015）	以企业员工为研究对象，发现组织支持感对组织犬儒主义和反生产行为具有负向影响，且组织犬儒主义在组织支持感与反生产行为的关系起中介作用
刘智强等（2015）	研究发现，组织支持感与员工创新行为具有正向影响，内部人地位认知在其中起中介作用，而雇佣身份多样性负向调节组织支持感与员工创新行为间的关系
张桂平，廖建桥（2015）	研究发现，组织支持在挑战性压力和员工敬业度之间具有正向调节作用
顾远东，周文莉，彭纪生（2014）	发现组织支持感对研发人员的创新行为具有正向影响，创造力效能感和积极情绪在两者关系中起部分中介作用
卢纪华，陈丽莉，赵希男（2013）	研究发现，组织支持感与知识型员工的敬业度显著正相关，其影响高于组织承诺的影响
苗仁涛等（2013）	发现高绩效工作系统对于员工组织支持感具有正向影响，组织支持感在高绩效工作系统与员工角色内和组织公民行为的关系中起到部分中介作用

续表

作者（年份）	研究内容
王丽平，于志川，王淑华（2013）	发现心理距离对于组织支持感具有显著的负向影响，组织支持感对于知识共享行为具有显著的正向影响，且组织支持感在心理距离与知识共享行为的关系中发挥部分中介作用
张军成，凌文辁（2013）	针对 314 名研发人员的调查发现，组织支持感在组织政治知觉与员工工作满意度、情感承诺、工作倦怠和离职倾向关系中起中介作用
高中华等（2012）	以国内某高科技集团的知识型员工为调查对象，发现组织支持感在员工心理资本和角色压力的关系中起负向调节作用，还可以调节角色压力在心理资本和离职意向间的中介作用
李晓艳，周二华（2012）	通过对某呼叫中心客服的大规模问卷调查发现，组织支持感在顾客言语侵犯与服务人员离职意向的关系中起负向调节作用
王震，孙健敏（2012）	研究发现组织支持感对主客观职业成功具有正向影响。同时，组织支持感会强化核心自我评价对职业成功的正向影响
赵文红，周密（2012）	研究发现，研发团队的内部机会、培训发展和决策参与会提高员工的组织支持感。组织支持感会通过情感承诺促进团队的创新绩效
宝贡敏，刘枭（2011）	开发了“中国员工感知组织支持量表”，具体包括：感知组织制度支持、感知组织制度保障、感知主管任务导向型支持、感知主管关系导向型支持、感知同事工作支持和感知同事生活支持
李超平，鲍春梅（2011）	以 278 名护士作为研究对象，发现组织支持感对默许沉默有负向影响，信任组织在两者间关系中起部分中介作用；组织支持感对防御沉默有显著的负向影响，信任组织在两者关系中起完全中介作用
徐细雄，淦未宇（2011）	以海底捞为研究对象，运用案例研究方法，提出了新生代农民工雇佣关系的理论框架：“组织支持在前、组织承诺在后”的非对称性特征；提出组织支持诉求的四个维度：家庭网络支持、社会认同支持、组织公平支持和都市融合支持；发现组织支持契合通过心理授权的中介作用影响组织承诺
傅升等（2010）	探讨了组织支持感和领导支持感在组织公平和组织认同感间的中介作用。结果发现，结果公平通过组织支持感影响组织认同，互动公平通过领导支持感影响组织认同，而程序公平会通过两种支持感来影响组织认同
黄桂（2010）	以国有企业为研究对象，发现激励制度、信息公平对组织支持感具有显著的正向影响，领导者的专制程度具有显著的负向影响；组织支持感在领导者专制程度与工作投入的关系中起完全中介作用
田喜洲，谢晋宇（2010）	发现组织支持感对于员工的角色内行为具有正向影响，对缺勤行为具有负向影响。心理资本在组织支持感与角色内行为、缺勤行为的关系中起部分中介作用，在与组织公民行为的关系中起完全中介作用
袁勇志，何会涛（2010）	发现组织支持感和领导—成员交换关系对于心理契约违背具有显著的负向影响，且组织政治知觉在上述关系中具有正向调节作用

续表

作者（年份）	研究内容
何会涛，彭纪生，袁勇志（2009）	建立理论分析模型，探讨了组织支持感、员工知识共享方式与知识共享有效性之间的作用关系。发现与工作相关的组织支持感能够通过组织导向的知识共享行为促进知识共享的有效性
沈伊默等（2009）	发现组织支持感通过组织认同的完全中介作用，对组织公民行为产生显著的正向影响，个体的自尊需要在两者关系中起负向调节作用
梁巧转，唐亮，王玥（2008）	发现组织支持感对于领导—成员交换具有显著正向影响，团队氛围在两者关系中起正向调节作用
杨玉浩，龙君伟（2008）	以珠三角地区的企业员工为调查对象，结果发现，组织支持感对员工知识分享行为具有正向影响，感情承诺在两者关系中起完全中介作用
张燕，王辉，樊景立（2008）	发现企业的人力资源管理措施（包括保健措施和激励措施）与员工的组织支持感之间存在交互效应，共同影响员工的个人绩效。具体而言，组织支持感在保健措施和个人绩效关系间起负向调节作用，在激励措施和个人绩效关系间起正向调节作用
凌文辁，杨海军，方俐洛（2006）	编制了中国企业员工的组织支持感问卷，包括三个维度：工作支持、员工价值认同和关心利益。此外，验证了程序公平对于组织支持感具有正向影响，而组织支持感对情感承诺和利他行为具有正向影响

3.3.4 小结

在本节中，我们首先提出了组织支持感的概念。此概念由 Eisenberger 和 Huntington（1986）首次提出，指“员工对于组织在多大程度上重视自己并关心自身幸福感所具有的观念”。此概念包括两方面的内涵，一是组织对员工工作的重视程度感知；二是组织对员工幸福感关心程度的感知。在此基础上，Eisenberger 和 Huntington（1986）也开发出了最早的测量组织支持感的调查问卷，总计包括 36 个条目，涵盖了员工对组织绩效的满意度、组织对于员工目标和观点的考虑、组织安排工作的丰富程度、员工才能实现的充分程度等方面。该问卷被广泛应用，被证明具有良好的信度和效度。在之后的研究中，为了操作方便，学者们更多地使用该问卷的简短版本。在本研究中，我们使用的是 8 条目的简短版本。

组织支持感是一个相对成熟的概念，目前的相关研究十分丰富。有关组织支持感的后果变量的研究，主要包括以下几个方面：组织承诺、工作情感、工作卷入度、绩效、压力、离职意向和行为、创新、组织认同以及员工负责行为等。目前，国内学者在组织支持感方面的研究也取得了相应进展，我们选取了其中32篇，展示了其研究结论。

3.4 领导—成员交换关系

本节对领导—成员交换关系的综述，从其定义和测量方法出发，综述目前有关领导—成员交换关系的研究，主要探讨其对结果变量的影响，最后，对目前国内有关领导—成员交换的相关研究现状予以总结。

3.4.1 领导—成员交换的定义与测量

在社会交换理论的基础上，学者们从领导成员二分关系的视角，提出了领导—成员交换的概念。它是指领导和下属之间交换关系的质量，核心观念是领导会和不同下属建立不同质量的交换关系。这一概念源自纵向二分关系的领导模型（Dansereau et al.，1975），这一模型被用来描述一个领导和某一成员之间发展出各种行为依赖关系的过程，并且这一关系会在不同成员间存在质量差异：领导可能与某一成员的关系趋近于“伙伴”（例如，相互影响、尊重并喜爱），而与另一成员的关系类似于“监工”（例如，单方面的施压和影响）。以往有关领导力的划分采取“平均”原则，他们假定领导会对所有下属一视同仁，对他们表现出一致的行为，因此他们将员工对于领导的性格特点、行为方式、情境模式等方面的评价取平均值，将领导划归为某一类型。而Vertical Dyad Linkage Model of Leadership的提出则提醒人们，领导对待所有员工一视同仁的假设并不成立。Liden和Graen（1980）的实证研究发现，在超过90%的样本团队中，领导与团队内每一名员工的关系质量均是不同的。

基于社会交换理论，双方需提供给对方有价值的事物，且双方都认为这种交换相当的公平和合理。为了回报高质量的工作关系，员工会感受到相应的义务。领导和下属间的关系和工作角色会在一系列工作交换过程中得到商议和发展。不同的领导—成员交换关系，双方所获得的物质资源、信息和支持均不同。在高质量的领导—成员交换关系中，领导和成员之间有着高水平的相互信任、互动、尊重和义务感，员工被领导视为值得信任的助手，会获得正式或非正式的奖励。在此种关系中，领导和员工之间会产生有形或无形事物的交换，通常也会超过正常的工作描述范围，他们会视彼此为圈内人（in-group）。相反，在低质量的领导—成员交换关系中，员工仅仅被视为“雇来的帮手”，仅负责完成工作描述中所要求的内容，员工通常被视为圈外人（out-group）。Wilson等（2010）提出，高质量的领导—成员交换关系意味着诚实，双方公开交换信息和支持。领导会贡献机会、信息和知识来与员工交换他们的努力、承诺和亲社会行为。

领导和成员之间欲建立起高质量的领导—成员交换关系，通常需要包括以下三方面的内容：尊重、信任和义务感。首先，双方要尊重并认可对方的能力；双方预期会加深对彼此的信任；双方预期彼此间的责任义务感会随着工作中的互动而发展成为“伙伴关系”（成熟的关系）。领导—成员交换关系是领导和员工间的工作关系而非私人关系，而这种尊重、信任和义务也针对的是工作中的能力和行为（Graen & Uhl-Bien，1995）。之后，也有学者提出了更多方面的内容，包括相互支持、信任、喜爱、自主权、关心和忠诚（Graen & Scandura，1987）。

对于领导—成员交换关系的测量，目前普遍采用问卷调查的方法。测量此概念的调查问卷多达几十种，从2个测量条目到24个测量条目不等（Dansereau et al.，1975；Dienesch & Liden，1986）。最早测量领导—成员交换关系质量的问卷是由Graen等（1972a，1972b）、Dansereau等（1973）、Graen等（1973）提出的，此问卷的基础是领导行为描述问卷（Leader Behavior Description Questionnaire，LBDQ）。之后学者们又依次根据领导注意（Supervisory Attention）、谈判自由度（Negotiating Latitude）、领导行为指标（Leader Behavior Index）、二元交换关系（Dyadic Exchange）等提出了不同版本的测量领导—成员交换关系的问卷。截至目前，应用较为广泛、具有较高可信度的问卷是Graen和Uhl-Bien（1995）提出的领导—成员交换关系调查问卷版本，共包括7个测量条目，本节也采用此版本的调查问卷。

3.4.2 领导—成员交换关系的研究进展

有关领导—成员交换关系的研究，目前相对较为丰富。已有研究探讨了影响领导—成员交换关系的前因变量，领导—成员交换关系会对哪些结果变量产生影响，以及领导—成员交换在其他影响关系中如何充当中介和调节变量。由于领导—成员交换在本研究中作为前因变量，因此在此处，我们主要论述领导—成员交换关系对个体层面结果变量的影响。

已有研究发现领导—成员交换关系主要对下述个体层面的结果变量产生显著影响，具体包括以下几个方面。

（1）工作绩效：大量研究已经证实，高质量的领导—成员交换关系会对员工的工作绩效评价、客观绩效产生显著的正向影响（Vecchio & Gobdel，1984；Liden et al.，1993）。例如，Chen 等（2007）的研究发现，高质量的领导—成员交换关系会对员工的客观评价角色内绩效（由员工每月工作绩效所产生的工资衡量）和主观评价角色内绩效（通过问卷调查法，由员工所属上级领导填写）产生显著的正向影响。Dwertmann 和 Boehm（2016）通过对 1253 名雇员的研究，发现工作场合的异元性与领导—成员交换质量低、绩效差有关。一项以四家荷兰医院中 240 名护士及其上级为研究对象的研究表明，当跟随者工作网络或友情网络集中度高时，领导—成员交换与跟随者工作绩效正相关，但当跟随者工作网络或友情网络集中度低时，这一相关关系不再成立（Regts et al.，2019）。另外，领导—成员交换还会作为调节变量，减轻其他因素对工作绩效的负面影响。McCarthy 等（2016）的研究表明，领导—成员交换会减轻情绪枯竭对绩效的负面影响。

（2）公民行为：Ilies 等（2007）对领导—成员交换和员工公民行为的影响关系进行了元分析。依据 50 篇相关研究的结果发现，领导—成员交换与员工公民行为之间具有显著的正向影响关系，同时，他们进一步发现，公民行为的目标对象在两者关系中起调节作用。领导—成员交换对针对个体的公民行为的预测能力高于针对组织的公民行为的预测。另外，也有研究表明，领导—成员交换质量高低并非影响组织公民行为的因素，关键在于领导与下属能否对彼此之间就领导—成员交换的质量达成一致观点：若双方能够达成一致，则雇员的工作参与度和组织的公民行为都将最大化（Matta et al.，2015）。领导幽默会强化下属的公民行为，而领导—成员交换在其中起调节作用（Cooper et al.，2018）。

（3）满意度：已有研究发现，领导—成员交换关系不仅会对员工对工作的满意度产生影响，也会对员工对领导的满意度产生影响（Graen et al.，1982；Duchon et al.，1986）。例如，Fisk 和 Friesen（2012）的研究发现，领导—成员交换对下属汇报的工作满意度具有显著的正向影响。Duchon 等（1986）针对 49 家公司为期 6 个月的研究也发现，领导—成员交换关系会对员工对领导的满意度产生显著影响。

（4）离职意向：已有研究发现，领导—成员交换关系会对员工的离职意向产生负向影响，领导—成员交换关系的质量越好，员工越不愿意离职（Gerstner & Day，1997）。例如，Harris 等（2009）的研究发现，领导—成员交换对员工自我汇报的离职意向具有显著的负向影响。

（5）组织承诺：类似于组织支持感方面的研究，有关领导—成员交换关系的研究也发现，员工感受到的领导—成员交换关系质量越高，其对组织的承诺水平越高。例如，Nystrom（1990）的研究以 171 名管理者和他们的直属领导为调查对象，发现纵向交换关系对员工的组织承诺具有显著的正向影响。

（6）创新：近期，学者们关注的焦点问题是领导—成员交换关系对于员工创新的影响。已有研究提出，高质量的领导—成员交换关系会促进员工在工作中的创新。例如，Volmer 等（2012）的研究发现，领导—成员交换对员工在创新工作方面的投入具有显著的正向影响，工作自主权在两者关系中起正向调节作用。Atwater 和 Carmeli（2009）的研究也同样指出，领导—成员交换质量会决定员工在创新性工作中的参与程度，员工感受到的能量在两者关系中起中介作用。Li 等（2016）通过对多家中国公司的研究发现，领导—成员交换的差异化与团队创造力之间呈现倒 U 型关系，而领导—成员交换质量在其中起调节作用。

（7）上级印象：近期有研究显示，领导—成员交换会影响上级对员工的印象，Kluemper 等（2019）的研究表明，领导倾向于给对他人表现粗鲁的员工负面评价。然而当领导—成员交换水平或工作绩效水平高的时候，领导会不再认为这些员工的行为是异常的。

3.4.3 领导—成员交换的国内研究进展

目前，国内学者也对领导—成员交换关系开展了丰富的研究，具体的研究成果参见表 3.3。

表 3.3　领导—成员交换的国内研究进展

作者（年份）	研究内容
苏宗伟，李欢，杜娟（2022）	在中国组织情境下，领导—成员交换关系和道德推脱在仁慈型领导对员工工作偏离行为的双刃剑影响中起中介作用。仁慈型领导与领导—成员交换之间的关系受到互惠信念的正向调节
姚柱，罗瑾琏，宛群超（2022）	在对科技型企业研发团队的研究中发现，领导—成员交换在领导愤怒与团队情绪、团队自省之间的关系中起调节作用
邓玉林，吴洁，达庆利（2021）	研究发现，上司下属关系与领导—成员交换对员工创新行为均有正向影响。但在中国情境下，领导—成员交换的解释力度弱于上司下属关系的解释力度
唐于红，赵琛徽，陶然，胡西武（2021）	研究发现，领导—成员交换对团队地位冲突有正向影响，进而导致团队成员减少知识共享行为
王颖，杨梦遥，王笑宇（2021）	以在职公务员为研究对象，研究发现，职业投入显著正向影响职业承诺，领导—成员交换关系在其中起调节作用
魏峰，王艺霏，袁欣欣（2021）	领导—成员交换和 CEO 谦卑对创业绩效有显著正向影响，且任务分配有效性在 CEO 谦卑和领导—成员交换之间起中介作用
徐本华，邓传军，武恒岳（2021）	以中国中西部六大城市的 30 家企业为研究对象，发现领导—成员交换对员工主动创新行为的作用受到心理授权的中介影响
韩翼，肖素芳，龚鹏飞（2020）	研究表明，领导—成员交换关系会正向调节员工谏言与领导纳谏之间的关系
胡巧婷，王海江，龙立荣（2020）	在对企业新员工的研究中发现，领导—成员交换可以促进传统性比较高的员工的工作重塑
黄庆，黄霞林，蒋春燕（2020）	研究发现，领导—成员交换在员工谦逊与创新绩效的关系中起部分中介作用
蒋瑞，林新奇（2020）	研究发现，领导—成员交换在威权领导与员工非伦理行为的正向影响关系中起完全中介作用
潘亮，杨东涛（2020）	研究表明，领导—成员交换关系显著正向影响员工建言，且这一关系受到代际差异的调节作用
张银普等（2020）	运用元分析方法，发现中国情境下的领导—成员交换与任务绩效、组织公民绩效均有较强的正向关系，且领导—成员交换量表的选用在领导—成员交换与任务绩效、组织公民绩效的关系中有调节作用。领导—成员交换与反生产绩效有中度负向关系
周文莉，顾远东，彭纪生（2020）	以地方政府审计人员为研究对象，研究发现领导—成员交换在政府审计人员工作压力与职业倦怠关系中起调节作用
梁彦清，杨俊青，刘伟鹏（2019）	研究发现，个体层面相对领导—成员交换关系与员工工作幸福感之间正相关，而团队层面领导交换差异与团队工作幸福感负相关，与员工工作幸福感呈倒 U 型关系

续表

作者（年份）	研究内容
倪亚琨，郭腾飞，王明辉（2019）	在对大型国有企业管理者的研究发现，领导—成员交换在个人品德与精神型领导之间的正向关系中起中介作用
施丹等（2019）	以产业工人为研究对象，发现领导—成员交换关系正向影响产业工人敬业度，内部人身份认知在其中起部分中介作用
王磊，邢志杰（2019）	研究表明，领导—成员交换既显著增强了专权领导与权力感知和员工创新行为之间的负向关系，也显著增强了尚严领导与权力感知和创新行为之间的正向关系
王永丽等（2019）	研究表明，领导工作过载会负向影响下属的工作自我效能感，从而降低下属的工作—家庭促进水平，领导—成员交换关系在其中起调节作用
尹奎，张凯丽，李秀凤（2019）	研究表明，员工的关系重塑与工作意义之间显著正相关，领导—成员交换关系差异化在其中具有正向调节作用
张永军，江晓燕，李永鑫（2019）	研究表明，领导—成员交换关系和工作不安全感直接正向影响亲组织非伦理行为
郑晓旭等（2019）	研究发现，领导—成员交换在社会自我效能感与工作倦怠之间起中介作用
李卉，汪群（2018）	以中国对外投资企业的外派人员为研究对象，发现领导—成员交换在外派适应与外派绩效关系中具有显著调节作用
梁阜，李树文，罗瑾琏（2018）	以科技企业为研究对象，发现个体差异性变革型领导正向影响员工创新行为，领导—成员交换在其中起到部分中介作用
苏伟琳，林新奇（2018）	研究发现，领导—成员交换在上级发展性反馈对员工沉默行为的抑制作用中起部分中介作用
孙健敏，陈乐妮，尹奎（2018）	研究发现，挑战性压力源、领导—成员交换和辱虐管理对员工创新行为有显著的三维交互作用
徐琳，王济干，樊传浩（2018）	对于创新型企业的研究表明，心理授权和领导—成员交换在授权型领导与员工亲组织非伦理行为之间的正向关系中起到链式中介作用，且领导—成员交换的单独中介作用更高
刘晓琴等（2017）	研究表明，下级领导对领导—成员交换关系的感知会导致其施行非伦理领导行为
王冬冬，钱智超（2017）	以新生代员工为研究对象，发现领导—成员交换显著正向影响员工的敬业度，员工自我效能感在其中起中介作用
吴伟伟等（2017）	研究发现，领导—成员交换在工作匹配对创新绩效的影响关系中起正向调节作用
肖贵蓉，赵衍俊（2017）	基于中国情境下的研究表明，领导—成员交换显著负向影响员工离职倾向，并在伦理型领导行为与员工离职倾向的关系中起中介效应

续表

作者（年份）	研究内容
张端民（2017）	研究发现，领导—成员交换负向影响员工沉默行为，其中组织公平起完全中介作用
曹科岩，李宗波（2016）	领导—成员交换与员工建言行为之间具有显著正相关关系，并且在心理契约破坏与员工建言行为之间有显著调节作用
陆欣欣，孙嘉卿（2016）	研究表明，领导—成员交换负向影响情绪枯竭，且领导—成员交换、互惠信念和权力距离导向对情绪枯竭有三维交互作用
秦伟平等（2016）	在对高新技术企业的研发团队及员工的研究中发现，领导—成员交换在真实型领导和员工创造力的关系中起完全中介作用
薛亦伦等（2016）	在中国文化情境下，领导—成员交换关系在员工的政治技能与工作场所排斥之间起中介作用
尹奎，刘永仁，宋璐璐（2016）	以山东、河南、北京等地员工为研究对象，发现领导—成员交换正向影响员工情感承诺，在领导友好关系管理与员工情感承诺中既有中介作用，又有调节作用
张征（2016）	研究发现，领导—成员交换在下属—主管匹配和工作幸福感之间起完全中介作用
朱秀梅，方琦，鲍明旭（2016）	以新创企业为研究对象，发现领导—成员交换负向调节员工绩效趋近导向与创业学习的关系，正向调节绩效规避导向与员工创业学习的关系
李倩，孙锐（2015）	研究表明，领导—成员交换会影响员工创新行为，这一关系分别受到知识分享的中介作用，以及组织公平氛围的调节作用
杨春江，冯秋龙，田子州（2015）	以河北省部分企业员工和主管为研究对象，发现领导—成员交换在变革型领导对员工任务绩效的正向影响中起完全中介作用
朱玥，王晓辰（2015）	研究表明，服务型领导积极影响员工建言行为，领导—成员交换在其中起中介作用
井润田，胡思瑶（2014）	以科研团队为研究对象，发现团队领导的角色采择能力和领导获得的专业尊重会促进领导成员情感交换
梅哲群，杨百寅，金山（2014）	研究表明，领导—成员交换关系会通过心理所有权、信任同事对员工的组织主人翁行为产生积极的正向影响
邱功英，龙立荣（2014）	研究发现，领导—成员交换在权威型领导和下属建言领导的影响关系中起中介作用
王泽宇，王蕊，王国锋（2014）	采用社会网络分析方法，以高校科研团队为调查对象，发现团队领导的内部度数中心性对领导成员的贡献和专业尊敬交换关系具有正向影响。领导—成员交换关系在领导内部度数中心性与团队绩效间起完全中介作用
许彦妮，顾琴轩，蒋琬（2014）	研究发现领导—成员交换对员工创造力和工作绩效均具有显著的正向影响。领导—成员交换在德行领导和员工创造力及工作绩效的关系中起完全中介作用

续表

作者（年份）	研究内容
赵可汗等（2014）	研究发现，员工感知到的领导—成员交换关系，在团队冲突对信息深度加工的负向影响关系中起正向调节作用
倪渊，林健（2013）	研究发现，团队成员所感知到的领导—成员交换质量差异与员工的情感承诺负相关，与员工的离职意向正相关，员工间的信任在上述两种影响关系中起中介作用
曲如杰等（2013）	以高新技术企业的研发人员为研究对象，发现领导—成员交换关系对研发人员创新具有正向影响
王国锋，黄宛凌，钟燕宜（2013）	以中国台湾服务业的一线员工及其直属领导为研究对象，发现领导—成员交换关系在自我牺牲型领导和下属亲社会行为的关系中起正向调节作用
王震，孙健敏（2013）	研究发现，团队层面的领导—成员交换关系对团队成员的情感承诺和团队绩效具有正向影响。关系差异化对上述影响关系具有负向调节作用
张伶，聂婷（2013）	针对19个省（区、市）的1795名在职员工调查发现，领导—成员交换在团队凝聚力与员工积极行为的关系中起正向调节作用
周明建，侍水生（2013）	研究发现，领导—成员交换差异会对团队关系冲突具有显著影响，团队领导的道德型领导力在两者间关系中起负向调节作用
杨付，王桢，张丽华（2012）	研究发现，领导—成员交换对员工职业成功具有显著的正向影响，对员工内部机会主义具有U型影响
韩翼，杨百寅（2011）	针对国内某电力企业领导和员工的配对调查数据发现，领导—成员交换在真实型领导和员工创新行为关系中起正向调节作用
王端旭，赵轶（2011）	研究发现，领导—成员交换在员工学习目标取向与员工创造力的关系中起正向调节作用
尹晶，郑兴山（2011）	研究发现，领导—成员交换关系在上级发展性反馈与员工创造力和组织公民行为的关系中起中介作用
孙泽厚，郭颖（2010）	研究发现，知识型员工的领导—成员交换质量与周边绩效显著正相关
袁勇志，何会涛（2010）	研究发现，领导—成员交换关系对员工的心理契约违背具有显著的负向影响，组织政治知觉在两者间关系中起正向调节作用
孙锐，石金涛，张体勤（2009）	研究发现领导—成员交换对员工创新行为具有显著的正向影响，组织创新气氛在两者间关系中充当中介作用
张莉等（2009）	探讨了领导—成员交换与组织内沟通满意度的关系。结果发现，两者间具有显著正相关关系，沟通满意度中的下行沟通比员工的上行沟通对领导—成员交换关系的影响更大。领导—成员交换关系将会对个体、团队和组织层面的沟通满意度产生影响
梁巧转，唐亮，王玥（2008）	发现组织层面的分配公平感、程序公平感、互动公平感和组织支持感都会对领导—成员交换产生显著的正向影响，团队氛围的四个维度在上述影响关系中起不同程度的调节作用

3.4.4 小结

首先，在本节中，我们提出了领导—成员交换的概念。它是指领导和下属之间交换关系的质量，其核心观念是领导会与不同下属之间建立不同质量的交换关系。在高质量的领导—成员交换关系中，领导和成员之间有着高水平的相互信任、互动、尊重和义务感，员工会获得正式或非正式的奖励。在此种关系中，领导和员工之间会产生有形或无形事物的交换，通常也会超过正常的工作描述范围，他们会视彼此为圈内人。相反，在低质量的领导—成员交换关系中，员工被视为“雇来的帮手”，仅负责完成工作描述中所要求的内容，通常员工被视为圈外人。目前测量领导—成员交换的问卷比较丰富，从 2 个测量条目到 24 个测量条目不等。在本研究中，我们采用的是应用较为广泛、具有较高可信度的 Graen 和 Uhl - Bien（1995）所提出的领导—成员交换关系调查问卷。

其次，我们综述了领导—成员交换会对哪些个体层面的结果变量产生显著影响。已有研究发现，员工的工作绩效、公民行为、满意度、离职意向、组织承诺、创新和上级印象等，都会受到领导—成员交换关系的显著影响。此外，我们也选取了 63 篇国内的相关研究，展示了其主要研究结论。

3.5 团队—成员交换关系

3.5.1 团队—成员交换的定义与测量

在领导—成员交换关系提出之后，Seers（1989）依据角色理论（Role Theory）和社会交换理论，首次提出了基于横向关系的团队—成员交换概念。它是指个体与所在团队同事间的互惠关系质量，是个体在与同事进行关系互动时所产生的互惠质量感知。两者间的互惠具体是指员工是否愿意贡献知识、反馈并向其他团队成员提供帮助。相应地，他是否会从其他团队成员处获得信息、帮助和认可。在领导—成员交换关系中，个体与领导建立的是一对一的互动关系。一个领导往往对应着多个个体，领导与员工之间的关系是不平等的，通常领导掌握着员工所缺乏的权力和资源。而在团队—成员交换中，个体通常将其他团队成员视为一个整体，而非独特的个体。每个团队成员拥有的资源和权力几乎是平等的。当感知到较高水平的团队—成员交换质量时，员工会表现出彼此信任和支持，对团队和组织有更高水平的满意度，团队内部更加和谐，有更多的合作行为；相反，当感知到团队—成员交换关系质量较低时，员工会减少自己与团队成员间的互动，因此获得较少的社会回报（Seers et al.，1995）。

在团队—成员交换关系的测量方面，大多数学者都采用了 Seers（1989）和 Seers 等（1995）所提出的量表，该量表的信度和效度得到了广泛的验证。此量表为单维度测量量表，用以描述团队成员间的互惠关系质量。原始量表为 10 个条目，Seers 等（1995）对原始量表进行了更为细致的检验和修订，具体包括，“你会经常向其他团队成员提出改进工作的建议和方法吗?”“在工作繁忙的情况下，其他团队成员会经常寻求你的帮助吗?”“在交接工作时，我会努力让团队其他成员容易接手”等。本节中，我们也采用 Seers 等（1995）改进后的 10 条目版本测量问卷。

3.5.2 团队—成员交换的研究进展

目前有关团队—成员交换的研究虽远不如领导—成员交换丰富，但已有研究发现，高质量的团队—成员交换关系会对团队层面（例如团队凝聚力、决策有效性等）和个体层面的一系列结果变量产生积极影响。本节中，我们主要探讨团队—成员交换对个体层面结果变量的研究进展。

已有研究发现，高质量的团队—成员交换关系会对团队员工的工作绩效、工作满意度、组织承诺、离职意向和公民行为产生显著影响。

（1）工作绩效：已有研究发现，高质量的团队—成员交换关系会促进员工的工作绩效。员工在高质量的团队—成员交换关系中，彼此信任，愿意交换更多的信息和资源，互相帮助。上述资源更有可能协助员工更好地完成任务，获得较好的工作绩效。Seers（1989）、Jordan 等（2002）、Liden 等（2000）以及 Banks 等（2014）的研究均发现，团队—成员交换关系与个体的工作绩效评价显著正相关。Farh 等（2017）进一步研究了团队—成员交换在何时能促进个体的工作绩效，并提出了一个基于资源的偶发事件模型，即当团队其他成员具有与高质量资源相关的特征（高认知能力），或当领导者提供的资源质量较低时，团队—成员交换关系可以促进个体的工作绩效。

（2）工作满意度：高质量的团队—成员交换关系也会对员工的工作态度产生积极影响，例如工作满意度。员工在高质量的团队—成员交换关系中，能建立更意气相投、值得依赖的工作伙伴关系。在这种愉快的工作环境中，员工更容易对工作产生较高的积极情感和满意度。相反，在低质量的团队—成员交换关系中，员工会在工作中感到工作伙伴间的关系复杂，自然会影响自身对待工作的态度（Banks et al.，2014）。例如，Seers 等（1995）的研究发现，高水平的团队—成员交换关系，不仅与员工整体的工作满意度显著正相关，而且与员工对待同事的满意度显著正相关。

（3）组织承诺：在高水平的团队—成员交换关系中，个体会在人际互动过程中，与团队成员之间建立起深厚的情感连带，进而对组织产生较强的情感依赖。因此，依据互惠的交换关系，员工会给予所在组织同样的情感回报，对组织产生更强的情感承诺（Banks et al.，2014）。例如，Liden 等（2000）针对 337 名企业员工的研究发现，团队—成员交换会对员工的组织承诺产生显著的正向影响。Ohana 和 Stinglhamber（2019）针对 31 个团队的 183 名员工进行的研究发现，团队—成员交换关系使员工对组织有更多的情感投入。具体而言，团队—成员交换在同事话语氛围和员工对组织的情感投入之间起中介作用。

（4）离职意向：员工的离职意向会受到一系列因素的影响，工作关系质量也是其中一种。如前所述，如果员工能在高质量的团队—成员交换关系中获得更好的工作绩效、良好的工作满意度以及产生更多的情感承诺，自然不愿意离职。相反，当员工没有获得高质量的团队—成员交换关系，自身对于工作的期待没有得到满足和实现时，自然会产生较高的离职意向。例如，Banks 等（2014）和 Major 等（1995）的研究均发现，团队—成员交换与员工离职意向之间显著负相关。

（5）公民行为：近期，研究者们开始关注团队—成员交换关系与员工组织公民行为之间的影响。Kamdar 和 Van Dyne（2007）基于 230 名员工及其同事的调查发现，高水平的团队—成员交换会促进员工做出有益于同事的组织公民行为。Love 和 Forret（2008）的研究，依据 235 组员工与直属领导的配对数据发现，团队—成员交换关系与领导评价的组织公民行为之间显著正相关。具体而言，团队—成员交换与组织公民行为的 4 个子维度相关，分别为利他主义（altruism）、认真尽责（conscientiousness），公民美德（civic virtue）和礼仪（courtesy）。此外，Puranik 等（2019）从嫉妒心理出发，研究得出员工之间的接近行为与高质量团队—成员交换有正相关关系，而员工之间的回避行为与高质量团队—成员交换有负相关关系。Farmer 等（2015）通过对 236 名银行经理及其下属的跟踪调查发现，团队—成员交换关系在组内和组间层面都会起作用，它会正向影响员工对组内同事的认同感，并正向促进他们实施组织公民行为。具体来说，高质量团队—成员交换关系作用于员工的积极的独特性意识（sense of positive uniqueness），而组内的高质量团队成员关系可以建立更强的归属感。Bolino 等（2015）以部分中国台湾私立大学的员工为样本，研究发现团队—成员交换在公民疲劳（citizenship fatigue）与组织公民行为之间起调节作用，即当团队—成员交换关系质量较低时，组织公民行为与公民疲劳正相关；当团队—成员交换关系质量较高时，组织公民行为与公民疲劳负相关。

3.5.3 团队—成员交换的国内研究进展

目前，国内学者也对团队—成员交换关系开展了一系列研究。虽然目前的相关研究仍相对有限，但我们仍对目前主要的一些研究结果进行了总结，具体见表 3.4。

表 3.4 团队—成员交换的国内研究进展

作者（年份）	研究内容
陈超，刘新梅，葛瑞波（2021）	研究发现，领导—领导交换对团队—成员交换有正向影响，且团队—成员交换在领导—领导交换与团队创新之间起中介作用。团队主动性与团队—成员交换在领导—领导交换和团队创新的关系里起链式中介作用
蔡地，刘佳，马金鹏（2019）	研究发现，团队—成员交换对员工的个人—团队一致性匹配感知、个人—团队互补性匹配感知均存在正向影响。团队—成员交换在谦逊领导和员工的个人—团队一致性匹配和互补性匹配的关系中均起到中介作用
高中华，赵晨（2019）	通过两个时段的调查研究发现，团队—成员交换关系差异化对团队—成员交换关系分离与团队认同之间的关系起正向调节作用，且对团队—成员交换关系分离通过团队认同对离职意向产生的中介效应起到调节作用
霍生平，赵葳（2019）	以众创空间内的创客团队成员为样本，发现团队—成员交换正向调节社会分类断裂带与知识共享行为之间的关系，且正向调节信息认知断裂带与知识共享行为之间的关系

续表

作者（年份）	研究内容
褚福磊，王蕊，高中华（2018）	通过对新员工入职后进行的多时点调查，发现团队—成员交换对新员工资质过剩与组织认同之间的关系起调节作用，即当团队—成员交换水平较高时，新员工资质过剩对组织认同有正向影响；当团队—成员交换水平较低时，新员工资质过剩对组织认同有负向作用。此外，团队—成员交换正向调节新员工资质过剩对主动性行为和组织公民行为的间接作用
尹奎等（2018）	通过调查数家企业的基层员工，发现团队—成员交换对团队中的建言行为存在正向影响，且团队—成员交换在职场友谊与建言行为的关系中起中介作用
汪曲，李燕萍（2017）	研究发现团队—成员交换关系对成员沉默行为有负向作用，而内隐建言信念在团队—成员交换关系与成员沉默行为之间起中介作用；团队—成员交换关系的差异对沉默行为则有正向作用，而团队差序氛围在团队—成员交换关系差异与沉默行为之间起中介作用
郑晓明，陈昊，龚洋冉（2017）	通过对两个高新技术企业的团队成员调查访谈并进行案例分析后发现，在创业企业发展的不同阶段，股权分配设计通过影响团队权力结构和团队能力构成，使团队—成员交换处于动态变化之中，进而影响创业团队心理所有权
高源，乐嘉昂，彭正龙（2016）	选取员工—同事的配对样本，发现团队—成员交换对职场排斥行为产生负向影响；团队—成员交换在中国人传统性的调节作用下，在认知异质性与职场排斥行为之间以及情感自反性与职场排斥行为之间均起中介作用；且团队—成员交换在关系取向的调节作用下，在关系利益与职场排斥行为之间也起中介作用
朱玥，金杨华，叶燕华（2016）	研究发现，团队—成员交换在积极情感特质和工作满意度之间起中介作用；回报警觉性负向调节了团队—成员交换与工作满意度之间的关系
刘建，王婷（2014）	通过 25 天的跟踪调查，发现团队—成员交换与个体的反生产行为负相关，互动公平感在两者间关系中起部分中介作用
邱功英，龙立荣（2014）	研究发现，团队—成员交换在权威型领导和下属建言同事的关系中起中介作用
姚艳虹，李扬帆，夏敦（2014）	研究发现，团队—成员交换在领导者不当督导与员工创新行为间起到正向调节作用
王国锋，黄宛凌，钟燕宜（2013）	以中国台湾服务业的一线员工为研究对象，发现团队—成员交换在自我牺牲型领导和下属亲社会行为的关系中起正向调节作用
赵红丹，彭正龙（2013）	研究发现，团队—成员交换在服务型领导和团队绩效的关系中起完全中介作用
黄河，吴培冠（2012）	以 201 名销售人员为调查样本，发现团队—成员交换会对新员工社会化产生显著影响，员工感知到的社会因素在团队—成员交换与任务掌握、角色清晰度和工作满意度之间起部分中介作用，在团队—成员交换和离职意向间起完全中介作用
王陵峰，龙静，刘海建（2011）	研究探讨了在企业并购期间，团队—成员交换在员工的威胁感知度与创新行为之间的正向调节作用
邹文篪，刘佳（2011）	研究对团队—成员交换的概念、理论来源、测量方式和工具以及前因后果变量和中介调节变量的相关研究进行了全面汇总

3.5.4 小结

在领导—成员交换关系提出之后，Seers（1989）依据角色理论和社会交换理论，首次提出了基于横向关系的团队—成员交换概念。它是指个体与所在团队同事间的互惠关系质量，是个体在与同事进行关系互动时所产生的互惠质量感知。两者间的互惠指员工是否愿意贡献知识、反馈，并向其他团队成员提供帮助；相应地，他是否会从其他团队成员处获得信息、帮助和认可。目前有关团队—成员交换关系的测量，主要采用 Seers（1989）和 Seers 等（1995）所提出的量表，该量表的信度和效度得到了广泛的验证。本节中，我们也采用此版本的量表。

目前，有关团队—成员交换关系的研究还相对有限，已有研究发现，高质量的团队—成员交换关系会对个体层面的工作绩效、组织承诺、离职意向和公平行为等产生显著影响，我们对于相关研究进行了详细的论述。此外，我们也选取了国内有关团队—成员交换的 18 篇研究，以此展现国内目前在此问题方面的研究进展。

3.6 自我效能感

3.6.1 自我效能感的定义与测量

自我效能感这个概念，是由 Bandura（1977）在 20 世纪 70 年代首次提出的。它是指个体对于自己是否有能力去调动自身动机、认知资源以及行动去实现某一目标的信心。个体的自我效能感决定个体是否会做出某种行为、会花费多大的精力以及在面对困难的情况时能够坚持多久。在 Bandura（1977）提出的模型中，他认为个体的自我效能感来自以下四方面的信息：过去的经验和成就、社会劝说、情感和心理唤醒以及模仿学习。自我效能感，是个体对自身能力的感知和信心。当自我效能感高时，个体更可能对自身做出某种行为产生较高的信心，在行动中花费更多的精力，坚持更久。相反，当个体的自我效能感较低时，个体对于自身做出某种行为缺乏信心，不愿意付出努力，很难获得成功。

自从自我效能感的概念提出后，心理学和组织行为学领域的学者对这一概念开展了积极的探讨（Pajares，1997；Bandura，1978；Usher & Pajares，2008）。目前，学者们将自我效能感的概念分为两类分别开展探讨：一是一般性自我效能感，二是特定的自我效能感。一般性自我效能感的研究，将自我效能感看作个体稳定的一般特质，类似于人的性格特征。在不同的环境中会表现出稳定一致的特点。而特定的自我效能感认为，在一般性自我效能感基础上，个体的自我效能感也可以依据不同情境被分为多种类型。个体在某方面的自我效能感是个体面对特定情境和工作时表现出来的一种针对性的特质。近年来，有学者提出了角色宽度自我效能感（role breath self-efficacy）、创造性自我效能感（creative self-efficacy）等概念。

依据自我效能感的概念，学者们从不同角度提出了很多测量自我效能感的量表（Lee & Bobko，1994），包括测量一般性自我效能感和特定类型的自我效能感的问卷。通常在问卷中，研究者们会问被调查者，在某种工作任务中，他们是否能达到某种水平（回答是或否）和他们对于达到某水平的信心（对于自信心打分）。一种测量方法是测量员工自我效能感的高低，统计员工回答"是"这个肯定答案的次数。次数越多表明员工的自我效能感越高。另一种测量方法是测量员工自我效能感的强度。依据员工在自信心水平上的打分来衡量自我效能感的高低。平均分值越高，表明员工的自我效能感越强。在本研究中，我们主要关注员工的一般性自我效能感。目前，有关此方面的测量问卷版本较多（Bandura & Wood，1989；Brown et al.，1989；Bandura & Jourden，1991；Matsui & Tsukamoto，1991），学者之间也未达成普遍共识。目前使用比较广泛的是 Sherer 等（1982）开发的一般性自我效能感调查问卷（General Self-Efficacy Scale，SGSE），包括 17 个条目。随后，Chen 等（2001）提出了新的一般性自我效能感的测量问卷（New General Self-Efficacy Scale，NGSE），并在研究中证明其比 Sherer 等（1982）版本的信度和效度更好。问卷共包括 8 个测量条目，例如"我能够实现我为自己设定的大多数目标""面对困难的任务时，我确信自己能够完成它"。本节中，我们使用 Chen 等（2001）提出的新版本的调查问卷。

3.6.2 自我效能感的研究进展

在以往研究中，学者们对于自我效能感和员工在工作环境中的结果变量之间的关系进行了大量的探讨。已有研究既探讨了员工的一般性自我效能能感，也探讨了特定的自我效能感（例如角色宽度自我效能感，创新自我效能感等）。在本书中，由于我们关注的焦点是个体的一般性自我效能感，因此在此处我们主要总结以一般性自我效能感作为自变量的相关研究。已有研究发现，个体的一般性自我效能感会对以下几方面的行为产生显著影响。

（1）工作绩效：大量研究集中探讨了自我效能感与员工工作绩效之间的关系。大部分研究证实了个体的自我效能感会对员工工作绩效产生显著的正向影响。自我效能感高的人，会对自身完成某项工作具有更强的信心，在工作中投入更多的努力和时间，因此更可能取得好的业绩。Stajkovic 和 Luthans（1998）对于自我效能感和工作绩效之间的关系进行了元分析，结果发现，个体的自我效能感与工作绩效之间存在显著的正相关关系。Judge 等（2007）的研究，探讨了自我效能感和工作绩效之间的关系。在控制了个体性格特征、智力水平、工作经验等一系列因素之后，他们仍发现自我效能感会对工作绩效产生一定的影响。

（2）工作满意度：研究认为，具有较高自我效能感的员工，更可能具有较高的工作满意度。Judge 等（1997）的研究指出，一般性自我效能感可能通过为员工带来工作中的成功来影响员工的工作满意度。具有较高自我效能感的员工，在工作中面对困难时，更懂得如何去有效地处理，能够坚持更长的时间，因此他们更可能获得好的结果，并从中获得工作的满足感（Gist & Mitchell，1992）。Judge 和 Bono（2001）的研究，对于个体一般性自我效能感与员工工作满意度之间的关系进行了元分析，结果也发现两者间具有显著的正向影响关系。

（3）培训与学习效果：相当一部分研究探讨了一般性自我效能感与员工培训效果和学习之间的关系。例如，Martocchio 和 Judge（1997）的研究指出，个体的自我效能感对于个体在培训中的学习效果具有显著的正向影响。Lee 和 Klein（2002）的研究也探讨了自我效能感与个体学习之间的关系，结果发现，个体的自我效能感对个体学习具有直接的正向影响：自我效能感越高的人，越愿意做出学习行为。

（4）组织公民行为：已有研究发现，自我效能感也会促进员工做出自愿性的公民行为。Eden 和 Kinnar（1991）的研究发现，在实验中通过外部刺激增强员工的自我效能感，会显著促进他们做出志愿性的服务行为。Raub 和 Liao（2012）的研究发现，个体层面的自我效能感对员工做出亲客户的服务行为具有正向影响。以往有关公共产品（public goods）的研究中发现，自我效能感高的员工，会相信自己能够做出有用的贡献，提高合作行为，减少搭便车的行为，因此他们更可能做出组织公民行为（Chen et al.，1996；Cabrera，2002）。

3.6.3 自我效能感的国内研究进展

目前，国内学者对自我效能感的研究也相对较为丰富，已有研究主要探讨将自我效能感作为前因变量，会对哪些工作行为产生影响，以及将自我效能感作为中介和调节变量。现有研究中既包括对一般性自我效能感的讨论也包括对特定的自我效能感的讨论，具体研究结论见表 3.5。

表 3.5 自我效能感的国内研究进展

作者（年份）	研究内容
庞立君，任颋，王向阳（2022）	研究发现，自我效能感在组织支持感与双环失败学习间起中介作用
杨皎平，戴万亮，李豪（2022）	创新自我效能感在人岗匹配对创新激情的影响关系中起部分中介作用，在资源赋能对创新激情的影响关系中起完全中介作用
贾冀南，孔祥学，王申玥（2020）	研究发现，创新自我效能感在差错管理氛围及其各维度对新生代员工创新行为有显著的正向影响中起部分中介的作用
刘长在，吕贺港，孟慧（2020）	研究发现，员工的社会自我效能感与其感受到的职场排斥有显著负向关系
张建平，刘善仕，李焕荣（2020）	研究发现，资质过剩感知与内部创业自我效能存在倒 U 型影响
周文莉，顾远东，唐天真（2020）	积极情绪通过创造力效能感的中介作用，间接影响研发人员的创新行为
廖海萍，燕晓彬，张华（2019）	研究发现，自我效能感对个体的职业适应能力有积极影响
郑晓旭等（2019）	研究发现，社会自我效能感对工作倦怠有显著的负向预测作用
郭韧，周飞，林春培（2018）	研究发现，员工自我效能感在员工促进性建言行为与企业管理创新之间具有调节效应，且正向调节促进性建言行为在组织知识共享氛围与管理创新之间的中介效应
王永跃，张玲（2018）	通过对 350 名知识型员工及其领导的配对问卷调查，发现创造力自我效能感调节了心理安全感对创造力的正向作用；创造力自我效能感调节了心理安全感在心理弹性与创造力之间的中介作用

续表

作者（年份）	研究内容
温利群，周明建，陆强（2017）	研究发现，下属的创造性自我效能感在创造型领导力和下属创造力之间起中介作用
阎亮，张治河（2017）	研究发现，创新自我效能感正向调节了组织情感承诺与创新行为之间的关系
温利群，周明建，陆强（2016）	通过对多家创业公司的领导及其下属进行的配对检验发现，领导的创造性自我效能感调节了领导授权与下属创造力之间的关系
张凯丽，唐宁玉，陈景秋（2016）	研究发现，员工的自我效能感会正向影响差错承认
杜鹏程等（2015）	研究发现，创新自我效能感在个体感知到的差错反感文化与员工创新行为的关系中起部分中介作用
李永周，王月，阳静宁（2015）	以高新技术企业研发人员为研究对象，发现员工的自我效能感对研发人员的工作绩效具有显著的正向影响，工作投入在两者关系中起部分中介作用
王永跃，王慧娟，王晓辰（2015）	通过对员工及其领导的配对问卷调查，发现内部人身份感知与创新自我效能感显著正相关；创新自我效能感在内部人身份感知对创新行为的影响关系中起部分中介作用
方阳春（2014）	包容型领导风格中的两个维度：包容员工的观点和失败，以及公平对待员工对于员工的自我效能感具有显著的正向影响。自我效能感在领导公平对待员工与团队绩效之间起部分中介作用，在领导包容员工观点失败与团队周边绩效之间起完全中介作用
田在兰，黄培伦（2014）	以 IT 行业的配对样本为研究对象，发现员工的自我效能感在家长式领导与员工建言行为的关系中起中介作用
杨春江，李陶然，逯野（2014）	研究发现，员工的自我效能感在工作嵌入与离职行为的关系中存在正向调节作用
胡冬梅，陈维政（2013）	研究发现，员工的自我效能感对组织社会化内容与工作满意度具有显著的正向影响
薛会娟（2013）	研究发现，自我效能感对个体创造力具有显著的正向影响
颜爱民，裴聪（2013）	研究发现，员工的自我效能感在辱虐管理和任务绩效的影响关系中起部分中介作用，在辱虐管理对周边绩效的影响关系中起完全中介作用
张勇，龙立荣（2013）	研究发现，创造力自我效能感在绩效薪酬对创造力的影响关系中起部分中介作用；在绩效薪酬与人—工作匹配的交互效应与创造力的关系中起完全中介作用
周浩，龙丽荣（2013）	研究发现，自我效能感对于员工的建言行为具有积极的正向影响，并在工作不安全感和员工建言行为关系中起到正向调节作用
段锦云（2012）	研究发现，个体的自我效能感会促进员工的建言行为
杨付，张丽华（2012）	研究发现，团队成员的自我效能感在团队沟通、工作不安全氛围和团队成员创新行为之间起调节作用

续表

作者（年份）	研究内容
顾远东，彭纪生（2011）	研究发现，创新自我效能感对员工创新行为具有显著的正向影响，同时还通过成就动机和工作卷入两个中介变量间接影响员工创新行为
周浩，龙立荣（2011）	研究发现，创造力自我效能感对员工创造力具有显著的正向影响
冯旭，鲁若愚，彭蕾（2009）	以服务企业一线员工为调查对象，发现自我效能感对员工创新行为具有显著的正向影响，同时，内部和外部动机在两者关系中起中介作用
闫威，陈燕（2009）	研究发现，管理者的自我效能感与管理绩效和组织承诺之间存在显著的正相关关系
张辉华等（2009）	以企业管理者为调查对象，发现管理者的自我效能感在管理者情绪智力和主观绩效的关系中起部分中介作用
冯冬冬，陆昌勤，萧爱铃（2008）	研究发现，一般自我效能感在工作不安全感与身体健康、心理健康的关系中起调节作用，在工作不安全感和工作绩效间同样起调节作用
姚凯（2008）	对自我效能感的本质、内涵、形成机制以及影响机制进行了全面的综述
钟卫东，孙大海，施立华（2007）	依据企业孵化器数据，发现创业自我效能感对初创企业的绩效具有显著的正向影响；外部环境支持也会通过创业自我效能感对企业绩效产生间接影响

3.6.4 小结

Bandura（1977）在 20 世纪 70 年代提出了自我效能感这个概念，指个体对于自己是否有能力去调动自身动机、认知资源以及行动去实现某一目标的信心。个体自我效能感来源于过去的经验和成就、社会劝说、情感和心理唤醒以及模仿学习四个方面。而在之后学者的研究中，自我效能感被分为一般自我效能感和特定自我效能感。一般自我效能感类似个体性格特征，在任何条件下都是相对稳定的；而特定自我效能感则在不同情境中被分为不同类型。本书所关注的变量为个体的一般自我效能感。测量一般自我效能感的问卷版本较多，本书主要采用 Chen（2001）提出的新版本调查问卷。

目前，有关一般自我效能感的研究集中在一般自我效能感对工作绩效、工作满意度、培训与学习效果以及组织公民行为具有正向影响方面，我们对相关研究进行了详细的论述。此外，我们也选取了国内有关自我效能感的 35 篇研究，以此展现国内目前在此问题方面的研究进展。

3.7 组织公平氛围

3.7.1 组织公平氛围的定义与测量

组织公平是组织内员工非常关心的一个情境变量，有学者将它称为“社会制度中的第一美德”（Rawls，1971）。组织研究中的组织公平（organizational justice）概念则由 Greenberg（1987）首次系统性地提出。他认为组织公平的概念主要关注两个方面：一个是结果，即个体认为所得到的分配结果是否公正（分配公平）；另一个是过程，即用来决定个体分配结果的过程是否公正（程序公平）。在此基础上，学者们又相继提出了人际公平和信息公平的概念（Colquitt et al.，2001）。在这四种公平类型当中，目前讨论最多的是程序公平。本节也选取程序公平来作为衡量组织公平氛围的变量。

程序公平指员工对于组织内制定决策的过程是否公正的主观感受。Leventhal 等（1980）提出判断组织内程序是否公平的标准有六条，分别是：（1）在任何时间、对待任何人，此程序都同样适用；（2）不存在偏见（例如，能够确保第三方不会在任意情境下获得利益）；（3）确保信息收集是精确的，并全部用于决策制定过程；（4）存在纠正错误或不准确决策的机制；（5）符合个人的或通行的伦理或道德标准；（6）确保会受决策影响的各个群体的意见在决策制定过程中被充分考虑。

依据程序公平的定义和原则，学者们提出了不同的测量方法。通常可以将测量方式分为两种。一种是直接测量法。研究者会在问卷中直接问被调查者感觉组织内的程序是否公正（Gilliland，1994）。另一种是间接测量法。研究者在问卷中不会直接问被调查者是否公正，而是会问他“认为组织内进行过程控制的方式方法如何”（Lind & Tyler，1988）。在本研究中，我们采用第一种测量方法，直接问被调查者对于公平的感知程度。选用了 Liao 和 Rupp（2005）和 Colquitt 等（2001）版本的调查问卷。

3.7.2 组织公平氛围的研究进展

目前，有关组织公平的研究十分丰富。已有研究探讨了影响组织公平的前因变量，组织公平产生影响的后果变量，以及将组织公平作为调节和中介变量。由于我们主要关注程序公平，所以我们将主要论述程序公平会对哪些变量产生影响。已有研究发现，程序公平不仅会对员工的工作表现产生影响（如工作绩效、组织公民行为、组织承诺等），还会影响员工对领导及工作团队的身份认同感、支持以及顺从。具体如下。

（1）工作绩效：已有研究认为，程序公平会对于员工的工作绩效产生显著的正向影响。当员工感到程序公平时，会产生良好的工作态度，保证工作质量。相反，当员工感到程序不公平时，则可能改变或保留其工作的质量或数量，因此会影响其绩效。Cohen-Charash 和 Spector（2001）以及 Colquitt 等（2001）的研究均证明了员工高水平的程序公平感知，会对其工作绩效产生显著的正向影响。

（2）组织公民行为：学者们也探讨了组织公平是否会影响员工的组织公民行为。Moorman（1991）的研究系统地探讨了不同类型的组织公平与员工角色外行为之间的关系。结果发现，程序公平感与员工的组织公民行为间存在显著的正向影响，而分配公平与员工的组织公民行为间不存在显著的影响关系。Lim 和 Martin（2017）运用项目中的组织公平氛围感知，发现高组织公平感知在建设项目中会使员工产生组织公民行为，并以此提高业绩。Cohen-Charash 和 Spector（2001）所进行的元分析研究，同样也证明了程序公平感与员工组织公民行为之间的正向影响关系。

（3）组织社会责任感知：Lakshman 等（2014）的研究从裁员的视角出发，发现决定裁员的分配公平与程序公平显著正向影响员工的企业社会责任感知。组织在决定裁员对象时，如果是从员工的价值出发做出公平的判断，员工就会认为这样的裁员决定是合乎道德的，从而认为组织具有社会责任感。相反，如果组织在裁员过程中使用了不当程序，既不向员工说明裁员标准又不向员工沟通裁员相关信息，员工就会认为该组织是不具有社会责任感的。

（4）员工健康：也有很多学者关注组织公平氛围对员工健康的影响，例如，Judge 和 Colquitt（2004）将组织不公视为压力源，探究发现了程序公平会显著负向影响员工压力。类似地，Elovainio 等（2001）也发现程序公平能够负向影响员工的压力情绪。Tepper（2001）则研究了程序公平与员工心理健康的关系，他发现程序公平能够积极预测员工心理健康。他发现当组织存在分配不公时，程序公平的水平（高与低）变得更加重要，即当员工认为他们的分配是可接受的时候，程序公平对心理健康的重要性被最小化。类似地，Spell 和 Arnold（2007）也发现组织公平氛围对员工的抑郁症、焦虑情绪等心理健康有显著影响，且三种类型的组织公平（程序正义、分配正义和互动正义）都与抑郁显著负相关，分配公平和程序公平与焦虑显著负相关。Manville 等（2015）则发现组织公平氛围的减少会导致员工睡眠障碍和随后的情绪衰竭，同时，通过这种机制，组织公平氛围会负向显著影响员工的肌肉骨骼类疾病。

（5）工作场所攻击行为：Jawahar（2002）和 Zhang 等（2016）对组织公平氛围与工作场所攻击行为的关系进行了探讨。Jawahar（2002）发现，当组织程序公平受到破坏时，员工可能会对组织产生敌意和阻挠行为。类似地，Zhang 等（2016）也发现，组织公平氛围的降低破坏了员工的心理契约，进而使员工产生了工作场所攻击行为。

（6）组织信任：已有研究发现组织公平能够显著地影响组织信任。当员工感知到的组织公平较高时，他们会认为组织充分重视了他们的贡献并支持他们的权利，因此他们对组织及其管理者的信任感会增加。James（2010）发现当员工认为自己的组织足够公平时，组织信任就会增加。类似地，Aryee 等（2002）的研究探讨了三种类型的组织公平对员工组织信任和领导信任的影响，结果也发现程序公平与组织信任呈显著正相关。

（7）组织认同：Lipponen 等（2004）还验证了组织公平对组织认同的正向影响。高度的组织公平氛围可以让个人感受到尊重，并为自己是组织的一员而感到自豪，这种被尊重感和自豪感增强了人们对组织的认同感（Olkkonen & Lipponen，2006）。

（8）工作态度：研究者们也探讨了组织公平对员工其他工作态度的影响，具体包括工作满意度、组织承诺和离职意向等。当员工在组织中感受到程序公平时，就会对组织产生相应的积极情感，认为组织对自己的资源分配过程是不存在偏见的，因此会对组织产生更高水平的信任和承诺。相反，当员工感受到组织制定程序的过程不公平时，就会对组织产生负向的情绪（例如低水平的信任、低水平的组织承诺感等），这些负向的情绪会让员工失去好好工作的内在动力，导致他们做出一些违背组织利益的行为，甚至是离职。Aryee 等（2002）的研究探讨了三种类型的组织公平对于员工组织信任和领导信任的影响，结果发现，程序公平与员工的工作满意度和员工的组织承诺显著正相关，与员工的离职意向显著负相关。

3.7.3 组织公平氛围的国内研究进展

国内学者也对组织公平展开了积极的探讨。已有研究探讨了不同种类的组织公平的前因后果变量，以及其作为中介和调节变量。本节主要关注组织公平（主要是程序公平）会对于哪些结果变量产生影响。相关研究的主要结论见表3.6。

表3.6 组织公平氛围的国内研究进展

作者（年份）	研究内容
王萍，陈文（2021）	研究发现，组织公平氛围显著正向影响知识型员工的工作绩效，情感承诺在组织公平氛围与员工工作绩效之间起中介作用
孟秀兰，柴攀峰，黄中伟（2020）	研究发现，组织公平氛围增强了舒适与安全型价值观对离职倾向的负向影响作用，削弱了地位与独立型价值观对离职倾向的正向影响作用
叶宝娟等（2020）	研究发现，组织公平氛围显著负向影响员工职业倦怠，心理授权部分中介了组织公平氛围与员工职业倦怠之间的关系，家庭支持调节了这一中介效应的后半段路径
朱玥等（2019）	研究发现，程序公平调节了团队权力分布差异和任务冲突、关系冲突之间的关系。具体来说，当程序公平较高时，团队权力分布差异与任务冲突、关系冲突负相关；当程序公平较低时，团队权力分布差异与任务冲突、关系冲突正相关
孙健，王百强，袁蓉丽（2017）	研究发现，程序公平对企业业绩有显著正向影响
王站杰，买生，李万明（2017）	研究发现，组织公平氛围显著负向影响员工离职意愿，组织凝聚力完全中介了组织公平氛围与员工离职意愿间的负向影响关系。同时，企业社会责任在组织公平氛围与组织凝聚力和员工离职意愿的关系间起调节作用
张伶，连智华（2017）	以新生代员工为研究对象，发现组织公平氛围调节了新生代员工的职业压力和创新绩效之间的关系，还对新生代员工的职业压力和社会支持产生部分被调节的中介效应
郭文臣，杨静，付佳（2015）	研究发现，组织公平氛围显著负向影响组织反生产行为。同时，组织公平氛围对组织犬儒主义也存在负向影响
容琰，隋杨，杨百寅（2015）	研究发现，程序公平氛围在领导情绪智力对团队任务绩效和利他行为的影响过程中起中介作用
樊耘，颜静，张旭（2014）	研究发现，员工感受到的组织公平氛围对其情感承诺和创新行为有显著正向影响
刘刚，王岚（2014）	研究发现，程序公平会通过满意影响关系价值
秦伟平，赵曙明（2014）	以中国企业中的新生代农民工为研究对象，发现新生代农民工的组织公平感对于其工作嵌入具有显著的促进作用

续表

作者（年份）	研究内容
杨春江，逯野，杨勇（2014）	研究发现，组织公平氛围显著负向影响员工离职行为，程序公平显著正向影响员工工作嵌入，并且当组织内员工的利他倾向越强时，程序公平对员工工作嵌入的正向影响作用就越大
张汉鹏等（2014）	研究发现，程序公平氛围会对团队研发绩效产生正向影响
张永军（2014）	研究发现，绩效考核程序公平感对于员工的反生产行为具有显著的负向影响
姚艳虹，韩树强（2013）	研究发现，组织公平对创新行为具有显著的正向影响，并在性格外倾性、开放性、尽责性与创新行为的关系中起正向调节作用，在宜人性与创新行为的关系中起负向调节作用
于海波，郑晓明（2013）	研究发现，程序公平在薪酬自我比较、外单位和家庭比较与薪酬满意度的关系中起完全中介作用
陈曦，宋合义，薛贤（2012）	结果发现，薪酬程序公平与指向个人和组织的公平行为之间都具有显著的正向影响关系
施丽芳，廖飞，丁德明（2012）	研究证明了程序公平对于合作关系的正向影响，并探讨了两者之间存在的调节变量
朱其权，龙立荣（2012）	以应届毕业生为研究对象，发现甄选程序公平感会对于落选者的报复意愿有显著的负向影响作用
高日光（2009）	研究发现，组织公平感会对员工的任务绩效、周边绩效和情感承诺产生显著的正向影响，并在破坏性领导与周边绩效和情感承诺的关系中起完全中介作用，在破坏性领导和任务绩效的关系中起部分中介作用
朱飞（2009）	研究发现，研究人员的程序公平感在薪酬制度与情境绩效的关系中起中介作用
刘璞，井润田，刘煜（2008）	研究以分配公平和互动公平衡量组织支持感。结果发现，组织公平对组织承诺具有积极的正向影响
张秀娟等（2008）	研究发现，团队不公平氛围在员工正面情绪和工作绩效的关系中起负向调节作用
段锦云，王重鸣，钟建安（2007）	研究发现，高组织公平感比低组织公平感能促进更多的进谏行为发生
李超平，时勘（2003）	研究发现，组织公平对工作倦怠具有较强的预测作用
刘亚，龙立荣，李晔（2003）	研究发现程序公平会对于薪酬满意度、领导满意度和员工离职意向产生显著的影响

3.7.4 小结

Greenberg（1987）首次系统性地提出了组织研究中组织公平这一概

念，包括分配公平与程序公平两个方面。在此基础上，学者们又相继提出了人际公平和信息公平的概念（Colquitt et al.，2001）。本节主要以程序公平作为衡量组织公平氛围的变量。而关于程序公平的测量，在以往的研究中有两种方法：一种是直接测量法。研究者会在问卷中直接问被调查者感觉组织内的程序是否公正（Gilliland，1994）。另一种是间接测量法。研究者在问卷中不会直接问被调查者是否公正，而是会问他“认为组织内进行过程控制的方式方法如何”（Lind & Tyler，1988）。本节采用直接测量法，选用了 Liao 和 Rupp（2005）、Colquitt 等（2001）版本的调查问卷。

有关组织公平氛围的研究十分丰富，已有研究发现组织公平氛围会对工作绩效、组织公民行为、组织社会责任感知、员工健康、工作场所攻击行为、组织信任、组织认同以及工作态度产生影响。此外，我们也选取了国内有关组织公平氛围的27篇研究，以展现国内目前的研究进展。

3.8 本章小结

在本章中，我们对本研究所涉及的主要变量依次进行了详细的论述。第一，我们对各变量的定义和内涵进行了梳理和总结，介绍了本书所采用的概念。第二，对该变量主要的测量方法进行了归纳。我们选取了在该领域目前使用较为广泛、信度效度获得普遍验证的问卷版本作为本研究使用的测量问卷。第三，我们对该变量目前主要的研究进展进行了归纳和总结。对于因变量知识分享行为，我们综述了对其产生影响的前因变量。对于自变量组织支持感、领导—成员交换和团队—成团交换关系，我们主要论述了它们会对哪些个体层面的结果变量产生影响。对于中介变量和调节变量，我们也论述了其会对哪些个体层面的因变量产生影响。第四，我们还特别对目前国内的相关研究进展进行了总结。选取国内核心期刊上有关变量的研究，将其主要内容和研究结论进行了归纳总结。

我们借鉴 Wang 和 Noe（2010）的定义，将组织内的知识分享定义为组织内员工之间分享与工作相关的想法、信息、建议和技巧，去帮助或与他人合作来解决组织内的问题，开拓新的思路和程序。对个体知识分享的测量，我们采用问卷调查方法，让被调查者填写自己分享知识的意愿或者行为。目前，有关知识分享前因变量的研究发现，组织层面的组织文化和氛围、管理支持、薪酬奖励制度、组织结构，团队和人际关系方面的团队特征、多样性、社会网络以及人际公平和信任，个体特征和领导因素方面的个体的性格、动机、态度以及领导者的领导风格等都会对员工的知识分享行为产生显著影响。国内在员工知识分享方面的研究仍处于发展阶段。

有关组织支持感的概念，我们采用 Eisenberger 和 Huntington（1986）的定义，即“员工对于组织在多大程度上重视自己并关心自身幸福感所具有的观念”。他们也开发了最早测量组织支持感的调查问卷，该问卷在组织支持感的相关研究中获得普遍应用，被证明具有良好的信度和效度，本书也选取此问卷版本。目前，有关组织支持感的后果变量研究发现，组织支持感会对个体的组织承诺、工作情感、工作卷入度、绩效、压力、离职意向和行为以及创新等产生显著的影响。国内在此方面的研究也获得了较为丰富的结论。

领导—成员交换是指领导和下属之间交换关系的质量，其核心观念是领导会与不同下属建立不同质量的交换关系。在高质量的领导—成员交换关系中，领导和成员之间有着高水平的相互信任、互动、尊重和义务感，员工会获得正式或非正式的奖励。目前，测量领导—成员交换的问卷比较丰富，从 2 个测量条目到 24 个测量条目不等。在本研究中，我们采用的是应用较为广泛，可信度较高的 Graen 和 Uhl-Bien（1995）所提出的领导—成员交换关系调查问卷。

团队—成员交换的概念，我们采用的是 Seers（1989）提出的概念，它是指个体与所在团队同事间的互惠关系质量，是个体在与同事进行关系互动时所产生的互惠质量感知。两者间的互惠指员工是否愿意贡献知识、反馈并向其他团队成员提供帮助。目前有关团队—成员交换关系的测量，主要采用 Seers（1989），Seers 等（1995）所提出的量表，该量表的信度和效度得到了广泛的验证。本书也采用此版本的量表。

最后，我们也对自我效能感和组织公平氛围的相关研究进行了总结。个体的自我效能感，是指个体对于自己是否有能力去调动自身动机、认知资源以及行动去实现某一目标的信心。个体的自我效能感会决定个体是否会做出某种行为，会花费多大的精力，以及在面对困难和反感的情况时，他能够坚持多久。目前，对于自我效能感的研究，分为两大类：一般性自我效能感和特定的自我效能感。本书主要探讨个体的一般性自我效能感。对此概念的测量，采用 Chen 等（2001）提出的新的一般性自我效能感的测量问卷（New General Self-Efficacy Scale，NGSE）。目前，已有大量研究探讨了自我效能感对员工行为的影响。已有研究发现，个体的一般性自我效能感会对员工的工作绩效、工作满意度、培训和学习效果以及组织公民行为等产生显著的影响。国内目前在此方面的研究十分丰富，我们选取了 35 篇相关研究对其主要研究内容进行了总结。

组织公平氛围是员工非常关心的一个组织情境变量。Greenberg（1987）最早系统性地提出了组织公平的概念。本书主要选用其中的程序公平作为衡量组织公平氛围的变量。在概念测量方面，我们采用直接测量法，问被调查者感觉组织内的程序是否公证，选用 Liao 和 Rupp（2005）、Colquitt 等（2001）版本的调查问卷。已有研究发现，组织公平会对员工的工作绩效、组织公民行为和工作态度产生显著影响。国内学者在此方面的研究成果也十分丰富，我们对相关的研究结论也进行了系统的总结。

第4章

多层次交换关系对知识分享影响的理论模型

组织内的知识分享是指个体提供与工作任务相关的信息和技巧去帮助别人或者与别人合作，解决问题，开拓新思路，执行政策或程序（Wang & Noe，2010）。虽然近年来学者们对于探讨影响员工知识分享因素的兴趣逐渐增强，但现有研究仍相对有限。已有研究从个体的心理（动机）因素、企业的管理实践、奖励机制、信息系统等方面出发（Bartol & Srivastava，2002；Cabrera & Cabrera，2005；Quigley et al.，2007）进行了探讨，却少有研究探讨社会交换关系对于知识分享行为的影响（Cabrera et al.，2006；Lu et al.，2006；Bartol et al.，2009 除外）。因此在本章中，我们将主要从组织内的社会交换关系出发，探讨个体与组织的交换关系（组织支持感）、与直属领导的交换关系（领导—成员交换）和团队成员的交换关系（团队—成员交换）这三个层次交换关系对于员工知识分享行为的影响，以及自我效能感、组织公平氛围在上述关系中的中介和调节作用。

4.1 组织支持感与知识分享

4.1.1 组织支持感与知识分享的关系

Eisenberger 和 Huntington（1986）最早提出了组织支持感的概念，即“员工对于组织在多大程度上重视自己并关心自身幸福感所具有的观念”。从定义来看，员工所期待获得的组织支持主要包括两部分：一是“物质支持”，即员工希望自身为实现组织目标所付出的额外努力，会得到组织的重视。这也称为努力回报预期（effort-outcome expectancy）。二是“精神支持”，即员工希望组织满足自身想要获得认可的心理需求，对组织产生积极的情感连带，将组织成员身份内化为自己身份认同的一部分。这也称为情感依附（affective attachment）。以往关于组织支持感的研究发现，较高的组织支持感会对一系列员工行为和情感产生显著影响。具体包括：员工感受到的组织支持感越高，其组织承诺、对待工作的满意度和积极情绪、工作卷入度、工作绩效和创新行为也会越高。同时，组织支持感也会缓解员工负面的心理反应（如压力），降低员工的离职意向和行为。

对于组织支持感与知识分享关系的问题，已有少部分研究进行了探讨，然而却得出了不一致的结论，有待进一步的理论分析和实证检验。Bartol 等（2009）的研究，以中国某 IT 公司的 255 名技术人员和他们的直属领导为研究对象，探讨了知识型员工的社会交换关系对于其知识分享行为的影响。结果发现，组织支持感对于员工的知识分享（由领导评价）具有显著的正向影响。而与此相反，Lu 等（2006）针对中国内地企业管理人员开展的两项调查则显示，组织支持感并不会直接对员工的知识分享行为产生显著影响。

依据组织支持感的定义和以往研究，我们认为，组织支持感会对员工知识分享行为产生正向影响。首先，以往有关组织支持感和员工工作绩效的研究已经证实，较高的组织支持感不仅会影响员工在工作方面的绩效表现，同时也会提升员工的角色外绩效（Shore & Wayne，1993；Armeli et al.，1998；Farh et al.，2007）。我们认为，可以将员工的知识分享行为看作一种角色外行为。角色外行为是自发性的、积极性的行为（Van Dyne & Lepine，1998），通常具有三方面特点。一是这类行为事先并未在工作角色描述中予以规定；二是不会被公司正式的奖励系统认可；三是不做出上述行为不会受到来自上级的惩罚。虽然组织并未在正式体系中对角色外行为做出明确规定，但组织通常仍期待并看中员工做出角色外行为。大多数企业将知识分享行为看作角色外行为。这是因为，通常组织不会在工作描述中对员工的知识分享行为做出规定，也不会将其列入员工的工作绩效考核中，知识分享完全是员工自发做出的行为。我们认为，在中国这种重视人际关系的文化氛围里，互惠原则已深入人心。通常情况下，人们会乐于帮助那些帮助过自己的对象或者至少不会伤害那些帮助过自己的对象（Gouldner，1960）。而建立在互惠原则之上的社会交换原则，也自然在潜意识里成为大家所默认的社会行为准则。当员工感受到较高的组织支持时，意味着组织重视员工的幸福感和在工作中的贡献，在这种情况下，员工就会依照互惠原则，给予组织相应的回报，做出组织期待的有益于实现组织目标的角色外行为（Wayne et al.，1997）。在现代社会中，由于组织和员工均意识到知识是组织保持竞争性的核心因素，因此员工在感受到较高的组织支持时，会更可能做出知识分享这种角色外行为，帮助组织实现目标。其次，依据以往研究，员工体会到较高组织支持感时，自身的工作卷入度也将提高。工作卷入度高的个体，通常会对工作产生更高的责任感和义务感。在这种情况下，他们更可能去积极搜寻有利于改进工作的方法，主动承担更多要求之外的工作，因此，更可能做出知识分享行为。最后，当员工体会到较高水平的组织支持感时，社会情感需求得到了满足。此时，基于互惠原则，员工更愿意给予组织同样的情感回馈，更愿意做出符合组织预期的行为。因此，我们提出假设H1。

H1：组织支持感对于员工知识分享具有正向影响。

4.1.2 自我效能感的中介作用

对于组织支持感和员工知识分享行为之间的影响关系，我们认为其中可能存在一些过程变量的中介作用。Hashim和Tan（2015）的研究指出，在个体满意度和知识分享意愿之间，个人基于身份认同的信任（identification trust）和情感承诺（affective commitment）在两者关系中起到部分中介作用。Lu等（2006）的研究也发现，组织支持感会通过影响信息技术的利用率，间接影响知识分享。Bandura（1977）曾提出，一个人是否倾向于做出某种行为在很大程度上受个体自我效能感的影响。以往研究发现，个体自我效能感会对员工的一系列工作表现产生积极的正向影响。Lu等（2006）在研究中证实，个体自我效能感的提高，也会促进员工的知识分享行为。因为自我效能感能够提高个体的合作意识，降低搭便车心理，进而推动他们做出知识分享行为。当员工感受到较高的组织支持时，意味着组织在工作中给予员工足够的重视和支持，在情感上给予员工关怀和照顾。这些支持性资源都被认为能够提高员工的自我效能感（Igbaria et al.，1995）。当员工的自我效能感获得提升时，会倾向于做出更多的合作性行为，即与他人分享自己拥有的知识。据此，我们提出假设H1a。

H1a：自我效能感在组织支持感与员工知识分享的关系中起中介作用。

4.2 领导—成员交换与知识分享

4.2.1 领导—成员交换与知识分享的关系

基于角色形成（Role-making Approach）和社会交换理论，Dansereau等（1975）提出了领导—成员交换的概念。他们认为，由于资源、精力和时间的限制，领导仅会与部分下属建立起亲密的工作关系，而与其他下属保持一般的工作关系。领导与每名下属的关系质量是存在差异的，而非一视同仁。当领导与下属的关系质量较高时，领导会将其视为圈内人，两者间保持高水平的相互信任、支持、尊重和义务感，下属更容易获得正式或非正式的支持和奖励；相反，当关系质量较低时，下属会被视为圈外人，仅能获得正常工作范围内的授权，与领导间维持较低水平的互动、信任和支持等。以往关于领导—成员交换的研究发现，高质量的领导—成员交换会对一系列员工行为（包括工作绩效、工作满意度、组织承诺、组织公民行为）等产生显著的正向影响。

近来，有部分学者试图从领导的视角去探讨其对员工知识分享行为的影响。他们提出，团队成员的知识分享行为并不会主动发生，团队领导的行为对于员工知识分享具有直接的影响作用。Cabrera等（2006）对于影响员工参与知识分享行为的关键因素进行了探讨性研究。他们以在一家大型跨国IT公司工作的372名员工为调查对象，研究发现，员工感受到的领导支持与员工参与知识分享行为显著正相关。Srivastava等（2006）在美国某酒店针对102个工作团队开展的调查显示，授权型领导对于员工知识分享行为具有显著的正向作用，这是因为，授权型领导会让员工感受到自己在工作中的贡献得到了公平的对待，并且，授权型领导鼓励员工参与决策制定，能够让员工有更多机会来分享自己的想法。此外，授权型领导所提倡的教练行为（coaching）鼓励员工去共同解决问题，也提供了更多的机会让员工彼此间沟通交流，鼓励员工贡献出自己独特的知识。而Yukl（2002）的研究指出，独裁型领导会抑制员工的知识分享行为。Wang和Noe（2010）在他们有关个体知识分享的论述中也提到，领导—成员交换关系对于员工知识分享行为的影响，是一个有待实证检验的问题。

因此，我们提出，领导—成员交换会对员工的知识分享行为产生显著的正向影响。第一，由于高水平的相互信任，在高质量的领导—成员交换关系中，员工会被赋予更高的工作自主权。一方面，工作自主权高的员工，往往也感受到高水平的义务（Hackman & Oldham，1976）。因此，他们可能承担在组织内分享知识的义务。另一方面，工作自主权高的员工，会更有动力在工作中寻找新的信息和方法。相比工作自主权低、按照工作流程中规中矩完成工作的员工，他们更可能在组织内通过与他人积极交流分享，获取新知识。第二，高质量的领导—成员交换关系会给予员工物质和心理的双重支持。一方面，领导重视下属在工作上的付出，愿意为其提供超出正常工作范围的资金、信息等物质资源，鼓励其更好地完成工作；另一方面，领导也会在情感上给予下属关心和认可，消除其在工作过程中可能产生的心理压力和负担，使下属感受到高水平的心理安全，心理安全感也是影响员工知识分享行为的重要因素。基于互惠原则，员工为了回报领导给予自己的支持，会更愿意做出领导期待的行为来进行回馈。同时，员工也可能出于印象管理的考虑做出符合领导预期的行为，以维系与领导间高质量的交换关系。反之，领导—成员交换质量较差的员工，在工作中感觉不到领导对自己的支持和理解，认为领导对自己的工作既不满意也不重视，因此可能导致其对工作失去信心和热情，自然也不愿意做出责任范围之外的知识分享行为。基于上述原因，本章提出以下研究假设：

H2：领导—成员交换对于员工知识分享具有正向影响。

4.2.2 自我效能感的中介作用

类似地，对于领导—成员交换与员工知识分享行为之间的影响关系，我们认为也可能存在一些过程变量的中介作用。王雪莉等（2013）针对中国某高科技企业的研究发现，在变革型领导与知识分享的正向影响关系中，情感信任和认知信任起着中介作用。情感信任会促进个体知识分享，而认知信任则会阻碍知识分享。Quigley 等（2007）的研究也指出，领导风格可能会通过创造知识分享规则来影响团队的知识分享。以往有关个体自我效能感的研究发现，领导风格和行为会对员工的自我效能感产生显著影响。Walumbwa 等（2011）的研究发现，道德型领导会对员工的自我效能感产生正向影响，并会通过自我效能感的中介作用对个体绩效产生影响。Chen 和 Bliese（2002）的研究也发现，不同层面的领导力氛围均会对员工的自我效能感产生显著影响。国内学者的相关研究指出，变革型领导会提升员工的自我效能感，进而影响员工的工作绩效和工作满意度（孟慧等，2011）。而辱虐型领导则会降低员工的自我效能感，进而对工作绩效产生负向影响（颜爱民、裴聪，2013）。依据 Bandura（1977）的社会认知理论，影响自我效能感的因素主要包括过去经验和成就、社会劝说、情感和心理唤醒以及模仿学习。目前的研究发现，与工作相关的经验、角色清晰度和心理压力等因素都会对员工的自我效能感产生直接影响（King & King，1990）。我们认为，在高质量的领导—成员交换关系中，由于领导会将员工视为圈内人，因此更有可能向他们传递宝贵的工作经验，供员工参考和学习；同时，领导在工作中，也会向他们提供超出正常范围的支持性资源，并在情感上给予他们关心和重视，以此缓解员工在工作中的心理压力。上述因素都会提升员工的自我效能感。当自我效能感增强时，他们更倾向于做出知识分享这样的合作性行为。据此，我们提出假设 H2a。

H2a：自我效能感在领导—成员交换与员工知识分享的关系中起中介作用。

4.3 团队—成员交换与知识分享

4.3.1 团队—成员交换与知识分享的关系

基于社会交换理论，除了领导与成员间的纵向互动关系外，Seers（1989）也提出了基于横向关系的团队—成员交换概念。它是指个体与所在团队同事间的互惠关系质量，具体包括员工间是否相互信任、愿意贡献和分享知识、提出意见、相互帮助以及获得彼此认可。在领导—成员交换关系中，个体与领导建立的是一对一的互动关系，而在团队—成员交换中，个体通常将其他团队成员视为一个整体。目前有关团队—成员交换的研究虽远不如领导—成员交换丰富，但已有研究发现，高质量的团队—成员交换会对团队层面（如团队凝聚力、团队绩效等）和个体层面（如个人绩效、组织承诺等）的一些结果变量产生积极影响（Seers et al.，1995；Banks et al.，2014）。

Ajzen（1991）的计划行为理论指出，决定人们是否愿意做出某种行为的因素之一是个体的主观规范（subjective norm），即他是否从最亲近的社会环境和关系中感受到针对这种行为的压力。当感受到他们认为重要的参考个体给予他们支持和鼓励时，他们更可能会做出这样的行为。在组织环境中，除了领导，员工所在团队的成员也是非常重要的参考对象。目前，有关团队成员关系和个体知识分享的研究还相对有限。Kamdar 和 Van Dyne（2007）基于 230 名员工及其同事的调查发现，高水平的团队—成员交换会促进员工做出有益于同事的组织公民行为。Love 和 Forret（2008）的研究同样证明，高质量的团队成员关系对于个体的组织公民行为及其四个子维度（利他主义、责任感、美德以及善意）具有显著的正向影响。Smith 等（2006）以及 Sawng 等（2006）的研究指出，团队成立的时间越长、团队凝聚力越好，越有利于员工的知识分享行为。David 和 Fahey（2000）的研究指出，员工间的相互信任水平对于组织内部员工间的知识流动具有显著影响。Swan 等（1999）的研究指出，人际互动可以增强员工的团队身份认同，促进员工的知识分享。Cabrera 等（2006）的研究发现，同伴支持也是个体知识分享行为的决定性因素，与个体知识分享行为高度相关。

基于上述研究及团队交换关系的内涵，我们认为，高质量的团队—成员交换关系也会对员工的知识分享行为产生显著的正向影响。第一，知识分享可以看作团队内部典型的公民行为。因此，基于互惠原则，员工在团队中感受到的关系质量越好，越愿意做出有益于团队成员的行为，以表达自身对团队成员关系的重视。在团队工作的情境下，积极分享知识、愿意为他人提出建议是典型的有益于团队同事的公民行为。第二，在良好的团队—成员交换关系中，员工彼此的交流和沟通较多，相互信任感更高。高水平的人际信任是促进合作和协调性社会交往的重要资源（McAllister，1995）。因此，人际沟通的增多和高水平的信任感也会促进员工做出知识分享行为。第三，高质量的团队成员关系也可以有效消除员工分享知识的顾虑。在高质量的团队关系中，员工会获得来自团队成员的高水平的支持。区别于来自领导的支持，个体从团队获得的支持主要是心理支持，包括信任、肯定以及安全感。在这样的关系中，员工会感受到平等安全的团队氛围，无须担心自己的知识分享后被他人剽窃盗用，影响自身的工作绩效。反之，在低质量的团队成员关系中，员工会有较重的思想负担，对于在团队内分享知识存在顾虑。因此，员工在高质量、和谐的团队交换中，更有可能愿意彼此分享和交流信息，增强自身对于外部新知识的获取和积累。基于此，本章提出以下研究假设：

H3：团队—成员交换对于员工知识分享具有正向影响。

4.3.2 自我效能感的中介作用

对于团队—成员交换和员工知识分享之间的关系，我们认为也可能存在自我效能感的中介作用。Lu 等（2006）的研究，针对中国内地企业的管理人员开展了两项调查，结果发现，同事共同掌权（co-worker collegiality）会通过提高自我效能感而间接作用于知识分享。我们认为，在高质量的团队—成员交换关系中，团队成员之间的信任度较高，会为彼此提供工作上的支持和帮助，形成安全的团队氛围。员工在这样的交换关系中可以有效地舒缓自身的工作压力，降低知识分享顾虑。员工感受到的支持感和降低的心理压力都是提升自我效能感的重要因素。员工自我效能感的提高，将会促进他们做出合作性的知识分享行为。据此，我们提出假设 H3a：

H3a：自我效能感在团队—成员交换与员工知识分享的关系中起中介作用。

4.4 自我效能感对知识分享的影响作用

自我效能感是指个体对于自己是否有能力去调动自身动机、认知资源以及行动去实现某一目标的信心（Bandura，1977）。在以往有关公共产品（public goods）的研究中发现，自我效能感高的员工，会相信自己能够做出有用的贡献，提高合作行为，降低搭便车的行为，进行知识分享（Chen et al.，1996；Cabrera，2002）。Lu 等（2006）通过在中国进行的实证研究也发现，员工的自我效能感会对知识分享行为产生显著的正向影响，而贪婪心会对知识分享行为产生负向影响。Cabrera 等（2006）的研究也指出，自我效能感是个体知识分享行为的重要决定性因素，通过实证检验发现两者间具有显著的正相关关系。据此，我们提出假设 H4。

H4：自我效能感对于员工知识分享具有正向影响。

4.5 组织公平氛围的调节作用

我们认为，在员工社会交换关系和知识分享行为的影响关系中，也有可能存在过程变量的调节作用。例如，Bartol 等（2009）的研究发现，员工感知到的工作安全感会在组织支持感和员工知识分享行为的关系中起正向调节作用，即员工感知到的工作安全感越高，组织支持感对于知识分享行为的作用越显著。有研究指出，公平感也是员工在做出知识分享决策时最看重的因素之一。Schepers 和 Van den Berg（2007）的研究发现，程序公平与员工对知识分享行为的感知间具有正向影响关系。Lin（2007b）的研究也指出，分配公平和程序公平都会对个体的知识分享产生影响。

因此我们提出，员工感知到的程序公平可能会在员工社会交换关系和知识分享行为的关系中起到正向调节作用。程序公平感是指员工对于组织内制定决策的过程是否公正的主观感受，它不仅会对员工的工作表现产生影响（如工作绩效、组织公民行为、组织承诺等），还会影响员工对领导及工作团队的身份认同感、支持以及顺从。De Cremer 等（2005）的研究指出，程序公平感会促进员工之间的合作，因为程序公平感能够促进员工实现自我和他人的认同（self-other merging）。Tyler 和 Degoey（1995）的研究指出，程序公平与员工对领导的支持意愿间存在显著的影响关系，程序公平可以成为员工衡量领导可信性的标尺。Tyler 和 Blader（2003）提出的团队参与模型（group engagement model）发现，程序公平也会通过向员工传递与身份认同有关的信息（让员工感受到他们在团队中受到尊敬、为自己作为团队成员的身份感到自豪等），来增强他们对于团队的认同感，进而促进员工的角色外行为。基于上述论述，我们认为程序公平感影响了员工对所属组织、领导及团队的认同及支持，决定了他们在多大程度上愿意做出所属对象期待的行为，因此更可能增强或减弱社会交换关系对下属知识分享行为的影响。

当下属感受到较高的程序公平时，他会对所属领导及组织产生较高的信任感和认同感，愿意接受组织和领导对自身行为的影响。因此，组织支持感越高，与领导关系质量越好的个体，会越愿意做出符合组织和领导预期的亲社会行为。相反，程序公平感较低的员工会认为组织的决策程序不公平、组织环境不安全，领导行为有失公正，因此，即使关系质量较好，也可能出于对外部环境安全的担心而产生分享知识的顾虑，在做出知识分享行为时有所保留。同样地，程序公平感较高的个体也会对所属团队产生较高的归属感，愿意帮助实现团队利益。因此，与其他团队成员关系越好的个体，归属感越强，越愿意做出符合团队利益的亲社会行为。相反，当个体感受到程序公平较低时，会对外部环境产生不信任感，这种降低了的信任感和身份认同感会导致其产生分享知识的顾虑，因此即使员工与团队成员关系质量较高，也会因缺乏对环境的信任感，而降低自身分享知识的意愿。综合以上论述，我们提出如下假设：

H5：组织公平氛围在员工多层次社会交换关系与员工知识分享的影响关系中起调节作用。

H5a：组织公平氛围在组织支持感与员工知识分享的关系中起调节作用。

H5b：组织公平氛围在领导—成员交换与员工知识分享的关系中起调节作用。

H5c：组织公平氛围在团队—成员交换与员工知识分享的关系中起调节作用。

4.6 本章小结

首先，介绍了本研究所涉及的几个核心概念（包括个体知识分享、组织支持感、领导—成员交换、团队—成员交换、自我效能感和组织公平氛围）。其次，提出了研究假设：多层次交换关系（组织支持感、领导—成员交换、团队—成员交换）对于员工知识分享的影响作用；自我效能感在多层次交换关系与员工知识分享关系中的中介作用，以及组织公平氛围在多层次交换关系与员工知识分享关系中的调节作用。研究假设和模型见图 4.1。

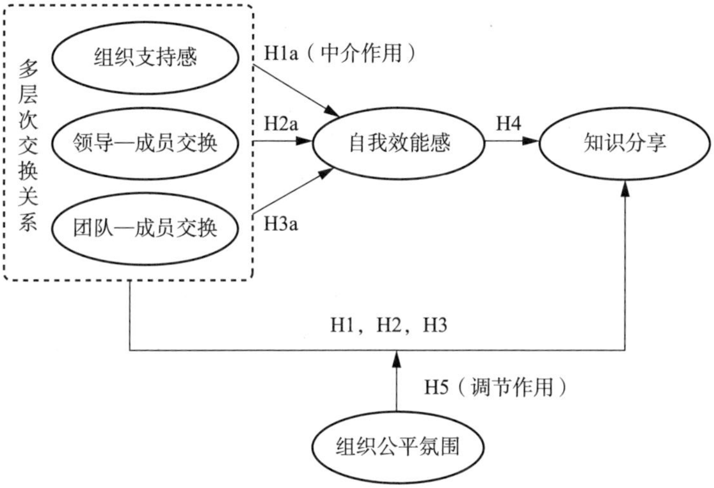

图4.1 研究假设模型

H1：组织支持感对于员工知识分享具有正向影响。

H1a：自我效能感在组织支持感与员工知识分享的关系中起中介作用。

H2：领导—成员交换对于员工知识分享具有正向影响。

H2a：自我效能感在领导—成员交换与员工知识分享的关系中起中介作用。

H3：团队—成员交换对于员工知识分享具有正向影响。

H3a：自我效能感在团队—成员交换与员工知识分享的关系中起中介作用。

H4：自我效能感对于员工知识分享具有正向影响。

H5：组织公平氛围在员工多层次社会交换关系与员工知识分享的影响关系中起调节作用。

H5a：组织公平氛围在组织支持感与员工知识分享的关系中起调节作用。

H5b：组织公平氛围在领导—成员交换与员工知识分享的关系中起调节作用。

H5c：组织公平氛围在团队—成员交换与员工知识分享的关系中起调节作用。

第5章

研究方法

为了对本书所提出的理论假设进行检验，采用了问卷调查的方式进行相关的数据收集。在本章中，我们将详细介绍本研究所使用的样本选择与数据收集方法、问卷的选取与设计、控制变量以及所采用的数据分析方法等问题。

5.1 样本选择与数据收集

问卷调查法是管理学乃至社会学定量研究中最为常用的方法，其实用性主要表现在以下几个方面。(1) 回收速率高：在问卷实施及回收过程顺利的情况下，问卷调查法被认为是最快速有效的数据收集方法；(2) 回收质量好：如果所采用的问卷具有较高的信度和效度，数据样本量较大，问卷调查法就可以收集到质量较高的研究数据；(3) 可操作性强：问卷调查法对于被调查者的干扰较小，更容易得到被调查单位和个体的支持，具有较强的可操作性；(4) 成本可控：问卷调查法是实地实验中较为经济的数据收集方法（陈晓萍等，2008）。

为方便取样，准确地获得一手资料，本研究选取在不同行业、不同性质企业和具有不同工作职能的一线员工作为调查对象。他们均在北京地区的企业内工作，具有较高的个人素质和理解能力，对问卷内容的理解具有较高水平。为消除问卷填写者的顾虑，采取匿名作答的形式，只保留了问卷填写者的部分信息。同时，为了充分调动问卷作答者的积极性，保证问卷的高质量回收，我们也给予了他们一定的物质奖励。

5.2 问卷的选取与设计

在本研究中，我们选择使用现有的成熟量表。使用现有量表具有以下两方面的优点：（1）首先，现有成熟量表具有较高的信度和效度。成熟量表往往已被研究者在不同的情境中反复使用检验，确保了所使用的测量条目能够准确地代表所要测量的概念和变量，使用起来的风险较小。（2）成熟量表通常也具有更高的学术认可度（陈晓萍等，2008）。

5.2.1 问卷指导语

设置问卷指导语的目的在于让问卷填写者了解问卷调查的目的和基本内容，并说明作答的方式。在本研究中，我们向问卷填写者介绍了调查的主要目的是进行学术研究，方式为匿名作答，并保证对他们的回答严格保密，希望他们能够依据自身及所在组织的实际情况填写。

5.2.2 知识分享问卷

本研究采用 Cabrera 等（2006）提出的企业员工知识分享问卷。原始问卷包括两大维度：分享个人的观点和经验，向他人寻求信息。由于第二个维度在严格意义上属于获取知识的范畴，而本书所关注的是分享知识，因此在本研究中，我们主要采用了第一个维度：分享个人观点和经验的量表。由于量表中的一个反向问题在过去的研究中测量效果并不理想，因此我们最终选用了 3 个正向条目。采用 7 点李克特量表，“1”表示“非常不符合”、“2”表示“不符合”、“3”表示“比较不符合”、“4”表示“一般”、“5”表示“比较符合”、“6”表示“符合”、“7”表示“非常符合”。具体的测量条目如下：

KS1：每当我得到与工作相关的有价值的信息时，我愿意将它们分享给其他我认为感兴趣的同事。

KS2：当其他同事需要与我的工作内容或专业领域相关的信息时，我会毫不犹豫地将我拥有的全部信息提供给他/她。

KS3：我会积极参与公司内的各种讨论会或工作小组，提出我的想法，并帮助其他同事找到解决问题的方法。

5.2.3 组织支持感问卷

对于组织支持感的测量，可参考的量表十分丰富。我们选用了目前应用较为广泛的 Eisenberger 等（1986）开发的版本。原始版本总共包括 36 个测量条目，但由于条目过多给测量带来诸多不便，且部分条目的测量效果也并不十分理想，因此目前的研究多采用因子载荷排序靠前的6~10个条目所形成的缩减版本。因此，在本研究中，我们选取了因子载荷较为靠前的8个测量条目，采用7点李克特量表。具体测量条目如下：

POS1：公司会真正关心我的幸福感。

POS2：为了让我更好地完成工作，公司愿意在某些方面放宽权限。

POS3：公司很看重我的意见。

POS4：公司关心我的工作满意度。

POS5：公司会为我在工作中取得的成就感到骄傲。

POS6：在我特别需要帮助时，公司愿意帮我。

POS7：公司重视我的工作贡献。

POS8：公司会充分考虑我的目标和价值观。

5.2.4 领导—成员交换问卷

领导—成员交换的调查问卷，我们采用的是Graen和Uhl-Bien（1995）的版本，共包括7个测量条目，采用7点李克特量表。具体的测量条目如下：

LMX1：我知道团队领导对我工作表现的满意程度。

LMX2：我的团队领导了解我的工作需求及我在工作中的问题。

LMX3：我的团队领导认可我的工作能力和潜力。

LMX4：不论力量大小，团队领导总愿意帮助我解决在工作上遇到的问题。

LMX5：当我有需要时，我的团队领导会站出来维护我。

LMX6：我对我的团队领导有足够的信心，在他/她不方便出面时，我会站出来支持他/她的决策。

LMX7：我和团队领导的工作关系融洽。

5.2.5 团队—成员交换问卷

团队—成员交换的问题，近年来引起了广泛关注。我们所采用的量表是最早提出这一概念的Seers等（1995）所开发的版本，共包括10个测量条目，采用7点李克特量表。具体的测量条目如下：

TMX1：我会经常向团队里的其他成员提出工作上的建议。

TMX2：如果我在处理工作的过程中影响到了团队其他成员的工作，

他们通常会告诉我。

TMX3：如果团队其他成员所做的工作影响到了我的工作，我通常会告诉他们。

TMX4：团队其他成员认可我的工作潜力。

TMX5：团队其他成员理解我在工作中的困难和需求。

TMX6：在交接工作时，我会努力让团队其他成员容易接手。

TMX7：在工作繁忙时，团队其他成员会找我帮忙。

TMX8：在工作繁忙时，我会主动去帮助团队其他成员。

TMX9：我愿意帮助团队其他成员完成分配给他们的工作。

TMX10：团队其他成员愿意帮助我完成分配给我的工作。

5.2.6 自我效能感问卷

对于自我效能感的研究，我们采用的是一般自我效能感的概念。我们选取了 Chen 等（2001）所提出的一般自我效能感测量问卷，包括 8 个测量条目，采用 7 点李克特量表。具体的测量条目如下：

SE1：我能够实现我为自己设定的大多数目标。

SE2：面对困难的任务时，我确信自己能够完成它。

SE3：总的来说，我认为自己能够取得对我来说重要的结果。

SE4：我相信自己下决心努力去做的事情大多都能成功。

SE5：我能够成功地克服很多挑战。

SE6：我相信自己能够有效地完成许多不同类型的任务。

SE7：与其他人相比，我能够很好地完成大多数任务。

SE8：即便遇到困难的事情，我也能很好地完成它。

5.2.7 组织公平氛围问卷

对于组织公平氛围的调查问卷，我们改编了 Liao 和 Rupp（2005）以及 Colquitt 等（2001）所开发的公平问卷，总共包括 3 个测量条目，采用 7 点李克特量表。具体的测量条目如下：

JC1：我认为公司的程序和规则非常公平。

JC2：我们公司内用于决策的程序是公平的。

JC3：公司薪酬的制定过程是基于准确客观信息的。

5.3 控制变量

本研究中所选取的调查对象为在企业中工作的基层和中层员工，共发放问卷300份，收回问卷245份，问卷回收率为81.67%。由于本书所关注的研究问题集中在个体层面，因此我们控制了个体层面常用的人口统计变量作为控制变量，具体包括：(1) 性别；(2) 年龄；(3) 工作年限；(4) 受教育水平；(5) 工作职位。

5.4 数据分析方法

本研究的数据分析方法包括对量表的效度和信度检验、对数据进行的共同方法偏差检验、对所选变量的描述性统计分析以及对所提出的假设进行的假设回归检验。

5.4.1 效度检验

效度是指测量的正确性，即量表是否能测量到其所欲测量的构念。效度越高，表明测量问卷越能真实反映所测内容。在本研究中，我们采用验证性因子分析（Confirmatory Factor Analysis，CFA）的方法来对已有成熟量表的效度进行检验（Noar，2003）。本研究中主要涉及6个变量，分别为知识分享、组织支持感、领导—成员交换、团队—成员交换、自我效能感和组织公平氛围。通过对它们进行验证性因子分析来检验模型的拟合优度。

依据 Tabachnica 和 Fidell（2007）的观点，当每个测量条目的标准化因子载荷数值在0.71以上时，表明该条目可以解释观察变量50%的变异量，这是非常理想的状况；当载荷数大于0.63时，表明该因素可以解释40%的变异量，也是很好的状况；当载荷数大于0.45时，表明测量条目的质量可以接受；当载荷数小于0.32时，意味着该条目的解释力度不到10%，通常将予以删除。

对于模型的拟合指数检验，我们主要采用以下几个指标（邱皓政、林碧芳，2009）：(1) CFI：是指对比匹配指数（comparative-fit index），反映了假设模型和没有任何共变关系的独立模型差异程度的量数。CFI的指数越接近1，模型的拟合程度越理想，通常以0.95作为最低标准。（2）RMSEA：是指平均概似平方误根系数（root mean square error or approximation），通常，RMSEA的指数越小，表示模型的拟合程度越好。一般以0.05作为良好拟合度的标准，0.08为可接受的门槛。（3）NFI和NNFI指数：这两种指数反映了假设模型与一个观察变量间没有任何共变假设的独立模型之间的差异程度。NNFI是在考虑了自由度的影响情况下，NFI调整之后的值。通常，当数值大于0.90时，表示模型具有较好的拟合度。

5.4.2 信度检验

信度即测量的可靠性，指问卷测量条目的一致性或稳定性。通常，我们使用内部一致性系数Cronbach's α作为检验指标。一般情况下，当Cronbach's α的值在0.7以上时，我们认为量表的信度高，可以接受；在0.8以上时，表示量表的信度理想；而在0.9以上时，则表示量表的信度非常理想。在本研究中，我们所有量表的Cronbach's α值均在0.7以上。

5.4.3 共同方法偏差检验

由于本研究中的调查问卷由同一人填写，可能存在共同方法偏差的问题（common method bias）。因此，我们采用了如下两种方式对共同方法偏差的问题进行检验（谢宝国、龙立荣，2008）。（1）Harman单因素检验：即所有变量的测量条目均载荷在一个公共因子上。如果所有变量的大部分变异都能被这个公共因子解释，就说明存在较严重的共同方法偏差问题。反之，则说明没有较严重的共同方法偏差问题。通常情况下，不同变量的所有测量条目不太可能被同一个公共因子代表。（2）不可测量潜在因子效应控制法（controlling for effects of an unmeasured latent factor methods）：即在现有的变量数目的基础上，再加入一个公共因子，让所有测量条目除了载荷在各自对应的因子上，还可以载荷在一个公共因子上。之后，比较该模型和原有模型之间的拟合指数优劣，如果没有明显改进，则说明不存在严重的共同方法偏差问题。

5.4.4 变量的描述性分析

我们使用STATA12软件，对主要变量包括控制变量的均值、标准差、最大值、最小值以及它们之间的相关关系及显著性进行了描述性统计分析，以此来初步检验变量之间是否存在相关关系，以便我们进行下一步的回归检验。

5.4.5 假设检验

本章，我们将采用如下方式对所提出的假设进行检验。

（1）多层次交换关系：组织支持感、领导—成员交换、团队—成员交换对个体知识分享行为的影响检验（H1、H2、H3）。

我们将采用逐步回归的方式对上述关系进行检验。首先，对于H1——组织支持感对员工知识分享具有正向影响，我们以个体知识分享作为因变量，第一步将控制变量——个体的性别、年龄、工作年限、受教育水平及工作职位加入回归模型当中。第二步将自变量组织支持感加入回归模型当中。主要观察自变量组织支持感的回归系数β是否为正向，数值为多少以及是否显著。如果β为正向且显著，则说明员工从组织得到的支持越多，他们越愿意分享自己所具有的知识。员工感受到的组织支持会对其个体的知识分享产生显著的正向影响，H1得到验证。除此之外，我们通常也要观察，同第一步的仅加入控制变量的模型相比，在加入了自变量组织支持感后，模型的整体解释力度R^2及调整后的R^2是否有显著的提高。其次，对于H2——领导—成员交换对员工知识分享具有正向影响及H3——团队—成员交换对员工知识分享具有正向影响，我们也同样采用逐步回归的方式，检验其回归系数β是否为正向显著。

（2）自我效能感的中介作用检验（H1a、H2a、H3a）。

对于自我效能感在社会交换关系和员工知识分享关系中的中介作用，我们采用Baron和Kenney（1986）提出的方法进行检验。第一步，验证自变量组织支持感、领导—成员交换和团队—成员交换对因变量员工知识分享具有显著影响。这一步在上一段已论述完毕。第二步，检验三个自变量对中介变量也具有显著影响。此处我们同样采用逐步回归的方法，将中介变量自我效能感作为回归模型中的因变量，先将控制变量——个体的性别、年龄、工作年限、受教育水平与工作职位加入回归模型中，再加入自变量组织支持感（此处以H1a作为代表，H2a和H3a同理），如果组织支持感的回归系数β为正，且在统计上显著，则说明组织支持感对于自我效能感具有显著的正向影响。第三步，检验中介变量的中介作用。我们以个体的知识分享作为因变量，将自变量组织支持感和中介变量自我效能感同时放入回归模型，此时，如果中介变量自我效能感的回归系数 β 正向显著，而组织支持感的回归系数 β 变为不显著，或者 β 与之前单独用个体知识分享回归时的系数相比有所降低，就表明，自我效能感在组织支持感和个体知识分享的关系中具有完全或部分中介作用，H1a 将得到验证。同理，H2a 和 H3a 的检验步骤与上述步骤相同。

（3）自我效能感对知识分享的影响作用（H4）。

自我效能感对员工知识分享的影响作用，我们同样采用逐步回归的方式。第一步，将知识分享作为因变量，在模型中首先加入控制变量：个体的性别、年龄、工作年限、受教育水平与工作职位。第二步，在第一步的基础上，在模型中加入自变量自我效能感，如果自我效能感的回归系数 β 为正向且在统计上显著，则说明自我效能感对于员工知识分享具有显著的正向影响，H4 即得到验证。

（4）组织公平氛围的调节作用（H5）。

对于组织公平氛围在个体社会交换关系和知识分享行为中的调节作用检验，我们将采用如下步骤。首先，对自变量和调节变量中的连续变量进行了中心化处理，即用每一个测量值减去该变量的均值，使新得到的数据样本均值为 0（Aiken & West，1991）。这样做的目的是降低自变量、调节变量与它们两者乘积项之间的高度相关引起的多重共线性。其次，用自变量和调节变量中心化之后的数值，构造两者的乘积项，此处同样以 H5a 为范例，构造组织支持感和组织公平氛围的乘积项。我们同样采用逐步回归法。第一步，以员工知识分享为因变量，仅加入控制变量：个体的性别、年龄、工作年限、受教育水平与工作职位；第二步，将自变量组织支持感、调节变量组织公平氛围和两者的乘积项三者同时放入模型中，此时关注乘积项的回归系数 β 是否为正向显著。如果系数 β 为正向显著，则说明组织公平氛围在组织支持感和员工分享行为的关系中起正向调节作用，组织公平氛围越好，组织支持感对员工知识分享行为的影响就越大。H5b 和 H5c 的调节效应检验也如上述步骤所述。

5.5 本章小结

在本章中，我们对本书所采用的研究方法进行了详细的介绍。第一，采用问卷调查的方法，对企业员工进行问卷调查，让他们依据在各自单位工作的真实情况和感受，匿名填写调查问卷。第二，对问卷调查中所采用的成熟量表出处及其测量条目进行了详细介绍，具体包括6个测量量表：知识分享、组织支持感、领导—成员交换、团队—成员交换、自我效能感和组织公平氛围。第三，介绍了本研究将选取的控制变量，具体包括：性别、年龄、工作年限、受教育水平和工作职位。第四，对数据分析中将使用的分析方法进行了详细介绍，包括：（1）效度和信度检验，我们将采用验证性因子分析的方法对选择的成熟量表进行效度检验，当每个因子的标准化载荷数及模型整体的拟合指数达到一定标准时，即可证明所选问卷具有良好的效度；而对于信度检验，采用目前通用的内部一致性系数Cronbach's α 值来检测，通常当 Cronbach's α 的值在 0.7 以上时，表明量表具有较好的信度。（2）共同方法偏差问题，将采用 Harman 单因素分析方法和不可测量潜在因子效应控制法，对测量问卷可能存在的共同方法偏差问题进行检验，以保证此问题在可控制范围内。（3）变量的描述性统计分析，采用 STATA12 软件，对本研究所涉及的6个主要变量和控制变量的方差、均值、最大值、最小值以及相关系数等指标，进行描述性统计分析。（4）假设检验，对于主效应的检验，采用逐步回归方法，将控制变量、自变量依次加入模型当中，观察自变量回归系数的方向以及在统计上的显著性，以此来判断假设 H1、H2 和 H3 是否成立。对于中介效应的检验，采用 Baron 和 Kenny（1986）提出的中介检验方法，首先，验证自变量对因变量是否具有显著影响；其次，验证自变量对中介变量是否具有显著影响；最后，观察当自变量和中介变量同时被放入模型中时，中介变量是否在统计上显著，自变量是否变为不显著或者回归系数有所降低，如果两个条件都得以满足，则证明中介效应存在。对于调节效应的检验，首先对连续型的自变量和调节变量进行中心化处理，以消除在模型中可能存在的多重共线性问题。在此基础之上，构造自变量和调节变量的乘积项。之后，将自变量、调节变量和两者的乘积项一起放入模型之中，看乘积项的回归系数的正负以及在统计上是否显著。如果回归系数为正向，且在统计上显著，则证明调节变量在自变量和因变量的影响关系中具有正向的调节作用。调节变量越大，自变量对因变量的影响将越大。

第6章

实证研究：多层次交换关系与知识分享

在本章中，我们依据调查问卷所收集的数据，应用第 5 章介绍的研究方法，对本研究所提出的假设进行了实证检验。第一，我们介绍了数据的收集过程，并对调查问卷中的控制变量处理进行了介绍；第二，我们对研究中所涉及的 6 个变量进行了效度与信度分析；第三，由于本研究的调查问卷由同一人填写，可能存在共同方法偏差的问题，因此我们对问卷进行了共同方法偏差检验；第四，我们对所有变量进行了描述性统计及相关分析；第五，我们对所有变量进行了回归分析，对本研究提出的所有假设进行了检验。

6.1 样本概述

我们的调查对象为北京市 5 家公司的在职员工及某高校在职 MBA。总计发放问卷 300 份，回收 245 份，问卷回收率高达 81.67%。剔除遗漏回答、错误填写等有问题的问卷，最终获得有效问卷 229 份。

问卷填写者均为基层员工和管理者，为消除他们的填写顾虑，我们均采用匿名作答的形式。同时，为增强他们填写的积极性，保证问卷质量，我们也为他们提供了小礼品作为回报。

本研究选取了常用的个体层面变量作为控制变量。（1）性别：为虚拟变量，男性为 1，女性为 0。在被调查者中，男性为 129 人，约占 56.33%；女性为 100 人，约占 43.67%，略少于男性。（2）年龄：请被调查者填写自己的实际年龄，以年为单位。在被调查者中，平均年龄为 32 岁。（3）工作年限：请被调查者填写在目前这家公司工作的总时间，以年为单位。在被调查者中，平均工作年限为 5.5 年。（4）受教育水平：请被调查者填写自己目前所获得的最高学历，为虚拟变量。1 为在职 MBA，2 为全职 MBA，3 为研究生/博士生，4 为本科，5 为大专，6 为高中，7 为初中及以下。在被调查者中，平均数为 2.2，说明被调查人员中大多数为具有硕士学历的员工。（5）工作职位：为虚拟变量，1 为基层员工，2 为基层管理者，3 为中层管理者，4 为高层管理者。在被调查对象当中，并没有高层管理者，平均数为 2。

6.2 量表的效度与信度分析

本研究使用 Lisrel8.8 和 STATA12 两种统计软件，对主要的 6 个变量——知识分享、组织支持感、领导—成员交换、团队—成员交换、自我效能感和组织公平氛围均进行了信度效度分析。

6.2.1 知识分享

对于知识分享的测量，我们采用 Cabrera 等（2006）开发的成熟量表，包括 3 个测量条目。我们运用 Lisrel8.8 对其效度进行检验，结果显示，3 个测量条目的标准化因子载荷值分别为 0.78、0.58 和 0.69，均在 0.55 以上，表明测量条目具有较好的解释力度，量表的效度较为理想。同时，我们也运用 STATA12 对量表的信度进行了检验，结果显示，量表的整体 Cronbach's α 值为 0.716，表明量表也同样具有较理想的信度（见表 6.1）。

表 6.1 知识分享的效度与信度分析

变量名	效度检验		信度检验
	标准化载荷值	T 值	Cronbach's α
知识分享			0.716
KS1	0.78	11.91	
KS2	0.58	8.55	
KS3	0.69	10.30	

6.2.2 组织支持感

对于组织支持感的测量，我们采用 Eisenberger 等（1986）开发的量表，包括 8 个测量条目。效度检验的结果显示，测量条目的标准化因子载荷值分别为：0.80、0.79、0.84、0.83、0.89、0.71、0.80 和 0.83，均在 0.7 以上，表明组织支持感的量表具有理想的效度。信度检验的结果显示，量表的整体 Cronbach's α 值为 0.938，表明量表的信度也较高（见表 6.2）。

表 6.2 组织支持感的效度与信度分析

变量名	效度检验		信度检验
	标准化载荷值	T值	Cronbach's α
组织支持感			0.938
POS1	0.80	14.29	
POS2	0.79	14.23	
POS3	0.84	15.43	
POS4	0.83	15.21	
POS5	0.89	16.96	
POS6	0.71	12.09	
POS7	0.80	14.53	
POS8	0.83	15.13	

6.2.3 领导—成员交换

对于领导—成员交换的测量，我们采用的是 Graen 和 Uhl - Bien（1995）的问卷版本，包括7个条目。效度检验的结果显示，7个测量条目的标准化因子载荷值分别为0.62、0.71、0.68、0.79、0.87、0.84和0.78，均在0.6以上，表明量表具有较理想的效度。信度检验的结果显示，量表整体的Cronbach's α值为0.904，说明量表同样具有较高的信度（见表6.3）。

表 6.3 领导—成员交换的效度与信度分析

变量名	效度检验		信度检验
	标准化载荷值	T值	Cronbach's α
领导—成员交换			0.904
LMX1	0.62	10.06	
LMX2	0.71	11.95	
LMX3	0.68	11.34	
LMX4	0.79	13.86	
LMX5	0.87	16.19	
LMX6	0.84	15.39	
LMX7	0.78	13.83	

6.2.4 团队—成员交换

对于团队—成员交换的测量，我们采用的是 Seers 等（1995）开发的问卷版本，包括 10 个测量条目。效度检验的结果显示，10 个测量条目的标准化因子载荷值分别为 0.72、0.57、0.62、0.69、0.70、0.71、0.70、0.74、0.80 和 0.81，均在 0.55 以上，表明量表具有较高的效度。信度检验的结果显示，量表整体的 Cronbach's α 值为 0.907，说明量表同样具有较高的信度（见表 6.4）。

表 6.4 团队—成员交换的效度与信度分析

变量名	效度检验		信度检验
	标准化载荷值	T 值	Cronbach's α
团队—成员交换			0.907
TMX1	0.72	12.23	
TMX2	0.57	9.06	
TMX3	0.62	10.06	
TMX4	0.69	11.55	
TMX5	0.70	11.71	
TMX6	0.71	12.00	
TMX7	0.70	11.79	
TMX8	0.74	12.79	
TMX9	0.80	14.35	
TMX10	0.81	14.45	

6.2.5 自我效能感

对于自我效能感的测量，我们采用 Chen 等（2001）提出的一般自我效能感测量问卷，包括 8 个测量条目。运用 Lisrel8.8 对其进行效度检验，结果显示，8 个测量条目的标准化因子载荷值分别为 0.65、0.78、0.77、0.76、0.85、0.80、0.75 和 0.79，均在 0.65 以上，表明测量条目具有较好的解释力度，量表的效度较为理想。同时，我们也运用 STATA12 对量表的信度进行了检验，结果显示，量表的整体 Cronbach's α 值为 0.920，说明量表具有较高的信度（见表 6.5）。

表 6.5 自我效能感的效度与信度分析

变量名	效度检验		信度检验
	标准化载荷值	T 值	Cronbach's α
自我效能感			0.920
SE1	0.65	10.72	
SE2	0.78	13.84	
SE3	0.77	13.46	
SE4	0.76	13.27	
SE5	0.85	15.58	
SE6	0.80	14.37	
SE7	0.75	13.04	
SE8	0.79	13.90	

6.2.6 组织公平氛围

最后，对于组织公平氛围的测量，我们改编了 Liao 和 Rupp（2005）以及 Colquitt 等（2001）所使用的公平问卷，包括 3 个测量条目。效度检验的结果显示，3 个测量条目的标准化因子载荷值分别为 0.83、0.83 和 0.68，均在 0.65 以上，表明量表的效度较为理想。同样，信度检验的结果显示，量表整体的 Cronbach's α 值为 0.813，同样具有较理想的信度。

表 6.6 组织公平氛围的效度与信度分析

变量名	效度检验		信度检验
	标准化载荷值	T 值	Cronbach's α
组织公平氛围			0.813
JC1	0.83	14.56	
JC2	0.83	14.51	
JC3	0.68	11.01	

6.3 共同方法偏差检验

由于本研究中的调查问卷均由员工一人填写，因此可能存在共同方法偏差的问题。我们借鉴谢宝国和龙立荣（2008）所提出的两种检验方法，对可能存在的共同方法偏差问题进行了检验。（1）Harman 单因素检验：我们让所有变量的测量条目均指向 1 个公共因子，即单因素模型。如果所有变量的测量条目都能被这个公共因子解释，单因素模型的拟合程度较高，则说明测量存在较严重的共同方法偏差问题。（2）不可测量潜在因子效应控制法：除了现有的 6 个变量，我们让所有测量条目再指向 1 个公共因子，即七因素模型。如果七因素模型的拟合指数相对于六因素模型没有明显改进，则说明模型不存在严重的共同方法偏差问题。我们运用 Lisrel8.8 软件对六因素、单因素和七因素模型进行了检验，检验结果见表 6.7。六因素模型本身的拟合程度比较理想，CFI 的值为 0.96，超过了 0.95 的标准；RMSEA 的值为 0.078，超过了 0.05 的标准，趋近于 0.08，可以接受；NFI 和 NNFI 的值分别为 0.93 和 0.95，均超过了 0.90 的门槛。首先，我们看一下单因素模型的拟合指数。CFI 的值为 0.85，未能达到 0.95 的标准；RMSEA 的值为 0.20，远高于 0.05 的标准；NFI 和 NNFI 的值也没能超过 0.90。总体而言，模型的拟合程度比较不理想，并未优于六因素模型的拟合指数，因此我们的研究通过了 Harman 单因素检验，证明本研究的测量不存在严重的共同方法偏差问题。其次，我们再看一下七因素模型的拟合指数。CFI 的值为 0.97，高于标准值 0.95，略高于六因素模型；RMSEA 的值为 0.069，同样超过了标准值 0.05，但低于六因素模型；NFI 和 NNFI 的值分别为 0.94 和 0.96，同样略高于六因素模型。综合来看，七因素模型在 CFI、NFI 和 NNFI 上的值略高于六因素模型，在 RMSEA 上的值略低于六因素模型，因此我们可以认为七因素模型的拟合指数并没有明显优于六因素模型，本研究中的共同方法偏差问题在可接受范围内。

表 6.7 共同方法偏差检验

模型	CFI	RMSEA	NFI	NNFI
六因素模型	0.96	0.078	0.93	0.95
单因素模型	0.85	0.20	0.82	0.84
七因素模型	0.97	0.069	0.94	0.96

6.4 变量的描述性统计

我们对本部分所涉及的 6 个主要变量——知识分享（因变量）、组织支持感（自变量）、领导—成员交换（自变量）、团队—成员交换（自变量）、自我效能感（中介变量）、组织公平氛围（调节变量）以及5个控制变量——性别、年龄、工作年限、受教育水平和工作职位进行了描述性统计和相关分析，分析结果见表6.8和表6.9。

在表6.8中，我们对6个主要变量和5个控制变量进行了描述性统计分析，包括变量的均值、标准误、最小值和最大值。

在表6.9中，我们对6个主要变量和5个控制变量进行了相关性分析。我们可以看出，组织支持感与知识分享具有显著的正相关关系，相关系数为0.286，在一定程度上支持了我们的假设H1；领导—成员交换与知识分享也具有正相关关系，相关系数为0.359，支持了我们的假设H2；团队—成员交换同样与知识分享显著正相关，相关性系数为0.452，支持了我们的假设H3。除此之外，自我效能感和组织公平氛围也与知识分享具有显著的正相关关系，在一定程度上支持了我们的假设H4和H5。在控制变量方面，只有工作职位与知识分享具有显著的正相关关系，其他4个控制变量与知识分享的相关关系并不显著。为进一步验证本研究所提出的假设，我们将运用回归分析的方式逐一对提出的假设进行检验。

表6.8 主要变量的描述性统计

变量	均值	标准误	最小值	最大值
1. 知识分享	5.563	0.754	4	7
2. 组织支持感	4.429	0.970	1	6.5
3. 领导—成员交换	5.195	0.813	2	6.857
4. 团队—成员交换	5.180	0.714	2.4	7
5. 自我效能感	5.491	0.726	3.375	7
6. 组织公平氛围	4.342	1.002	1	6.333
7. 性别	1.437	0.497	1	2
8. 年龄	31.987	4.734	20	49
9. 工作年限	5.459	4.636	0.083	27.75
10. 受教育水平	2.166	1.337	1	5
11. 工作职位	2.044	0.852	1	3

注：样本量N=229。

表 6.9　主要变量的相关性统计分析

变量	1	2	3	4	5	6	7	8	9	10	11
1. 知识分享	1.000										
2. 组织支持感	0.286***	1.000									
3. 领导—成员交换	0.359***	0.511***	1.000								
4. 团队—成员交换	0.452***	0.432***	0.511***	1.000							
5. 自我效能感	0.462***	0.316***	0.441***	0.388***	1.000						
6. 组织公平氛围	0.270***	0.746***	0.481***	0.411***	0.207***	1.000					
7. 性别	-0.074	-0.133**	-0.062	-0.060	-0.170**	-0.139**	1.000				
8. 年龄	0.097	0.014	-0.069	0.068	-0.015	-0.014	-0.208***	1.000			
9. 工作年限	0.059	-0.034	-0.078	0.120*	0.030	-0.020	-0.103	0.537***	1.000		
10. 受教育水平	-0.070	-0.108	-0.098	-0.080	-0.180***	-0.043	0.319***	-0.261***	-0.068	1.000	
11. 工作职位	0.218***	0.208***	0.129*	0.242***	0.262***	0.177***	-0.397***	0.370***	0.240***	-0.542***	1.000

注：样本量 N=229；其中 * 表示 $p<0.1$，** 表示 $p<0.05$，*** 表示 $p<0.01$。

6.5 假设检验

在本节中，我们将运用逐步回归的方式，对本部分所提出的 5 组假设依次进行检验。

6.5.1 组织支持感与个体知识分享的假设检验

我们运用逐步回归方法对假设 H1 进行检验，回归结果见表 6.10。我们以知识分享为因变量，构建了模型 1 和模型 2。首先，模型 1 为基准模型，我们以知识分享为因变量，仅加入了本研究当中的 5 个控制变量，分别为：性别、年龄、工作年限、受教育水平和工作职位。回归结果显示，除工作职位对知识分享具有显著的正向影响外，其他 4 个变量对知识分享的影响并不显著。模型在整体上是显著的（F=2.43，$p<0.05$），整体的解释力度 R^2 为 0.052，调整后的 R^2 为 0.030。在模型 1 的基础上，我们在模型 2 中引入了自变量组织支持感。回归结果显示，模型在整体上也是显著的（F=4.74，$p<0.01$），整体的解释力度 R^2 为 0.114，调整后的 R^2 为 0.09，明显优于模型 1，同时也不存在多重共线性的问题（VIF=1.41）。组织支持感的回归系数为正向显著（$\beta=0.199$，$p<0.01$），这说明，个体感受到的组织支持感越高，越愿意进行知识分享活动，假设 H1 得到了验证。

表 6.10 假设 H1 的回归结果

变量	因变量：知识分享			
	模型 1		模型 2	
	回归系数	标准误	回归系数	标准误
性别	0.013	0.109	0.038	0.106
年龄	0.005	0.013	0.006	0.013
工作年限	-0.002	0.013	0.001	0.012
受教育水平	0.040	0.045	0.037	0.043
工作职位	0.223***	0.074	0.172**	0.073
组织支持感			0.199***	0.051
常数项	4.858***	0.472	3.983***	0.509
R^2	0.052		0.114	
Adjusted R^2	0.030		0.09	
F	2.43**		4.74***	

注：样本量 N=229；其中*表示 $p<0.1$，**表示 $p<0.05$，***表示 $p<0.01$。

6.5.2 领导—成员交换与个体知识分享的假设检验

我们同样运用逐步回归法对假设 H2 进行了检验（见表 6.11）。我们以知识分享为因变量，构建了模型 1 和模型 2。模型 1 依旧为基准模型，仅加入了本研究当中的 5 个控制变量：性别、年龄、工作年限、受教育水平和工作职位。模型 2 在模型 1 的基础上，加入了第二个自变量领导—成员交换。回归结果显示，模型在整体上是显著的（F = 7.47，p< 0.01），解释力度 R^2 为 0.168，调整后的 R^2 为 0.146，相较模型 1 有了很大提升，且不存在多重共线性的问题（VIF = 1.41）。领导—成员交换的回归系数为正向显著（β=0.323，p<0.01），这说明，个体感受到较高质量的领导—成员交换关系，将对其知识分享行为产生促进作用，假设 H2 得到了验证。

表 6.11 假设 H2 的回归结果

变量	因变量：知识分享			
	模型 1		模型 2	
	回归系数	标准误	回归系数	标准误
性别	0.013	0.109	0.021	0.102
年龄	0.005	0.013	0.011	0.012
工作年限	-0.002	0.013	0.002	0.012
受教育水平	0.040	0.045	0.048	0.042
工作职位	0.223***	0.074	0.175**	0.070
领导—成员交换			0.323***	0.058
常数项 R^2 Adjusted R^2 F	4.858*** 0.052 0.030 2.43**	0.472	3.042*** 0.168 0.146 7.47***	0.550

注：样本量 N=229；其中*表示 p<0.1，**表示 p<0.05，***表示 p<0.01。

6.5.3 团队—成员交换与个体知识分享的假设检验

我们同样运用逐步回归方法对假设 H3 进行了检验，回归结果见表 6.12。因变量仍为知识分享，我们建立了两个回归模型。模型 1 仍为基准模型，仅加入了 5 个控制变量：性别、年龄、工作年限、受教育水平和工作职位。模型 2 在模型 1 的基础上，加入了自变量团队—成员交换。回归结果显示，模型在整体上是显著的（F = 10.48，$p<0.01$），且不存在多重共线性的问题（VIF = 1.42）。整体的解释力度 R^2 为 0.221，调整后的 R^2 为 0.200。团队—成员交换的回归系数也为正向显著（$\beta = 0.450$，$p<0.01$），这说明当员工处于较高质量的团队—成员交换关系中，他们愿意做出更多的知识分享行为，假设 H3 得到了验证。

表 6.12 假设 H3 的回归结果

变量	因变量：知识分享			
	模型 1		模型 2	
	回归系数	标准误	回归系数	标准误
性别	0.013	0.109	-0.008	0.099
年龄	0.005	0.013	0.009	0.012
工作年限	-0.002	0.013	-0.008	0.012
受教育水平	0.040	0.045	0.027	0.041
工作职位	0.223***	0.074	0.115	0.069
团队—成员交换			0.450***	0.065
常数项 R^2 Adjusted R^2 F	4.858*** 0.052 0.030 2.43***	0.472	2.692*** 0.221 0.200 10.48***	0.531

注：样本量 N=229；其中 * 表示 $p<0.1$，** 表示 $p<0.05$，*** 表示 $p<0.01$。

6.5.4 自我效能感对员工知识分享作用的检验

对于假设 H4 的检验，我们同样运用逐步回归的方法，结果见表 6.13。以知识分享为因变量，我们构建了模型 1 和模型 2。模型 1 仅加入了 5 个控制变量：性别、年龄、工作年限、受教育水平和工作职位，为基准模型。模型 2 在模型 1 的基础上，加入了自我效能感。回归结果显示，自我效能感的回归系数为正向显著（$\beta=0.471$，$p<0.01$），模型整体上是显著的（F=11.55，$p<0.01$），且不存在多重共线性问题（VIF = 1.42），调整后的解释力度 R^2 为 0.217。这说明，个体的自我效能感越高，越愿意在组织中分享自己的知识，假设 H4 得到验证。

表 6.13 假设 H4 的回归结果

变量	因变量：知识分享			
	模型 1		模型 2	
	回归系数	标准误	回归系数	标准误
性别	0.013	0.109	0.069	0.098
年龄	0.005	0.013	0.017	0.012
工作年限	-0.002	0.013	-0.005	0.011
受教育水平	0.040	0.045	0.055	0.040
工作职位	0.223***	0.074	0.124*	0.068
自我效能感			0.471***	0.064
常数项 R^2 Adjusted R^2 F	4.858*** 0.052 0.030 2.43***	0.472	2.002*** 0.238 0.217 11.55***	0.575

注：样本量 N=229；其中*表示 $p<0.1$，**表示 $p<0.05$，***表示 $p<0.01$。

6.5.5 自我效能感的中介作用检验

假设 H1a 推测组织支持感会通过自我效能感的中介效应来影响知识分享行为。我们采用 Baron 和 Kenney（1986）提出的经典方法进行检验。第一步，我们需验证自变量对因变量具有显著影响（见表 6.14）。模型 4 结果显示，组织支持感对于员工的知识分享行为具有显著的正向影响（$\beta=0.199$，$p<0.01$），第一步得到验证。第二步，我们需验证自变量对于中介变量具有显著影响。模型 2 结果显示，组织支持感也对中介变量自我效能感具有显著的正向影响（$\beta=0.199$，$p<0.01$），第二步的条件得以满足。第三步，我们对自我效能感的中介作用进行了检验。如模型 5，我们将自变量组织支持感和中介变量自我效能感同时放入模型中。结果显示，自我效能感对知识分享行为具有显著的正向影响（$\beta=0.429$，$p<0.01$）。组织支持感对于知识分享行为的正向影响虽然显著，但与模型 4 中的系数（$\beta=0.199$，$p<0.01$）相比，已显著下降（$\beta=0.114$，$p<0.05$）。中介检验的第三个条件得以满足。这说明，自我效能感在组织支持感和员工知识分享的关系中起部分中介作用。因此，假设 H1a 得到部分验证。

假设 H2a 推测领导—成员交换会通过自我效能感的中介作用来影响知识分享行为。同样，我们采用 Baron 和 Kenney（1986）所提出的方法进行检验（见表 6. 15）。结果显示，领导—成员交换对员工的知识分享行为具有显著的正向影响（$\beta=0.323$，$p<0.01$），第一步得到验证。第二步，如模型 2 结果所示，自变量领导—成员交换也对中介变量自我效能感具有显著的正向影响（$\beta=0.362$，$p<0.01$），第二步的条件得以满足。第三步，我们对自我效能感的中介作用进行了检验。如模型 5 结果所示，我们将自变量领导—成员交换和中介变量自我效能感同时放入模型中。结果显示，自我效能感对知识分享行为具有显著的正向影响（$\beta=0.382$，$p<0.01$）。领导—成员交换对于知识分享行为的正向影响虽然显著，但与模型 4 中的系数（$\beta=0.323$，$p<0.01$）相比，已显著下降（$\beta=0.184$，$p<0.01$），中介检验的第三个条件得以满足。这说明，自我效能感在领导—成员交换和员工知识分享行为的关系中起部分中介作用。因此，假设 H2a 得到部分验证。

表 6. 14 假设 H1a 的回归结果

变量	因变量：自我效能感		因变量：知识分享		
	模型 1	模型 2	模型 3	模型 4	模型 5
	回归系数（S. E.）	回归系数（S. E.）	回归系数（S. E.）	回归系数（S. E.）	回归系数（S. E.）
性别	−0. 119 （0. 103）	−0. 094 （0. 099）	0. 013 （0. 109）	0. 038 （0. 106）	0. 078（0. 097）
年龄	−0. 025** （0. 012）	−0. 024** （0. 012）	0. 005 （0. 013）	0. 006 （0. 013）	0. 017 （0. 012）
工作年限	0. 007 （0. 012）	0. 010 （0. 012）	−0. 002 （0. 013）	0. 001 （0. 012）	−0. 003 （0. 011）
受教育水平	−0. 033 （0. 042）	−0. 035 （0. 041）	0. 040 （0. 045）	0. 037 （0. 043）	0. 052 （0. 040）
工作职位	0. 210*** （0. 070）	0. 159** （0. 069）	0. 223*** （0. 074）	0. 172** （0. 073）	0. 104 （0. 068）
组织支持感 自我效能感		0. 199*** （0. 047）		0. 199*** （0. 051）	0. 114** （0. 048） 0. 429*** （0. 066）
常数项	6. 066*** （0. 445）	5. 193*** （0. 477）	4. 858*** （0. 472）	3. 983*** （0. 509）	1. 757*** （0. 578）
R^2	0. 093	0. 160	0. 052	0. 114	0. 257
Adjusted R^2	0. 073	0. 137	0. 030	0. 09	0. 233
F	4. 58***	7. 03***	2. 43***	4. 74***	10. 90***

注：样本量 N=229；其中 * 表示 $p<0.1$，** 表示 $p<0.05$，*** 表示 $p<0.01$；S. E. 为标准误。

表 6.15 假设 H2a 的回归结果

变量	因变量：自我效能感		因变量：知识分享		
	模型 1	模型 2	模型 3	模型 4	模型 5
	回归系数 (S. E.)	回归系数 (S. E.)	回归系数 (S. E.)	回归系数 (S. E.)	回归系数 (S. E.)
性别	-0.119 (0.103)	-0.110 (0.093)	0.013 (0.109)	0.021 (0.102)	0.063 (0.097)
年龄	-0.025** (0.012)	-0.018 (0.011)	0.005 (0.013)	0.011 (0.012)	0.018 (0.012)
工作年限	0.007 (0.012)	0.011 (0.011)	-0.002 (0.013)	0.002 (0.012)	-0.003 (0.011)
受教育水平	-0.033 (0.042)	-0.024 (0.038)	0.040 (0.045)	0.048 (0.042)	0.057 (0.039)
工作职位	0.210*** (0.070)	0.157** (0.064)	0.223*** (0.074)	0.175** (0.070)	0.115* (0.067)
领导—成员交换 自我效能感		0.362*** (0.053)		0.323*** (0.058)	0.184*** (0.060) 0.382*** (0.069)
常数项 R^2 Adjusted R^2 F	6.066*** (0.445) 0.093 0.073 4.58***	4.026*** (0.502) 0.252 0.232 12.45***	4.858*** (0.472) 0.052 0.030 2.43***	3.042*** (0.550) 0.168 0.146 7.47***	1.504** (0.587) 0.269 0.246 11.63***

注：样本量 N=229；其中*表示 $p<0.1$，**表示 $p<0.05$，***表示 $p<0.01$；S. E. 为标准误。

假设 H3a 推测团队—成员交换会通过自我效能感的中介作用来影响知识分享行为。同理，我们仍采用 Baron 和 Kenney（1986）提出的三步回归方法进行检验。结果见表 6.16。第一步，团队—成员交换对员工的知识分享行为具有显著的正向影响（$\beta=0.471$，$p<0.01$）。第二步，如模型 2 结果所示，团队—成员交换也对中介变量自我效能感具有显著的正向影响（$\beta=0.355$，$p<0.01$）。第三步，我们同时将自变量团队—成员交换和中介变量自我效能感放入模型中。结果显示，自我效能感对知识分享行为具有显著的正向影响（$\beta=0.357$，$p<0.01$）。团队—成员交换对于知识分享行为的正向影响虽然显著，但与模型 4 中的系数（$\beta=0.471$，$p<0.01$）相比，已显著下降（$\beta=0.324$，$p<0.01$）。中介检验的第三个条件得以满足。这说明，自我效能感在团队—成员交换和员工知识分享行为的关系中同样

起到部分中介作用。因此，假设 H3a 得到部分验证。

表 6.16 假设 H3a 的回归结果

变量	因变量：自我效能感		因变量：知识分享		
	模型 1	模型 2	模型 3	模型 4	模型 5
	回归系数 (S. E.)	回归系数 (S. E.)	回归系数 (S. E.)	回归系数 (S. E.)	回归系数 (S. E.)
性别	-0.119 (0.103)	-0.136 (0.096)	0.013 (0.109)	0.069 (0.098)	0.040 (0.094)
年龄	-0.025** (0.012)	-0.021 (0.012)	0.005 (0.013)	0.017 (0.012)	0.017 (0.011)
工作年限	0.007 (0.012)	0.002 (0.011)	-0.002 (0.013)	-0.005 (0.011)	-0.009 (0.011)
受教育水平	-0.033 (0.042)	-0.043 (0.039)	0.040 (0.045)	0.055 (0.040)	0.042 (0.038)
工作职位	0.210*** (0.070)	0.125* (0.067)	0.223*** (0.074)	0.124* (0.068)	0.070 (0.066)
团队—成员交换 自我效能感		0.355*** (0.063)		0.471*** (0.064)	0.324*** (0.065) 0.357*** (0.065)
常数项 R^2 Adjusted R^2 F	6.066*** (0.445) 0.093 0.073 4.58***	4.361*** (0.515) 0.206 0.185 9.62***	4.858*** (0.472) 0.052 0.030 2.43***	2.002*** (0.575) 0.238 0.217 11.55***	1.136** (0.574) 0.314 0.293 14.47***

注：样本量 N=229；其中*表示 $p<0.1$，**表示 $p<0.05$，***表示 $p<0.01$；S. E. 为标准误。

6.5.6 组织公平氛围的调节作用检验

假设 H5 推测组织公平氛围在组织支持感（H5a）、领导—成员交换（H5b）、团队—成员交换（H5c）与员工知识分享的关系中起到正向调节作用。我们采用逐步回归的方法对三个假设依次进行了检验。

假设 H5a 预测组织公平氛围在组织支持感和员工知识分享的关系中起正向调节作用。首先，我们以知识分享为因变量，构建了模型 1。模型 1 为仅加入了 5 个控制变量——性别、年龄、工作年限、受教育水平和工作职位的基准模型。其次，模型 2 在模型 1 的基础上，同时加入了组织支持感和组织公平氛围。结果见表 6.17，组织支持感的系数为正向显著（β=0.131，p<0.01），组织公平氛围的系数为正向，但不显著（β=0.090）。最后，在模型 3 中，我们进一步加入了组织支持感与组织公平氛围两者的乘积项。我们在构建乘积项前，对组织支持感和组织公平氛围均进行了中心化处理，以控制潜在的多重共线性。同样的方法也用于后续的乘积项处理。模型 3 的结果显示，组织支持感与组织公平氛围两者的乘积项对知识分享具有显著的正向影响（β=0.065，p<0.1）。这表明，组织内的公平程度越高，组织支持感对个体知识分享的影响越大。为更加直观地反映组织公平氛围的调节作用，我们也绘制了调节效应图（见图 6.1）。

表 6.17　假设 H5a 的回归结果

变量	因变量：知识分享		
	模型 1	模型 2	模型 3
	回归系数（S. E.）	回归系数（S. E.）	回归系数（S. E.）
性别	0.013 （0.109）	0.047 （0.106）	0.041 （0.106）
年龄	0.005 （0.013）	0.007 （0.013）	0.007 （0.013）
工作年限	−0.002 （0.013）	0.001 （0.012）	−0.0004 （0.012）
受教育水平	0.040 （0.045）	0.032 （0.043）	0.034 （0.043）
工作职位	0.223*** （0.074）	0.166** （0.073）	0.168** （0.073）
组织支持感		0.131*** （0.074）	0.160** （0.076）
组织公平氛围		0.090 （0.072）	0.081 （0.072）
组织支持感×组织公平氛围			0.065* （0.038）
常数项	4.858*** （0.472）	3.880*** （0.515）	3.741*** （0.519）
R^2	0.052	0.120	0.131
Adjusted R^2	0.030	0.092	0.099
F	2.43***	4.29***	4.14***

注：样本量 N=229；其中 * 表示 p<0.1，** 表示 p<0.05，*** 表示 p<0.01；S. E. 为标准误。

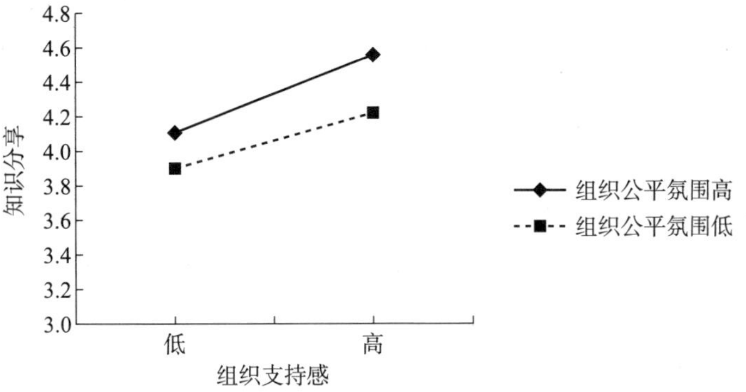

图 6.1 组织公平氛围对组织支持感与员工知识分享关系的调节作用

假设 H5b 预测组织公平氛围在领导—成员交换和员工知识分享的关系中起正向调节作用。我们仍采用逐步回归的方法，回归结果见表 6.18。首先，我们以知识分享为因变量，构建了模型 1。模型 1 为仅加入了 5 个控制变量——性别、年龄、工作年限、受教育水平和工作职位的基准模型。模型 2 在模型 1 的基础上，同时加入了领导—成员交换和组织公平氛围。结果显示，领导—成员交换的系数为正向显著（$\beta=0.279$，$p<0.01$），组织公平氛围的系数为正向，但不显著（$\beta=0.076$）。模型 3 在模型 2 的基础上，进一步加入了领导—成员交换与组织公平氛围两者的乘积项。在构建乘积项前，我们也对领导—成员交换和组织公平氛围进行了中心化处理，以控制潜在的多重共线性。模型 3 的结果显示，领导—成员交换与组织公平氛围两者的乘积项对知识分享具有显著的正向影响（$\beta=0.082$，$p<0.1$）。这表明，组织内的公平程度越高，领导—成员交换对员工知识分享的影响越大。为更加直观地反映组织公平氛围的调节作用，我们同样绘制了调节效应图（见图 6.2）。

表 6.18 假设 H5b 的回归结果

变量	因变量：知识分享		
	模型 1	模型 2	模型 3
	回归系数 (S. E.)	回归系数 (S. E.)	回归系数 (S. E.)
性别	0.013 (0.109)	0.035 (0.103)	0.043 (0.102)
年龄	0.005 (0.013)	0.011 (0.012)	0.011 (0.012)

续表

变量	因变量：知识分享		
	模型 1	模型 2	模型 3
	回归系数（S. E.）	回归系数（S. E.）	回归系数（S. E.）
工作年限	-0. 002（0. 013）	0. 002（0. 012）	0. 002（0. 012）
受教育水平	0. 040（0. 045）	0. 042（0. 042）	0. 042（0. 042）
工作职位	0. 223***（0. 074）	0. 162**（0. 071）	0. 160**（0. 071）
领导—成员交换		0. 279***（0. 065）	0. 297***（0. 066）
组织公平氛围		0. 076（0. 053）	0. 085（0. 053）
领导—成员交换×组织公平氛围			0. 082*（0. 044）
常数项	4. 858***（0. 472）	2. 946***（0. 553）	2. 770***（0. 559）
R^2	0. 052	0. 176	0. 188
Adjusted R^2	0. 030	0. 149	0. 158
F	2. 43***	6. 72***	6. 36***

注：样本量 N=229；其中*表示 $p<0.1$，**表示 $p<0.05$，***表示 $p<0.01$；S. E. 为标准误。

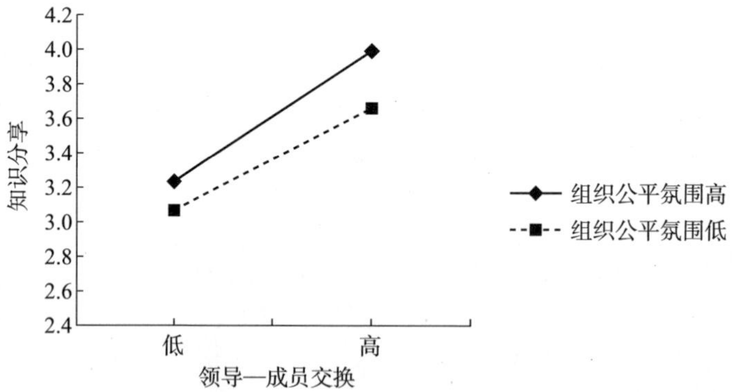

图 6. 2　组织公平氛围对领导—成员交换与员工知识分享关系的调节作用

假设 H5c 预测组织公平氛围在团队—成员交换与员工知识分享的关系中同样起正向调节作用。我们仍采用逐步回归的方法，回归结果见表 6. 19。首先，我们以知识分享为因变量，构建了模型 1。模型 1 中仅加入了 5 个控制变量：性别、年龄、工作年限、受教育水平和工作职位。模型 2 在模型 1 的基础上，同时加入了团队—成员交换和组织公平氛围。结果显示，团队—成员交换的系数为正向显著（β=0.412，p<0.01），组织公平氛围的系数为正向，但不显著（β=0.068）。模型 3 在模型 2 的基础上，进一步加入了团队—成员交换与组织公平氛围两者的乘积项。在构建乘积项前，我们对团队—成员交换和组织公平氛围这两个变量进行了中心化处理，以控制潜在的多重共线性。结果显示，团队—成员交换与组织公平氛围两者的乘积项对知识分享同样具有显著的正向影响（β=0.115，p<0.05）。这表明，组织内的公平程度越高，团队—成员交换对员工知识分享的影响越大。为更加直观地反映组织公平氛围的调节作用，我们也绘制了调节效应图（见图 6.3）。

表 6.19 假设 H5c 的回归结果

变量	因变量：知识分享		
	模型 1	模型 2	模型 3
	回归系数（S. E.）	回归系数（S. E.）	回归系数（S. E.）
性别	0.013 (0.109)	0.007 (0.100)	0.012 (0.099)
年龄	0.005 (0.013)	0.011 (0.012)	0.010 (0.012)
工作年限	−0.002 (0.013)	−0.007 (0.012)	−0.007 (0.011)
受教育水平	0.040 (0.045)	0.024 (0.041)	0.029 (0.040)
工作职位	0.223*** (0.074)	0.106 (0.070)	0.101 (0.069)
团队—成员交换		0.412*** (0.070)	0.448*** (0.072)
组织公平氛围		0.068 (0.050)	0.057 (0.049)
团队—成员交换×组织公平氛围			0.115** (0.051)
常数项	4.858*** (0.472)	2.568*** (0.537)	2.394*** (0.538)
R^2	0.052	0.227	0.245
Adjusted R^2	0.030	0.203	0.217
F	2.43***	9.29***	8.91***

注：样本量 N=229；其中*表示 p<0.1，**表示 p<0.05，***表示 p<0.01；S. E. 为标准误。

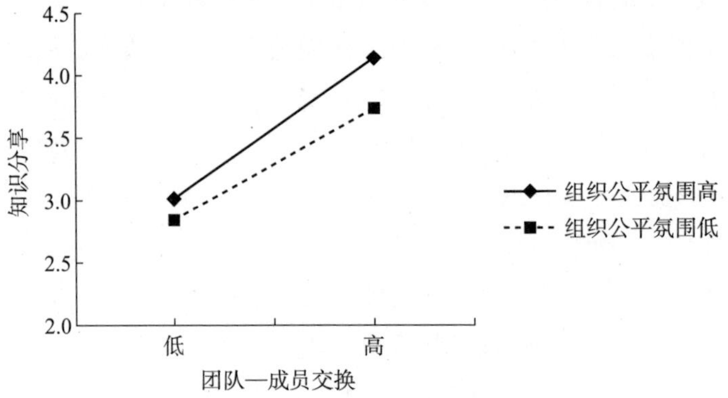

图 6.3　组织公平氛围对团队—成员交换与员工知识分享关系的调节作用

6.6　本章小结

本章中，我们依据调查问卷所获得数据，首先，对所使用量表的信度和效度进行了检验，检验结果均得以通过。其次，我们对可能存在的共同方法偏差问题进行了检验。Harman 和不可测量潜在因子效应控制法的检验结果均表明，本研究不存在较严重的共同方法偏差问题。再次，我们对涉及的所有变量进行了描述性统计分析和相关分析。最后，我们使用逐步回归的方法，依次对本研究所提出的所有假设进行了检验。结果表明，几乎所有假设都得到了验证，具体见表 6.20。

表 6.20　假设检验结果

假设	是否成立
H1：组织支持感对于员工知识分享具有正向影响	成立
H1a：自我效能感在组织支持感与员工知识分享的关系中起中介作用	部分中介
H2：领导—成员交换对于员工知识分享具有正向影响	成立
H2a：自我效能感在领导—成员交换与员工知识分享的关系中起中介作用	部分中介
H3：团队—成员交换对于员工知识分享具有正向影响	成立
H3a：自我效能感在团队—成员交换与员工知识分享的关系中起中介作用	部分中介
H4：自我效能感对于员工知识分享具有正向影响	成立

续表

假设	是否成立
H5：组织公平氛围在员工多层次社会交换关系与员工知识分享的影响关系中起调节作用	成立
H5a：组织公平氛围在组织支持感与员工知识分享的关系中起调节作用	成立
H5b：组织公平氛围在领导—成员交换与员工知识分享的关系中起调节作用	成立
H5c：组织公平氛围在团队—成员交换与员工知识分享的关系中起调节作用	成立

第7章

研究总结：多层次交换关系与知识分享

本章中，我们总结了多层次交换关系与知识分享研究的主要结论，对本研究的理论贡献和管理意义进行了讨论，并提出了研究的局限和未来发展方向。

7.1 研究结论

本研究在文献分析和问卷调研的基础上，探讨了企业员工多层次交换关系：与组织层面的社会交换（组织支持感）、与直属领导的社会交换（领导—成员交换）和与团队成员的社会交换（团队—成员交换），对员工知识分享行为的影响。同时，我们还探讨了员工的自我效能感在上述三种影响关系中的中介作用，以及组织公平氛围在上述三种影响关系中的调节作用。

我们最终收集到了 229 个样本，通过回归分析、中介和调节检验等方法，对本研究提出的 5 组假设依次进行了检验。实证研究的结果基本证实了我们所有的假设，验证了企业员工在工作环境中的社会交换关系（组织支持感、领导—成员交换、团队—成员交换）会对员工的知识分享行为产生显著的正向影响。员工的自我效能感在上述三种影响关系中起到部分中介作用，组织公平氛围在上述三种影响关系中起到正向调节作用。具体研究结论如下：

（1）组织支持感对于员工知识分享具有正向影响。员工的自我效能感在组织支持感与员工知识分享的关系中起部分中介作用。

（2）领导—成员交换对于员工知识分享具有正向影响。员工的自我效能感在领导—成员交换与员工知识分享的关系中起中介作用。

（3）团队—成员交换对于员工知识分享具有正向影响。员工的自我效能感在团队—成员交换与员工知识分享的关系中起中介作用。

（4）员工的自我效能感对于知识分享具有正向影响。

（5）组织公平氛围在员工多层次社会交换关系（组织支持感、领导—成员交换、团队—成员交换）与知识分享的关系中起正向调节作用。即：

组织公平氛围在组织支持感与员工知识分享的关系中起正向调节作用。

组织公平氛围在领导—成员交换与员工知识分享的关系中起正向调节作用。

组织公平氛围在团队—成员交换与员工知识分享的关系中起正向调节作用。

7.2 理论贡献

本研究的理论创新性贡献，主要体现在以下四方面：

（1）本研究同时探讨了员工在组织内的三种社会交换关系（与组织层面的交换关系——组织支持感，与直属领导层面的交换关系——领导—成员交换，与团队成员的交换关系——团队—成员交换）对于员工知识分享的影响，丰富了影响员工知识分享行为的前因变量研究。

以往对于个体知识分享行为的研究，初期集中在信息系统领域，学者们主要关注企业内部的知识管理系统对于员工知识分享的影响。而后，学者们发现知识管理系统本身并不能显著地促进员工在组织内部做出知识分享行为，已有研究缺乏对促进员工知识分享行为的组织、团队和个人变量的考虑。因此，学者们在之后的研究中对上述三个层次的影响变量分别开展了相应研究。已有研究主要从组织情境、团队特征和人际关系、个体特征与领导类型三个方面开展，具体包括：组织情境层面，已有研究探讨了组织文化和氛围、管理支持、薪酬奖励制度、组织结构对员工知识分享的影响；团队特征和人际关系层面，研究者们主要从团队属性、多样性、社会网络和人际信任与公平四个方面开展探讨；个体特征与领导类型层面，主要从个体性格特征、动机和态度以及不同的领导类型等方面开展。

综观已有研究，我们发现其主要关注单一层面变量对于个体知识分享行为的影响，尚未有研究同时考虑不同层面变量的叠加效应。在本书中，我们采用了社会交换关系的视角，同时考察了员工在组织内多层次的社会交换关系：与组织的交换关系（组织支持感）、与上级的交换关系（领导—成员交换）和与团队成员间的交换关系（团队—成员交换），对于知识分享行为的影响，丰富了员工知识分享行为的前因变量研究。

（2）本研究丰富了组织内有关社会交换关系的研究。员工在组织内的社会交换关系，一直是学者们的研究热点问题。依据社会交换理论和互惠原则，当员工在组织内感受到来自组织、领导和团队成员的有益行为时，会倾向于在未来以其他形式做出相应的回报行为，以达到社会交换的平衡。已有研究提出组织内的社会交换关系包括与组织层面的社会交换（组织支持感）、与直属领导之间的社会交换（领导—成员交换）以及和团队成员之间的社会交换（团队—成员交换），并分别探讨了他们对于个体层面一些结果变量（组织承诺、工作情感、工作卷入度、工作绩效、压力、离职意向和行为以及创新）的影响。也有学者同时探讨过两种类型的社会交换关系对于个体结果变量的影响（如 Settoon et al.，1996；Wayne et al.，1997；Kamdar & Van Dyne，2007），但目前，我们尚未发现有研究同时探讨过三种类型的社会交换关系对于员工行为的影响。在本书中，实证检验的结果证明，员工在工作环境中的三种社会交换关系：组织层面的社会交换关系——组织支持感、直属领导层面的社会交换关系——领导—成员交换、团队层面的社会交换关系——团队—成员交换，是同时存在、高度关联的三个独立概念。三种类型的关系从三个不同的层面描述了员工在工作中的社会交换质量。

（3）本研究将自我效能感引入了员工社会交换关系与知识分享行为影响关系的研究之中，进一步深入探讨了影响员工知识分享行为的内部机制。自我效能感是指个体对于自己是否有能力去调动自身动机、认知资源以及行动去实现某一目标的信心。自我效能感是促进员工做出某种行为的重要动机和心理因素。它决定个体是否会做出某种行为、会花费多大的精力以及在面对困难时能够坚持多久（Bandura，1977）。在本研究中，我们发现个体的自我效能感也会对员工的知识分享行为产生显著的影响。员工的自我效能感越高，越可能做出分享知识的行为。同时我们也发现，自我效能感在员工的社会交换关系（组织支持感、领导—成员交换、团队—成员交换）与知识分享行为的影响关系中起到部分中介作用，即员工感受到的组织支持感、领导—成员交换关系、团队—成员交换关系，都会通过影响员工自身的自我效能感，进一步促进员工做出知识分享行为。这一研究结果有利于研究者深入理解员工知识分享行为产生的内部作用机制。

（4）我们将组织公平氛围整合到了员工社会交换关系与知识分享行为的影响研究中，丰富了影响员工知识分享行为的情境因素研究。组织公平是员工在工作中非常关心的情境变量。已有研究发现，程序公平不仅会对员工的工作表现，如工作绩效、组织公民行为、工作态度等产生影响，还会影响员工对领导及工作团队的身份认同感、支持以及顺从。我们发现，组织的公平氛围会影响员工对组织、领导和团队的认同感。当员工感受到的组织公平氛围越高，员工的社会交换关系对知识分享行为的影响越大。组织公平氛围在员工社会交换关系与知识分享的行为中起到正向调节作用。该研究结论丰富了影响员工知识分享行为的情境因素研究，我们建议未来有关员工知识分享行为的研究也将组织公平的情境效应考虑在内。

7.3 管理启示

已有研究提出，企业的知识管理系统本身，并不能显著地促进企业内部员工做出知识分享行为。其原因在于忽视了企业内部的组织、团队、个体及领导层面变量对于员工知识分享行为的影响。有研究者指出，企业欲推动员工间自由分享知识，首先要建立适当的组织员工社会关系。本书的研究结论表明，在中国的企业环境下，员工在工作环境中的社会交换关系（组织支持感、领导—成员交换、团队—成员交换）会对员工知识分享行为产生积极的正向影响，而知识分享则会对企业绩效和创新产生积极的促进作用。依据我们的研究结论，企业可以从以下三方面着手，注重培养和维系与员工较好的关系质量。

（1）在组织层面，应多建立相应制度，在工作层面上给予员工更多的支持。员工从组织层面感受到的支持主要分为两方面：对自身工作的重视和对个体精神层面的关心。在工作支持方面，我们建议企业制定相应的政策，鼓励员工为组织发展献计献策、贡献知识，对员工在工作中的额外努力予以表扬和奖励，让员工时刻感受到，自己在工作中的额外付出是值得的，自身的工作是被组织重视的。在情感支持方面，我们建议企业制定更贴近员工需求的福利政策等，在员工有特殊需求时给予特殊照顾，让员工在情感上感到组织对自己的关心和重视。除此之外，我们也建议企业考虑设置员工知识分享的激励制度（例如将其作为绩效工资的考核指标之一）、注重对员工知识分享意识的培养，在制度上促进员工做出知识分享行为。

（2）在领导层面，我们建议直属领导与员工多进行交流和沟通，在工作中多给予下属工作资源支持，多分享自身的知识和经验，以此带动员工也做出知识分享行为；同时，领导可以适当考虑给予下属更高的工作自主权，工作自主权高的员工往往会对工作进行更深入的思考，更愿意尝试新的方式方法去更好地完成工作任务；此外，领导也应注意对下属慎重提出负面意见，多在精神层面给予下属关心和照顾。

（3）在团队层面，我们建议也应该建立相应的制度来保证团队内部员工的沟通和交流。例如，定期举行经验交流活动、建立师傅带徒弟制度等，此外也可以考虑在个体绩效考核方面适当加入团队内部合作考核，在制度上促进团队成员间多交流和沟通，形成合作的工作氛围，消除员工分享知识的顾虑，增强彼此间的信任和帮助。

此外，我们的研究有利于协助企业更好地发挥知识管理系统的作用，节省企业在知识管理系统方面的投入。在实践中，众多企业发现知识管理系统本身并不能显著促进员工知识分享，为企业积累丰富的知识资源。其原因在于企业忽视了内部的组织情境因素、团队人际因素和个体性格及领导因素对于员工知识分享行为的影响。我们的研究证实了上述因素的影响作用。因此在实践中，我们建议企业在内部采取相应的管理手段，注重培养同员工间良好的社会交换关系。通过在组织、领导和团队三个层面建立良好的关系，让员工感受到支持、信任和鼓励，主动做出知识分享行为。

7.4 研究局限与未来展望

本研究也存在一定的局限性，我们希望能在未来的研究中得到改进。

（1）本研究所有的调查数据均由企业员工个体填写，未从多个来源收集数据，调查变量间的关系容易受到共同方法偏差的影响。虽然我们通过 Harman 单因素和不可测量潜在因子效应控制分析两种方法对此问题进行了检验，并发现其在可接受范围内，但我们依然无法完全消除其影响。在未来的研究中，我们建议可以考虑从领导、员工、客观绩效等多个来源收集数据，以此消除共同方法偏差的影响。

（2）本研究所有的调查数据是在同一时点上收集的。虽然我们在理论基础上提出了假设，并基于问卷调查的数据，通过实证检验的方式，基本验证了所有假设，但由于数据收集是在同一时点上完成的，因此自变量和因变量间是否存在着必然的因果联系仍需在未来运用纵向数据进一步检验。我们可以考虑在第一个时点上收集自变量信息，在第二个时点上收集因变量信息，以此确保原因发生在前，结果产生在后。此外，我们也可以考虑采用实验室的研究方法，通过心理学实验，检验自变量和因变量之间是否存在因果联系。

（3）本研究立足于企业员工个体层面，主要关注的是员工的社会交换关系对个体层面知识分享行为的影响，未考虑企业和团队层面的影响（如企业文化、企业发展周期等）。在未来的研究中，可以考虑将此研究问题延伸到组织和团队层面，去探讨团队内部社会交换关系的质量差异对于团队内员工的知识分享及创新行为的影响，探讨不同的企业文化类型、企业成长阶段对于员工知识分享行为的影响。

第8章

多元文化经历与知识分享

8.1 研究背景与问题提出

随着全球化的发展，越来越多的企业领导者具有多元文化经历。多元文化经历是指个体所有直接和间接的与外国文化元素或者人群交互的经历（Leung et al.，2008）。许多企业管理者的成功都获益于丰富的多元文化经历。例如，苹果公司的创始人乔布斯，曾多次游历日本和印度，并长期保持与上述两种文化的紧密联系。他在印度修行的过程中顿悟，立志“通过创造不同凡响的产品，来传递思想和价值，使世界变得更美好”。他也将自己在日本“禅学”中学到的“极简”哲学融入了苹果产品的设计理念中，塑造了苹果产品简单优雅的品牌基因，从而推动了公司的巨大成功。随着领导多元经历的丰富，企业也越来越重视多元文化经历对于管理者选拔和能力培养的重要作用。意大利奢侈品公司古驰近日宣布，将在集团的关键职能部门和领导职位中聘请具有多元文化经验的管理者，以推动全球各地区团队的多元化和包容性，促进集团创新发展（Liam Freeman，2020）。作为全球领先的通信技术企业，华为公司也一直坚持以全球化的视野选拔和培养企业管理者。任正非表示：未来公司需要的干部是对市场有深刻体验和宽文化背景的人。公司坚持让各级管理者到海外锻炼，集团的高级管理者更是要有长期在海外工作的经历方可在集团任职。

随着企业界逐渐认识到多元文化经历的重要作用（Pelos，2017），学者们也在理论上展开了对于多元文化经历的学术探讨。Leung 等（2008）将多元文化经历定义为：所有直接和间接的与外国文化元素或者人群的交互经历。不同领域的学者们从多个学科视角探讨了多元文化经历的影响。在心理学领域，相关研究主要关注了个体的知觉和认知等基本心理过程在多元文化环境中的表现或作用（例如，Hofstede et al.，1990；Triandis & Gelfand，1998；Gelfand et al.，2017）。在国际商务领域，有关多元文化经历的研究主要探讨了跨国企业中外派员工的文化适应和绩效表现等方面的问题（Mendenhall & Oddou，1985；Bhaskar-Shrinivas et al.，2005；Harvey & Moeller，2009）。近年来，越来越多的研究开始探讨多元文化经历在组织管理中的影响和作用。相关的研究主要涉及多元文化经历对组织员工创造力与创新（例如，Lee & Kim，2011；Perry-Smith & Shalley，2014；Lu，Hafenbrack et al.，2017；Shipilov et al.，2017；Chua，2018）、人际信任（Cao et al.，2014）、群体偏见（Tadmor et al.，2012；2018）等心理过程和行为表现的影响。但是，虽然人们普遍认为多元文化经历能够正向影响员工的心理和行为，促进员工在组织环境中做出有益行为，但目前立足于组织公民行为，特别是企业内员工知识分享行为的多元文化经历研究还相对缺乏。

而目前，在知识分享领域的研究中，已有部分研究从文化的视角切入，探讨了文化对于个体进行知识分享行为的影响。有学者指出，相比强调竞争的组织文化，强调信任和合作的文化氛围，更有利于员工做出知识分享行为。受集体主义文化影响的个体，更愿意做出知识分享行为（Al-Alawi et al.，2007）。李燕萍等（2016）基于中国情境的研究发现，创新文化对员工知识分享具有显著正向影响。虽然上述研究主要探讨了宏观文化环境对于个体知识分享行为的影响，但也间接说明了文化因素会对个体知识分享行为产生影响。因此，我们的研究将文化影响问题从宏观层面引入微观层面，聚焦于个体自身的多元文化背景对于其知识分享行为可能产生的影响，以及上述影响关系产生的内部作用机制和情境因素。

基于以上研究背景，我们提出本部分的研究问题：

（1）企业员工的多元文化经历是否会影响其知识分享行为？具体而言，员工的多元化文化经历广度（个体所经历过的外国文化的数量）是否会影响其知识分享行为？员工的多元文化经历深度（个体外国文化经历的时间长度或者对外国文化的认同程度）是否会影响其知识分享行为？

（2）企业员工的多元文化经历如何影响员工的知识分享行为？其内部作用机制是什么？具体而言，员工的核心自我评价是否在多元文化经历（包含广度和深度）与知识分享行为的关系中起中介作用？

（3）在员工多元文化经历与知识分享行为的影响关系中，是否存在边界效应？具体而言，员工对自身多元文化经历的评价是否会在多元文化经历（包含广度和深度）与知识分享行为的关系中起调节作用？

8.2 研究意义

8.2.1 理论意义

第一，本研究探讨了全球化背景下多元文化经历与知识分享之间的影响关系，拓展了多元文化经历在组织管理领域的研究范畴和内容。学术界已有的关于多元文化经历的探讨主要集中于社会心理学领域，相关研究主要探索了多元文化环境和多元文化经历对个体认知表现的影响（例如，Hofstede et al.，1990；Triandis & Gelfand，1998；Gelfand et al.，2017）。在管理学范畴，最早由国际商务领域的学者探讨了多元文化经历相关的议题，相关的研究主要立足于企业宏观层面，采用基于资源的理论视角（Resource-based View），将具有海外经历的企业管理者视为“有价值的、稀缺的”企业战略资源，帮助公司实现在全球范围内的交流合作与资源配置，从而提升公司绩效（Carpenter et al.，2001）。自 2008 年起，组织管理领域才开始逐步关注多元文化经历的议题（Leung et al.，2008）。相关的研究主要涉及员工创造力（Lee & Kim，2011；Perry - Smith & Shalley，2014；Lu Hafenbrack et al.，2017；Shipilov et al.，2017；Chua，2018）、人际信任（Cao et al.，2014）、群体偏见（Tadmor et al.，2012；2018）等心理过程和行为表现，至今还没有组织公民行为，特别是知识分享行为的相关研究。因此，在本研究中，我们将多元文化经历的研究拓展至知识分享层面，全面探讨多元文化经历的广度和深度对员工知识分享行为的影响，从而拓展了多元文化经历在组织管理领域的研究范畴和研究内容。

第二，本研究将多元文化经历引入知识分享范畴研究，探讨了微观层面的文化因素对员工知识分享行为的影响，为知识分享研究提供了新背景和新思路。员工知识分享问题，是信息系统、组织行为学、战略管理和心理学领域学者共同关注的焦点。早期的研究集中在信息系统领域，关注企业内部的知识管理系统对于员工知识分享的影响；由于学者们发现系统本身并不能显著提升员工的知识分享行为，在之后的研究中则聚焦于组织行为学、心理学等领域，从组织文化氛围、社会网络，以及个体和领导因素等方面探讨影响员工知识分享的因素。现有关于文化与知识分享的研究，主要从宏观文化氛围角度入手，尚未考虑个体自身的文化背景和因素可能对其知识分享心理产生的影响。因此，在本书中，我们引入了个体多元文化经历的视角，同时考察了员工的多元文化经历广度和深度分别对于知识分享行为的影响，丰富了员工知识分享行为的前因变量研究。

第三，本研究将核心自我评价引入了员工多元文化经历与知识分享行为的关系研究中，进一步探讨了内在影响机制。核心自我评价指的是人们对自我价值和自己的能力的基本评价（Judge et al.，1997)，是促进个体做出某种行为的重要动机和心理因素。已有研究发现，个体的核心自我评价会对员工的工作绩效（Erez & Judge，2001；Bono & Judge，2003；Grant & Wrzesniewski，2010)、工作满意度（Judge et al.，2005；Dormann et al.，2006)、组织承诺（Johnson et al.，2010）以及组织公民行为（Chang et al.，2011）产生显著的正向影响。在本书中，我们将探讨员工的核心自我评价在多元文化经历与知识分享行为关系中可能起到的中介作用。这一研究结果有利于深入理解员工知识分享行为产生的作用机制。

第四，我们将多元文化经历评价整合到了多元文化经历与知识分享的关系研究中，丰富了影响员工知识分享行为的情境因素研究。多元文化经历评价是指个体对自身所经历的多元文化给予的积极或消极评价。已有研究发现，积极的经历评价能够促进多元文化经历对个体创造力的正向影响(Maddux et al.，2010)，而消极的多元文化经历则不仅会降低积极影响，甚至会产生负面影响（黄林洁琼等，2018)。因此，我们的研究通过引入多元文化经历评价这一概念，有利于更好地理解多元文化经历对知识分享行为产生影响的情境因素和边界条件。

8.2.2 实践价值

第一，本研究有助于企业科学认识多元文化经历对于员工知识分享的作用，在员工甄别筛选以及团队构成中，将多元文化经历作为参考，从而促进企业内部员工的知识分享行为。随着企业对于员工多元文化经历的关注和重视，企业可以开展对于员工多元文化经历的培训。研究发现，多元文化经历的增长不一定需要物理上的“移动”(如进行海外培训)，企业也可以通过间接的方式，如在公司开展外语培训、组成跨文化的临时工作团队等，提高员工的多元文化经历，从而促进企业内部的知识分享。企业人力资源管理部门可以通过科学规划企业多元文化培养，优化海外培训体系，科学设计多元文化经历的内容，达到更好的人才培养和知识分享目标。

第二，我们的研究有利于协助企业更好地发挥知识管理系统的作用，节省企业在知识管理系统方面的投入。已有研究和实践发现，知识管理系统本身对于促进个体做出知识分享行为的作用十分有限，这是因为企业忽略了组织内部的环境因素、个体特征等对于员工知识分享的影响。因此，我们建议企业在实践中更加关注员工个体多元文化经历这一因素的影响，对员工积极进行多元文化经历的相关培训。通过使员工具有多元文化经历，让员工对自身产生更高的核心评价，从而促进其做出知识分享行为。

8.3 研究思路与内容

8.3.1 研究思路

我们将采用实证分析的方法对上述问题开展研究。本研究的思路可以概括如下：

第一，我们将对以往多元文化经历、核心自我评价和经历评价方面的研究进行系统性回顾，介绍其基本概念和测量方法、国内外的研究发展情况，并在此基础上提出研究假设。第二，在研究假设的基础上开展企业调研，收集数据，运用回归分析的方法对假设进行检验。第三，总结研究结论及相应贡献，并提出未来研究方向。

8.3.2 研究内容

本部分研究共分为 5 章，内容安排如下（见图 8.1）。

第 8 章，引言。阐述研究背景，提出研究问题。分析本研究的理论和实践意义。介绍整体的研究思路和结构。

第 9 章，文献综述。对多元文化经历、核心自我评价和多元文化经历评价的文献进行系统回顾。明确上述变量的概念和测量方式，系统总结国内外目前的研究进展。

第 10 章，理论模型。在文献回顾的基础上，提出研究假设和整体研究框架。

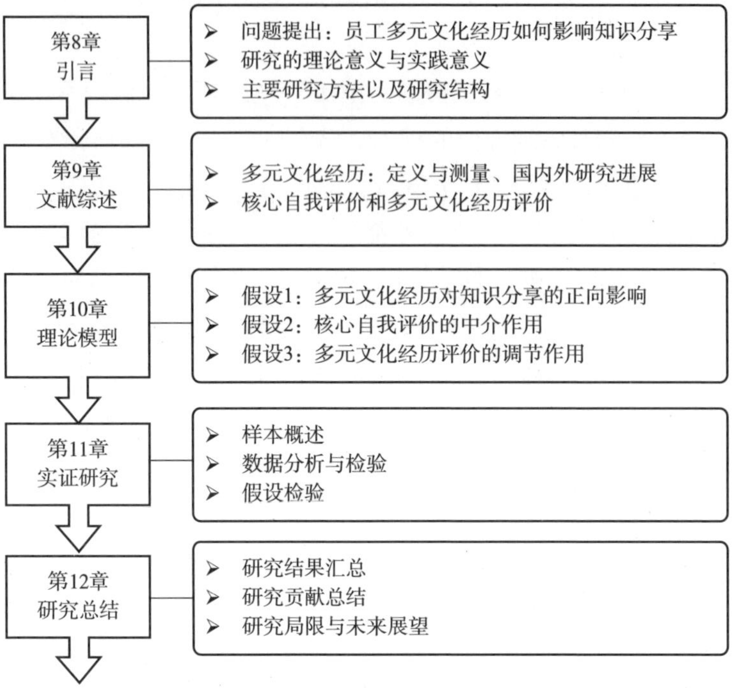

图 8.1　研究内容

第 11 章，实证研究。基于问卷收集的数据，采用回归分析的方法，对本研究所提出的假设进行实证检验。

第 12 章，研究总结。对本研究的结论进行总结，提出研究的理论贡献和管理启示，以及本研究的局限和未来发展方向。

第9章

文献综述：多元文化经历与核心自我评价

9.1 多元文化经历

在本章中，我们对多元文化经历和核心自我评价这两个关键变量进行了系统回顾。特别是多元文化经历，因其是一个较新的变量，我们对其国内外研究进展、定义和测量范式等均进行了详细的论述。知识分享因在前文已进行了较为翔实的论述，在本章中不再赘述。

9.1.1 文献来源

为了对多元文化经历的相关研究进展有一个较为全面的了解，更好地掌握目前的研究动态，我们对中英文文献均进行了较为细致的搜索。

（1）英文文献来源

本研究主要关注多元文化经历对个体心理及工作行为的影响问题。这一议题涉及管理学和应用心理学两大领域，因此本研究选择在这两个领域内具有较高影响力的学术期刊作为英文文献来源。具体操作如下：（1）根据 2018 年 Association of Business School 发布的高质量学术期刊指南（ABS Academic Journal Quality Guide），选取了在管理学和心理学两个领域，等级分类在 4 以上的期刊，共计 36 本。（2）在 Web of Science 收录的 SSCI 数据库中，分别以多元文化经验（multicultural experience）、双文化（bicultural）、跨文化（intercultural）、外派（expatriate）为关键词，在上述期刊中进行论文检索。在初筛过后，我们再根据文章内容与本研究的匹配程度，保留相关文献，具体搜索结果见表 9.1。

从发表时间来看，我们可发现，与多元文化相关的研究内容随着全球化的进程逐渐成为应用心理学、组织行为学以及国际商务领域关注的焦点。从图 9.1c 中我们可以看出，多元文化相关的研究始于在国际商务研究中对于员工外派问题的探讨。时至今日有关该议题的研究仍在不断增加。

在图 9. 1b 中我们可以看出，2008 年以前关于多元文化（包括双文化、跨文化）关键词的研究还相对较少。自 2008 年 Leung 等（2008）提出多元文化经验这一概念后，社会心理学领域的学者首先开始了相关探讨，大部分研究采用实验的方法。近期，多元文化经验的研究开始扩展到组织行为学领域，学者们开始关注员工的多元文化经历对个体心理与工作态度和行为的影响。这说明工作环境下的个体多元文化经历问题，是一个受到持续关注的重要研究话题，并且随着全球化发展的深入，不断涌现出新的议题，值得学者们继续进行更深层次的挖掘和探讨。

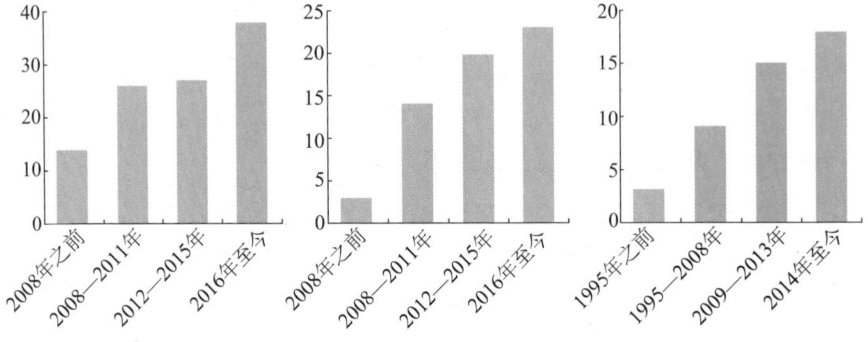

图 9. 1　本研究相关议题英文期刊论文发表趋势

表 9. 1　各国际期刊中与本研究相关的论文的发表数量

序号	英文期刊全称	等级	与本研究相关主题发表数量（篇）		
			多元文化	企业外派	汇总
1	Academy of Management Journal	4*	2	3	5
2	Academy of Management Review	4*	3	0	3
3	Administrative Science Quarterly	4*	1	0	1
4	Journal of Management	4*	6	1	7
5	Organization Science	4*	3	1	4
6	Management Science	4*	0	0	0
7	Journal of Applied Psychology	4*	4	0	4
8	Psychological Science	4*	3	0	3
9	Academy of Management Annals	4	2	0	2
10	British Journal of Management	4	0	2	2
11	Business Ethics Quarterly	4	0	1	1

续表

序号	英文期刊全称	等级	与本研究相关主题发表数量（篇）		
			多元文化	企业外派	汇总
12	Journal of Management Studies	4	2	1	3
13	British Journal of Industrial Relations	4	0	0	0
14	Human Resource Management（USA）	4	1	17	18
15	Human Resource Management Journal（UK）	4	0	4	4
16	Industrial Relations：A Journal of Economy and Society	4	0	0	0
17	Work，Employment and Society	4	0	9	0
18	Human Relations	4	1	2	10
19	Leadership Quarterly	4	1	3	3
20	Organization Studies	4	0	0	3
21	Organizational Research Methods	4	0	0	0
22	Annual Review of Psychology	4	0	0	0
23	Current Directions in Psychological Science	4	2	0	2
24	Journal of Experimental Psychology Applied	4	0	0	0
25	Journal of Experimental Social Psychology	4	4	0	4
26	Journal of Personality and Social Psychology	4	12	0	12
27	Personality and Social Psychology Bulletin	4	6	0	6
28	Psychological Bulletin	4	0	0	0
29	Psychological Review	4	0	0	0
30	Journal of Occupational and Organizational Psychology	4	0	1	1
31	Journal of Occupational Health Psychology	4	0	0	0
32	Journal of Organizational Behavior	4	4	3	7
33	Journal of Vocational Behavior	4	1	2	3
34	Organizational Behavior and Human Decision Processes	4	6	1	7
35	Personnel Psychology	4	0	0	0
36	Journal of Cross-Cultural Psychology	4	4	5	9
	合计		68	56	124

注：文献来源为2018ABS Academic Journal Quality Guide，选取了在管理学和心理学两个学科领域等级分类在4以上的期刊，分别以多元文化经验、双文化、跨文化、外派为关键词进行搜索，保留了与本议题相关的期刊论文并进行了统计。

（2）中文文献来源

对于中文文献，我们同样选择了在国内具有较高学术声誉的管理学和心理学期刊：（1）国家自然科学基金委管理学部认定的30本管理学重要期刊。（2）选取了国内心理学领域的三本重要的心理类期刊。我们在中国知网全文数据库中，分别以“多元文化”“跨文化”“双（元）文化”“海归”和“外派”为主题词进行了检索，保留了与本议题相关的期刊论文并予以统计，见表9.2。

从统计中我们可以看出，国内学者对于多元文化问题的探讨，自2003年开始出现在国内的重要学术期刊上，之后受到了管理学和心理学领域的持续关注，发表数量逐年上升。陈慧、车宏生和朱敏（2003）首先对跨文化适应的相关文献进行了述评。之后，随着多元文化经历理论的正式提出，国内学者也沿着这一理论脉络开始了相关研究。近期，李倩等（2022）从领导者发展和领导力发展两个层面进行探究，全面探讨了多元文化经历对企业领导者能力形成及发展的影响。胡晓檬等（2018）探讨了多元文化经历对道德的影响。黄林洁琼等（2018）对多元文化经历这一概念进行了研究现状介绍和综述。相关研究数量也呈现逐年上涨的趋势。

表9.2 各高质量中文期刊中与本研究相关议题论文的发表数量

序号	中文期刊名称	类别	多元文化经历（篇）
1	管理世界	管理A	5
2	中国软科学	管理A	2
3	管理科学学报	管理A	0
4	系统工程理论与实践	管理A	0
5	中国管理科学	管理A	1
6	管理评论	管理A	2
7	管理工程学报	管理A	1
8	南开管理评论	管理A	0
9	科研管理	管理A	3
10	管理科学	管理A	1
11	预测	管理A	2
12	科学学研究	管理A	2
13	中国工业经济	管理A	0

续表

序号	中文期刊名称	类别	多元文化经历（篇）
14	管理学报	管理 B	11
15	工业工程与管理	管理 B	0
16	科学学与科学技术管理	管理 B	6
17	研究与发展管理	管理 B	2
18	心理学报	心理	1
19	心理科学	心理	2
20	心理科学进展	心理	7
	合计		48

注：文献来源为国家自然科学基金委管理学部认定的 30 本管理学重要期刊以及国内心理学领域的三本重要心理类期刊。我们在中国知网中分别以“多元文化”“跨文化”“双（元）文化”“海归”和“外派”为主题词进行了检索，保留了与本议题相关的期刊论文并进行了统计。

9.1.2 定义与分类

近十年以来，关于多元文化经历的研究文献迅速增加。来自不同领域（例如，社会心理学、教育心理学、发展心理学、工业心理学、国际商务、组织管理）的众多学者，均致力于在各自学科领域开展多元文化经历相关问题的探索性研究。在组织管理领域，Leung 等（2008）率先对多元文化经历进行了完整的定义：所有直接和间接的与外国文化元素或者人群的交互经历。

早期的研究发散性地探索了个体的多元文化经历类型，例如，第一代或第二代移民（Lambert et al.，1973；Simonton，1994、1997、1999）、双语人群（Nemeth & Kwan，1987；Simonton，1999）、跨文化群体中的个体（Nemeth & Kwan，1987；Simonton，2003；Levine & Moreland，2004；Guimera et al.，2005）、外籍和外派员工（Cohen，1977；Harvey，1983；Harzing，1995）、外国居住或旅行（Maddux & Galinsky，2009）、多元文化身份（Benet-Martinez et al.，2006）。随着研究的深入，研究者们逐渐发现，并非所有接触外国文化的个体都会产生心理和行为上的变化。多元文化经历需要符合一些特定的标准才会对心理和行为产生影响。

第一个重要的分类标准是对多元文化经历广度（breadth）和深度（depth）的划分。其中，多元文化经历的广度通常是指个体所经历过的外国文化的数量，而深度则通常是指个体的外国文化经历的时间长度或者对外国文化的认同程度（Cao et al.，2014；Adam et al.，2018）。在很多方面多元文化经历的深度比广度更能够促进个体的创造力和认知能力。例如，Maddux 和 Galinsky（2009）的研究发现，在国外生活的时间是提升个体创造力的必要条件。如果仅仅在国外短期旅游，对创造力的提升并没有帮助。Godart 等（2015）通过深度分析世界上 270 个时尚品牌 11 年中创意总监在国外工作的经历，能够显著地预测其时尚品牌的创新指数。具体而言，创意总监在国外工作的时间越长，其品牌的创新指数也越高；但是，创意总监所工作过的国家数量却与时尚品牌的创新指数无关。Lu 等（2017）的研究指出，亲密的跨文化社会关系（close intercultural social relationships）也有助于提升创造力、工作创新和创业精神。他们发现，跨文化的友谊和爱情有助于将思想与价值观渗透成为自我概念的一部分，从而促进个体创造性、创新和认知能力。他们还发现，一个人回国后与国外的朋友交往越密切，越有可能自立门户进行创业。具体而言，交往密切程度每增加 1 个单位，创业的概率就会增加 0. 11。

进一步的研究发现，多元文化经历的深度和广度并不是决定其是否产生作用的唯一标准。Sam 等（2008）提出，个体在保留本国文化的基础上，同时积极地参与新的外国文化至关重要。对于本国和外国双重文化的积极参与者而言，他们在与外群体成员交流时具有更高水平的幸福感，并且有更强的认知灵活性和创造力。Godart 等（2015）发现，个体对多元文化的参与程度能够有效地预测创造力的灵活性、创新性和工作绩效。Sam 和 Berry（2010）的文化适应性模型认为，个体在参与新文化时可以采用三种策略：同化（assimilation）、分离（separation）与整合（integration）。其中，同化是指个体放弃本国文化而主张外国文化；分离是指仅保留与本国文化的联系，而不参与新文化；整合则是成为双重参与和认同的个体，并积极地与本国文化和外国文化进行交互。有关双元文化个体的研究发现，两种整合后的文化会交替指导个体的思维和情感（Hong et al.，2000）。这说明双元文化是相对独立，而非混合在一起的；吸收新的文化并不意味着摒弃原有文化。文化情境转换会在个体对外部环境线索做出反应时发生，比如社会情境（家或者学校），社会符号（语言）等。

此外，文化距离（cultural distance）也是决定多元文化经历发挥作用的另一个重要标准。文化距离是指两种不同文化中主流价值观、风俗和特征的分歧程度（Nguyen & Benet-Martinez，2013）。当个体所经历的新的外国文化与自己国家的文化距离较小时，由于两种文化的价值观、风俗和特征相类似，那么个体整合两种文化就相对容易；反之，当个体所经历的外国文化与自己国家的文化距离较大时，他们就需要更多地去进行身份整合才能解决这种矛盾（Tadmor et al.，2012）。Lilgendahl 等（2018）的研究比较了不同程度的二元文化身份整合（bicultural identity integration）与个体认知表现之间的关系。他们指导美籍华人被试回答他们认为两种文化相矛盾的程度，再写出关于美国文化、中国文化或中性国家的句子。研究发现，与身份整合程度较低的个体相比，身份整合程度较高的个体对文化的描述更加复杂深刻。这表明，当个体感知到的文化差异更大时，会产生文化认同的不一致性，促使个体对文化进行更加深刻的思考以找到解决方法。这一过程促进了个体的认知能力和创造力。

9.1.3 测量范式

大量的心理学和管理学的理论和实证研究表明多元文化经历可以给个体带来诸多影响。然而，如何有效地测量多元文化经历对个体心理及行为的影响是一个具有挑战性的问题（Narvaez & Hill，2010）。已有的研究主要遵循两种不同的研究范式：测量范式和启动范式（见表 9.3）。

表 9.3 多元文化经历的研究范式

研究范式	操作方法	举例
测量范式	单指标模式	主要采用单一评价指标来测量个体的多元文化经历水平： 1. 基于时间的测量； 2. 基于数量的测量； 3. 基于具体经历的测量
	多指标模式	通常采用结构化和系统化的多维指标量表来测量多元文化经历的水平。例如：Leung 等（2008）开发了多元文化经历调查表
启动范式	回忆型	例如，Adam 等（2018）以有多元文化经验的个体为研究对象，要求被试分别回忆学习异国文化和本国文化经历
	想象型	例如，Maddux 和 Galinsky（2009）要求被试想象以下几种情境：（1）国外居住；（2）国外旅行；（3）国内居住；（4）控制组
	特定文化型	例如，Leung 和 Chiu（2010）以不了解异国（中国）文化的欧美籍大学生为被试进行实验，在实验中要求被试观看一个 45 分钟的幻灯片。（1）单一中国文化组；（2）并列条件组；（3）融合条件组；（4）控制组（单一美国文化组）；（5）无幻灯片组

（1）测量范式。测量范式是指直接运用量表和问题来测量研究对象的多元文化经历水平并探索其对个体的影响（黄林洁琼等，2018）。在已有的研究中，概括起来主要采用了两种不同的测量模式：单指标模式（single measure）和多指标模式（composite measure）。

单指标模式主要采用单一评价指标来测量个体的多元文化经历水平。早期的一些调查研究通常采用单指标模式。常见的单指标测量有以下三种。第一，基于时间的测量（Time-based measure）。例如，Maddux 和 Galinsky（2009）选择个体在国外居住的时间长度作为单一指标，指导来自 40 个国家的 MBA 学生完成 Duncker 蜡烛创造力任务。研究发现，即使考虑了 MBA 学生个体的异质性特征，在国外居住的时间长度与 Duncker 蜡烛创造力任务的表现也具有高度相关关系。第二，基于数量的测量（amount-based measure）。例如，Lu 等（2017）的研究让被试在 50 个最常去旅游的国家中选择自己曾经去过的国家，并运用被试曾经去过的国家数量进行多元文化经历的测量。他们发现，这一基于数量的度量可以有效地预测被试的不道德行为。第三，基于具体经历的测量（experience-based measure）。例如，Lu 等（2017）运用亲密的跨文化爱情或朋友经历来测量多元文化经历。他们发现，具有跨文化的约会经历或者与跨文化的朋友经常联系的被试表现出更强的创造力、创新精神和创业精神。

相对于单指标模式，多指标模式的研究通常采用结构化和系统化的多维指标量表来测量多元文化经历的水平。例如，Leung 等（2008）开发了多元文化经历调查表（Multicultural Experience Survey，MES）。该调查表评估了被试的家庭移居历史、在国外生活的时间、掌握外语的能力、最亲近的朋友、喜爱的音乐家或音乐团体的种族、最喜欢的餐馆风味等多项指标。接着，Leung 等（2008）进一步要求被试从美国、土耳其或中国学者的语录中寻找灵感（从 15 个语录中选择 7 个进行阅读）并完成心理学毕业论文的研究构想。他们发现，通过多元文化经历调查表测量的被试多元文化经历水平与他们在研究构想中取样外国语录的倾向性具有显著的正相关关系。

尽管测量范式为研究多元文化经历对个体心理和行为的影响提供了有力的证据，但它仍然存在一个重要的缺陷，即无法证实两者之间的因果关系。换言之，测量范式无法解释究竟是多元文化经历对个体的心理和行为产生了影响，还是具有某种心理与行为特征的个体更倾向于多元文化交流，从而拥有更丰富的多元文化经历。为解决这一问题，相关的研究又提出了启动范式。

（2）启动范式。启动范式认为，个体在参与某种特定文化的实践活动之后，将在大脑中形成对这一文化的认知，从而启动相关的核心概念（Leung & Chiu，2010）。因此，在研究过程中向被试呈现两种或多种不同文化的线索可以暂时性地启动被试与相关线索之间的文化认知。一旦这种文化认知被启动，被试将使用这种文化的相关概念作为一种图式（schema）来对他们的注意力、思维和其他的重要认知过程进行组织（Chiu et al.，2009）。在测量范式中，被试必须是那些有直接多元文化交互经历的个体。而在启动范式中，被试可以是有直接的多元文化交互经历的个体，也可以是没有直接交互经历，但是知晓或者间接接触过其他文化的个体。

根据相关文献，常见的启动范式操纵方法有以下三种。第一，回忆型启动范式（recall paradigm）。例如，Adam 等（2018）以有多元文化经验的个体为研究对象，要求被试分别回忆学习异国文化和本国文化的经历。他们发现，相对于启动了本国文化学习经历的被试，那些启动了异国文化学习经历的被试在填词测验上获得了更好的成绩。第二，想象型启动范式（imagine paradigm）。例如，Maddux 和 Galinsky（2009）要求被试想象以下几种情境：（1）国外居住。想象在海外国家的居住感想和经历。（2）国外旅行。想象在一个海外国家的一日旅行经历。（3）国内居住。想象在国内的居住经历。（4）控制组。回忆上一次去超市的经历。他们发现，仅想象国外居住经历的被试在认知测验中会取得更好的成绩。第三，特定文化型启动范式（cultural priming paradigm）。例如，Leung 和 Chiu（2010）以不了解异国（中国）文化的欧美籍大学生为被试进行实验，在实验中要求被试观看一个 45 分钟的幻灯片。实验中共有 5 组不同的启动条件：（1）单一中国文化组。观看中国文化元素的幻灯片（例如，建筑、食物、艺术等）。（2）并列条件组。连续观看涉及中国和美国文化的图片。（3）融合条件组。观看图片涉及中美混搭的文化元素。（4）控制组（单一美国文化组）。观看美国文化元素的幻灯片。（5）无幻灯片组。被试在观看幻灯片后，再进行一个与中国文化无关的创造力测试。结果表明，并列条件和融合条件组的被试更具有创造力，这说明文化混搭促进了个体创造力的提升。

9.1.4 研究进展

早期有关多元文化经历的研究主要集中于国际商务和社会心理学等领域。这些领域的研究主要探讨了外籍雇员的经历（Cohen，1977；Harvey，1983；Harzing，1995）如何受到个体（Ones & Viswesvaran，1997；Caligiuri，2000；Mendenhall et al.，1987）和文化（Stahl & Caligiuri，2005）等因素的影响，以及外籍雇员如何调整、表现和管理他人（Mendenhall & Oddou，1985；Bhaskar-Shrinivas et al.，2005；Harvey & Moeller，2009）。另一些文献综述集中研究基础的心理过程（例如，认知、知觉）如何在不同文化中发挥不同的作用（刘璞和井润田，2004；李宜菁和唐宁玉，2010；杨晓莉等，2010；吴莹等，2014；买热巴·买买提和吴艳红，2017；范徽等，2018；刘燕和李锐，2018；李倩等，2019；苏涛等，2019）。自 2008 年以来，越来越多的管理学研究开始从组织的视角探讨多元文化经历对个体心理和行为的影响（Leung et al.，2008）。这些研究明确地检验了不同类型的多元文化经历（例如，生活或旅行；跨文化关系；跨文化社交网络；多元文化身份）对员工心理和组织产生的重要影响。

很大一部分有关多元文化经历的研究聚焦于组织创造力（creativity）和创新（innovation）。随着人工智能和量子计算等新技术的发展，创造力和创新在当前变革型的组织环境中变得越来越重要，而多元文化经历可以通过以下几个方面促进组织的创造力和创新。第一，多元文化经验为个体提供直接接触新想法和观念的机会。例如，多元文化经历能为个体提供机会去接触不同的事物，学习新的思考方式和视角。第二，多元文化经历能提升个人能力，让人们看到外在相同形式或行为下蕴含的不同含义（例如，不同国家对于盘中剩余食物的不同理解）。第三，多元文化经历会动摇个体原有的定式思维和知识结构，让个体更容易接受其他文化的观念和视角。第四，多元文化经历会让个体在心理上做好准备，去吸收来自不同文化的观点、准则和实践，并在多样化的资源中检索和寻找新的观点，将它们应用在创新过程中。第五，多元文化经历会促进个体对于不同文化间差异性观念的整合，进而合成新的观点。外国文化中可能包含与本国文化不同的价值和观点，这些不一致的观念可能会促使个体去探索两种文化之间的相互关系。解决观念差异化的过程会让个体具有更高的认知复杂性，从而能够在不同的文化中检索看似差异化的观念，然后将它们以创新性的方式整合起来，进而产生创新（Leung et al.，2008）。

基于已有的相关文献可知，多元文化经历对组织创造力和创新的研究结论是相对一致的，即多元文化经历从个体、团队和组织层面上都激发了创造力和创新。与没有这种经历的个体相比，居住在国外（Maddux & Galinsky，2009）、在国外工作（Godart et al.，2015），或者将两种以上文化融入自身身份（Tadmor et al.，2012）的个体，展现了更高的创造力和创新水平。并且，多元文化经历不仅会影响个体层面的创造力，还会进一步影响团队层面（Tadmor et al.，2012）或整个组织层面（Godart et al.，2015）的创造力和创新。

进一步的研究发现，某些类型的多元文化经历甚至不需要出国就可以激发创造力和创新。例如，与外国人成为亲密朋友或同事、拥有多元文化的家庭、掌握多种语言、在多元文化团队中工作、拥有跨越文化边界的职业关系网，或者将双元文化或多元文化的身份完全融入自我意识等，均会对创造力和创新产生积极影响（Cheng，et al.，2008；Mok & Morris，2010；Lee & Kim，2011；Saad et al.，2013；Chang et al.，2014；Gocłowska & Crisp，2014；Perry-Smith & Shalley，2014；Lu，Hafenbrack et al.，2017；Shipilov et al.，2017；Chua，2018）。这一套逐渐清晰的研究脉络表明，某些具体类型的多元文化经历（国内或国外经历）会对个体、团队和组织层面的创造力和创新产生积极影响。

随着多元文化经历研究的发展和深入，组织研究者们发现，多元文化经历还会对其他很多组织中的重要工作表现产生积极影响。例如，外国文化经历可以促使个体认识到，不同的个体是由不同的文化背景塑造的，可能对相似的情况或信息做出不同的反应。因此，这些个体会在多元文化的组织中形成更有成效的工作风格（Chua et al.，2012；Morris et al.，2019）。此外，与没有跨文化经验的人相比，具有多元文化经历的个体会形成更清晰的自我概念，从而做出不同类型的职业决策，并对他人的反馈施以更准确的应对措施（Adam et al.，2018）。不仅如此，具有多元文化经历的个体在工作面试中的成功率更高（Maddux et al.，2014）、享有更好的职业声誉且能以更快的速度晋升（Tadmor et al.，2012）。最后，多元文化经历也有助于减少团队和组织对外来成员的偏见，这一结论对于跨国组织管理尤为重要（Tadmor et al.，2012；2018）。

但是，研究表明，多元文化经历也可能给组织带来负面影响。由于在多个国家的生活经历会使个体接触到多种不同的社会道德准则，使人们的道德观念更加灵活和具有不确定性，从而做出更多不道德的决策行为（Lu et al.，2017）。此外，还有研究表明，消极的跨文化互动可能导致人与人之间的偏见增加，这在很多情境下比积极的跨文化互动所减少的偏见更多（Barlow et al.，2012）。例如，明显消极的多元文化经历会导致个体对外表现出更多的刻板印象和偏见，这些刻板印象和偏见既来自其有生活经历的特定国家，也可能来自其他的国家和种族人群，从而对组织产生各种直接和间接的消极影响（Affinito et al.，2020）。

9.2 多元文化经历的评价模型

部分学者发现，文化威胁（Chen et al.，2016）、跨文化冲突（Chua，2013）、僵化的文化规范（Chua et al.，2015）和封闭心态（Leung & Chiu，2008，2010；Tadmor et al.，2012）等会减少或消除多元文化经历对创造力和心理适应的影响。也有学者发现，当多元文化经历被认为是负面时，个体的双文化身份整合会削弱（Cheng & Lee，2013；Lilgendahl et al.，2018），群体间偏见会增加（Affinito et al.，2021）。这些研究表明，多元文化经历并非都会带来积极的影响，也并非对所有人都会产生实质性影响。据此，Maddux 等（2021）提出了多元文化经历的评价模型，解释了个体对多元文化经历的积极或消极评价可能对个体心理和行为产生的差异化影响，具体见图 9.2。

Maddux 等（2021）提出的这一多元文化经历的评价模型，很好地整合了现有多元文化经历的研究结果，并为未来的研究指明了可能的路径和方向。具体而言，首先，他们在模型的第一层区分了多元文化经历的类型——深度或广度。通过对已有多元文化经历的影响研究进行总结，研究者们发现不同类型的多元文化经历会带来差异化的影响。当多元文化经历的类型是深度时，例如拥有多元文化身份、在国外生活或工作的时间较长（相对于国外旅行）、拥有亲密的关系或友谊时，这些更深入的经验会使个体内部产生相应的心理和行为结果，如创造力、心理调整、自我概念清晰，以及各种类型的个人表现。如在国外生活时间越长，个体越容易获得清晰的自我认知（Adam et al.，2018）；在国外工作时间会影响个体的创

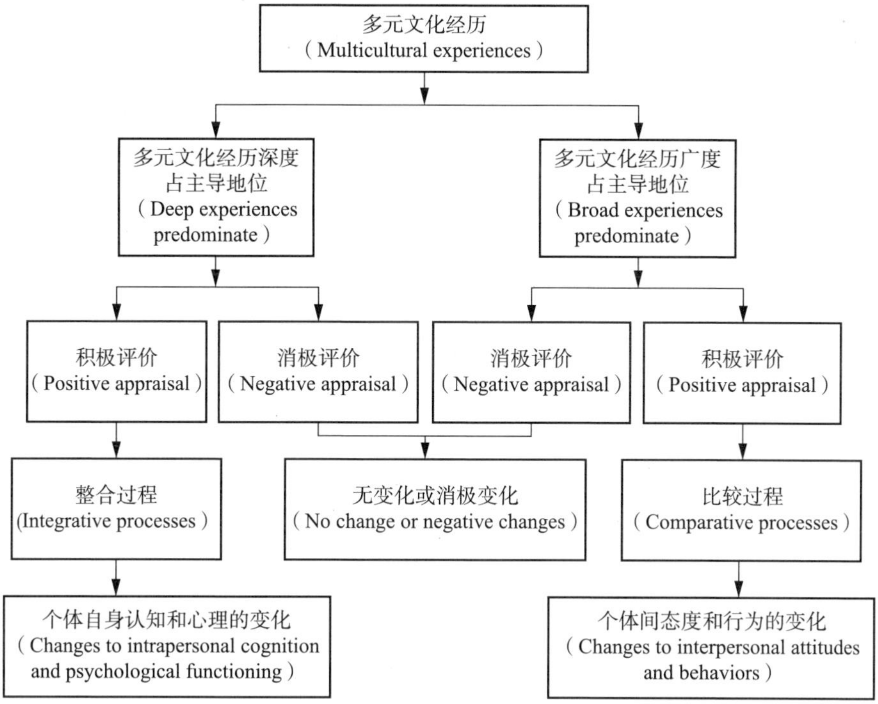

图 9.2　多元文化经历的评价模型

新能力和灵活性（Godart et al.，2015）；拥有跨文化的亲密关系或友谊会提高个体的创新能力（Lu et al.，2017）；Maddux 和 Galinsky（2009）的研究指出，在国外生活会促进个体的创造力。而当多元文化经历的类型是广度时，即个体在不同文化环境中拥有广泛体验（例如，在国外工作或旅行的国家数量），则会对人际交往过程产生更显著的影响。例如，信任水平、道德观念、沟通能力和领导效率等。如 Cao 等（2014）的研究指出，个体旅游过的国家数量越多，个体的普遍信任力越高；同时，个体经历的多元文化数量越多，越有利于减少群体偏见（Tadmor et al.，2012）；领导者的多元文化经历的数量会影响领导力效能（Lu，2018）；而多元文化经历的广度也有负面影响，如多元文化经历广度会影响个体的道德边界，从而使个体做出不道德行为（Lu，Quoidbach et al.，2017）。

其次，他们区分了多元文化经历的性质——即多元文化经历被个体主观评价为积极还是消极。现有研究发现，已有调节多元文化经历对个体心理和行为影响的因素大多和焦虑、认知封闭性等负向情绪有关。这些研究结果表明，如果个体以负面的态度对待多元文化经历，可能会带来消极的结果。因此，他们在模型的第二层区分了多元文化经历的性质是积极/消极，并由此划分了其可能带来的差异化影响结果。

通过以上两个因素：多元文化经历的类型（深度/广度）和评价（积极/消极），他们对于多元文化经历可能对个体心理和行为产生的影响进行了细致划分。具体而言，当个体拥有深度多元文化经历时，如果他对这个经历的评价是积极的，他会将这种经历视为学习和适应的机会，带着一种开放和好奇的心态去体验、适应和学习文化差异，在心理上产生整合过程，由此带来自身认知和心理上的变化。如果个体拥有广度多元文化经历，并且他对这个经历的评价是积极的，则会引发他对于不同文化中类似情况的比较过程，在这一过程中涉及更多的是两个或多个情况之间的人际互动情况，因此积极的广度多元文化经历更可能引发人们关注不同文化间的平行差异，进而引发人们在人际态度和行为上的变化。Maddux 等（2021）认为对多元文化经历的积极评价是对个体创造力、文化适应、信任和群体间包容等产生影响的心理基础。相反，当个体的多元文化经历被评价为消极时，不同文化间的差异就会被认为是一种威胁而非机会，此时个体可能会避免、抵制甚至拒绝学习或适应其他文化，因此多元文化经历可能会对个体不产生影响或者产生负向的影响。

9.3 核心自我评价

本研究对核心自我评价的回顾，首先讲述了核心自我评价的定义，其次探讨了有关核心自我评价的测量问题，最后，综述目前有关核心自我评价方面的研究进展和国内的研究现状。

9.3.1 核心自我评价的定义与测量

核心自我评价（Core Self-Evaluation，CSE），是由 Judge 等（1997）在 20 世纪 90 年代正式提出的。它是指个体对自己的自我价值、能力和潜力的基本评价。Judge 等（1997）认为，是否符合核心自我评价的性质需要由三个标准来评判：评价聚焦（evaluation-focus）、基本特征（fundamentality）和范围（scope）。评价聚焦指的是该特质在多大程度上涉及对自我的评价（相对于描述性特征而言），如自尊属于个体的评价，而亲和性则是对个体的表现进行描述；基本特征指的是该特质与其他特质具有更多的联系性，是那些相互联系且以相同原因为基础的行为特质（相对于表面特征而言）（Cattell，1965）；范围指的是该特质的范围是否宽泛，宽范围更能反映对自我的评价，如一般自尊属于宽范围的特质，而基于组织的自尊属于窄范围的特质。根据这三个评价标准，Judge 等（1998）确定了核心自我评价由四方面的特质组成：自尊、一般自我效能感、控制点、神经质。自尊指个体对自我价值的全面评价（Rosenberg，1965）；一般自我效能感指个体对自身是否有能力去调动动机、认知资源和对生活中的事件施以控制的评估（Judge et al.，1997）；控制点指个体认为他们能够控制自己生活中的事件（内部控制点）而不是命运或他人的帮助（外部控制点）（Rotter，1966）；神经质是大五人格中的一个维度，它是指个体感到平静和安全的倾向。神经质得分高的人会感到心理不安全、胆小和焦虑，容易产生依赖和无助的感觉（Costa & McCrae，1988）。

由于核心自我评价是一个多维度的构念，因此目前学者们采用了两类方法去测量这一构念。一种是间接测量方式，将这一构念拆分为四个具体的维度，分别测量四方面的特征。另一种是直接测量方式，将这一构念当成一个整体进行测量。早期的核心自我评价测量主要采用间接测量方法，将上述四个核心特质的量表进行组合，将被试在四个分量表上的选择汇总成为核心自我评价的评分。也有学者在四个分量表的基础上进行探索性因子分析，获得更高阶的因子进行测量。但这样的方法存在一定的问题，例如题目数量过多导致被试产生疲劳效应；间接的测量方法容易造成相关概念的混淆；未考虑不同测量条目之间的权重分配；等等。为了解决上述问题，学者们开发了直接测量方式，将核心自我评价当成一个整体进行测量。最经典的方法是 Judge 等于 2003 年编制的、由 12 道题目组成的核心自我评价量表（Core Self-Evaluations Scale，CSES），目前国内外许多研究均采用此量表，它被证明具有良好的信度和效度。此外，国内学者（甘怡群等，2007；陈慧等，2010）也提出了适合中国情景的核心自我评价本土化量表。

9.3.2 核心自我评价的国外研究进展

在以往研究中，学者们对于核心自我评价与个体心理和行为的关系开展了大量研究。已有研究既探讨了核心自我评价在工作情境中的影响，也探讨了其在个体生活、心理健康、学业行为方面的影响。在本研究中，我们主要总结核心自我评价在工作领域的影响。已有研究发现，个体的核心自我评价会对以下几方面的心理和行为产生显著影响。

（1）工作满意度：核心自我评价这一概念最早就是在研究工作满意度的影响因素时提出的。Judge（1997）首次提出核心自我评价可以影响员工对工作的满意度，因为核心自我评价较高的人会认为他们的工作和工作场所更有吸引力，因此会体验到更高的满意度。这一结论在后续不同学者的研究中也得到了验证（Judge & Bono，2000；Judge et al.，2000）。Srivastava 等（2002）在研究中发现，核心自我评价得分较高的学生会选择更复杂的任务，任务复杂性在一定程度上中介了核心自我评价和任务满意度之间的关系。这表明，核心自我评价较高的个体会认为自己的工作更有意义。Judge 等（2005）在实验研究中也得出核心自我评价与工作满意度显著相关的结论。Wu 和 Griffin（2012）分析了 1997 年至 2006 年英国家庭小组调查中的 5827 名参与者的纵向数据，发现前几年的工作满意度增长正向预测了一年后的核心自我评价，而高核心自我评价也能够提高接下来几年的工作满意度。

（2）工作绩效：现有研究发现，有积极自我评价的人会认为自己更有能力胜任这份工作，从而会有更好的工作表现。此外，核心自我评价更高的员工，不仅仅满足于完成工作职责之内的工作，还会产生更多类似帮助其他员工、提升组织能力的组织公民行为，并做出更少的反生产行为。Judge 等（1999）在研究中发现，在核心自我评价特质上得分较高的管理者能够更好地应对组织变革，有效地克服障碍。Erez 和 Judge（2001）在实验室和实地研究中发现，核心自我评价与工作绩效显著相关。此外，Peterson 等（2011）的研究发现，团队成员的核心自我评价在提高团队效率方面发挥着关键作用。

（3）工作承诺：以往研究发现，核心自我评价较高的个体倾向于关注工作场所中的积极方面，对于负面刺激不那么敏感，因此与工作承诺，包括情感性承诺、持续性承诺和规范性承诺，以及离职意向均存在显著影响（Latha et al.，2011）。已有研究发现，这种影响在集体主义文化环境中会更强（Chang et al.，2012）。

（4）其他方面：也有研究发现了核心自我评价与个体对工作特征的感

知、个体差异、职业压力、人际关系等变量存在着显著影响关系(Wanberg et al.，2005；Brown et al.，2007；Scott & Judge，2009；Tasa et al.，2011)。

9.3.3 核心自我评价的国内研究进展

国内学者也对核心自我评价的影响效应研究展开了积极探讨。已有研究探讨了核心自我评价的后果，以及其作为中介和调节变量所产生的影响。相关研究的主要结论见表9.4。

表9.4 核心自我评价的国内研究进展

作者（年份）	研究内容
徐本华，邓传军，武恒岳（2021）	核心自我评价正向调节领导—成员交换与心理授权之间的关系，且增强领导—成员交换与员工主动创新行为之间的正向关系
陈波，杨东涛，潘亮（2020）	研究发现，团队关系冲突对员工拖延行为有正向作用，核心自我评价负向调节该作用；情绪耗竭在团队关系冲突与员工拖延行为之间发挥部分中介效应，自我评价负向调节这种效应
占小军等（2020）	研究发现，教练型领导对员工主动担责行为存在显著的正向作用，核心自我评价负向调节这种作用；自我目标设置在教练型领导与员工主动担责行为之间发挥中介作用，核心自我评价负向调节这种中介效应
李燚等（2019）	以资源保存理论以及社会资本理论为基础，对样本进行配对研究的结果显示，核心自我评价对工作绩效和个体受欢迎度有正向影响
陈璐，黄丽（2017）	通过追踪调查388名企业员工，发现核心自我评价正向作用于情感认同动机以及社会规范动机
管春英（2016）	研究发现，包容性领导正向影响员工创新行为，核心自我评价在这一关系中起中介作用
魏峰，李然（2016）	以上海外资企业的员工为样本，研究发现，伦理领导正向作用于下属职业成功，核心自我评价在这种作用中发挥中介效应
郑晓明，王倩倩（2016）	对一家金融公司的员工进行调研，结果显示，核心自我评价负向调节员工幸福感对员工助人行为的作用
许勤，席猛，赵曙明（2015）	以自我决定理论以及行为弹性理论为基础，研究发现主管辱虐管理对员工的主动行为有显著的负向作用，核心自我评价负向调节这种作用
张桂平，廖建桥（2015）	研究发现核心自我评价正向调节挑战性压力对敬业度的正向影响，负向调节阻断性压力对敬业度的负向作用
陈震红，Sijun Wang，董俊武（2014）	对中国高层管理者的研究发现，管理者的核心自我评价负向影响其对超自然信念的态度

续表

作者（年份）	研究内容
李伟（2014）	通过对金融和电信类国有企业的员工进行研究，发现员工的内在动机显著正向影响关系绩效，核心自我评价在上述关系中起正向调节作用
孙兰，孟慧，仲伟佶（2014）	通过对华东地区某大城市的245名企业员工的研究发现，核心自我评价显著正向预测家庭、朋友、工作和自我满意度
张华磊等（2014）	通过对高新技术企业研发人员的研究发现，核心自我评价与研发人员跨界行为正相关
王震，孙健敏（2012）	通过对北京一家大型国有企业集团下属的3家公司员工的研究发现，核心自我评价和组织支持正向影响主客观职业成功，且核心自我评价和组织支持之间存在交互效应
王震，孙健敏，张瑞娟（2012）	以技术型企业中的员工和管理者为研究对象，发现管理者核心自我评价显著正向影响下属公民行为
董秀成，吴明证（2010）	以浙江省18所高校思想政治辅导员为研究对象，发现核心自我评价影响辅导员工作满意度，且核心自我评价作为调节变量，调节工作压力和职业认同的关系
汤国杰（2009）	研究发现核心自我评价和组织承诺显著影响职业认同，且核心自我评价、组织承诺和职业认同共同影响工作满意度
甘怡群，王纯，胡潇潇（2007）	提出中国人的核心自我评价的理论构想由4种核心特质组成，分别为善良、才干、处事态度和集体自尊

9.4 本章小结

在本章中，我们对涉及的主要变量进行了详细的文献综述。第一，我们对多元文化经历、核心自我评价的定义和内涵进行了梳理和总结。第二，对主要变量的测量方式进行了总结。我们均选取了目前使用较为广泛、信度效度获得普遍验证的问卷版本。第三，我们对变量目前主要的研究进展进行了归纳和总结。对于自变量多元文化经历，我们综述了该变量会对哪些个体层面的结果变量产生影响，并介绍了最新的多元文化经历评价模型。第四，我们还特别对目前国内的相关研究进展进行了总结。选取国内核心期刊上的相关研究，将其主要内容和研究结论进行了归纳总结。

我们借鉴 Leung（2008）的定义，将多元文化经历定义为所有直接和间接的与外国文化元素或者人群的交互经历。对多元文化经历的测量，我们采用问卷调查方法，让被调查者去填写自己的不同文化经历。目前，有关多元文化经历的影响研究发现，多元文化经历会在个体、团队和组织层面均产生显著的影响：在个体层面，多元文化经历会影响个体的心理和行为，激发个体的创造力和创新，促进个体对自我的清晰认知，甚至能够影响个体的工作风格；在团队层面，多元文化经历能够促进团队的创造力，同时也有助于减少团队和组织对外来成员的偏见；在组织层面，多元文化经历会促进组织创新。然而，多元文化经历也可能带来负面影响。在接触了不同文化下的道德准则之后，个体的道德标准会更加灵活和具有不确定性，因此可能导致个体做出更多不道德的决策。目前，国内在多元文化经历方面的研究仍处于起步阶段。

基于对以往多元文化经历研究的总结，Maddux 等（2021）提出了多元文化经历评价模型。它将多元文化经历的类型和主观评价作为两个重要的因素予以考虑。一方面，多元文化经历的深度和广度会对个体带来差异化影响，前者更可能对个体自身的心理和行为产生影响，而后者更可能产生人际影响。另一方面，个体对多元文化经历的积极/消极评价可能对多元文化经历的效果产生重要影响。当个体具有积极评价时，会将有差异的文化要素视为机遇和学习的机会，更容易促进积极行为，反之则会将文化差异视为挑战和威胁，从而导致消极行为。

最后，我们对本部分的中介变量核心自我评价进行了简要论述。核心自我评价是指个体对自我价值、自己的能力和潜力的基本评价（Judge et al.，1997）。Judge 等学者于 2003 年开发了经典的核心自我评价量表。目前有关核心自我评价的研究，主要集中在后果变量方面，包括工作满意度、工作绩效和工作承诺等。它是一个相对较为成熟的概念，目前在国内外都拥有比较丰富的研究结论。

第10章

多元文化经历对知识分享影响的理论模型

10.1 多元文化经历与知识分享

Leung（2008）提出了多元文化经历的定义，即“所有直接和间接的与外国文化元素或者人群的交互经历”。从定义上来看，个体的多元文化经历包括直接和间接接触外国文化元素，如出国旅游、接触外国语言文化等；也包括直接和间接接触外国文化人群，如与不同国家文化背景的人交往等。根据多元文化经历的分类标准，可将其分为广度和深度两个维度，前者表示个体所经历过的外国文化的数量，后者代表个体外国文化经历的时间长度或者对外国文化的认同程度（Adam et al.，2018；Cao et al.，2014）。以往关于多元文化经历的研究发现，多元文化经历的广度和深度都会相应地对个体心理和行为产生显著影响（Maddux et al.，2021）。具体为：多元文化经历的深度可能会对个体自身（intrapersonal）相关的结果产生更显著的影响，如 Maddux 和 Galinsky（2009）以及 Godart 等（2015）的研究均发现，在国外生活或工作的时间长度是提升个体创造力的必要条件。深度多元文化经历会让个体对不同类型的信息产生更加深入的理解，更能激发个体内部的认知整合过程（integrative process）（e.g.，Nguyen & Benet-Martínez 2013；Tadmor et al.，2012）。而多元文化经历的广度会对人际关系（interpersonal）产生更加显著的影响。如 Cao 和 Galinsky（2020）的研究发现，个体所接触的多元文化广度越广，越容易建立普遍信任感，进而提高人际沟通能力。

有关多元文化经历和知识分享的关系问题，目前尚无人开展研究。但根据已有的对多元文化经历的研究，基于自我决定的理论视角，我们认为个体多元文化经历可能会对知识分享行为产生显著影响。自我决定理论（Self-determination Theory，SDT）由 Deci 和 Ryan（1980）提出，强调人类进化的内在资源对其人格发展和自我调节的重要性。自我决定理论将个体的动机分为无动机、内在动机和外在动机三种（Deci & Ryan，2000）。无动机指个体缺乏行动意愿的状态；内在动机是指个体为了内在满足而采取相关行动的状态；外在动机根据个体动机的内化程度进一步分为了四种：外部调节、内摄调节、认同调节和整合调节。外部调节指个体为了满足某种外部需求而采取行动；内摄调节指个体部分接受某种规则而采取行动，如避免内疚、焦虑等；认同调节指对行动目标或规则进行有意识的评估；整合调节指将外部规则完全融入自我价值观中。根据动机的内化程度，外在动机的认同调节和整合调节被称为自主性动机；外在动机的外部调节和内摄调节被称为控制性动机。

自我决定理论认为，个体基本的心理需求代表了激励和指导其行为的潜在动机机制。个体先天的心理需求，主要包括自主性需求、关联性需求和胜任力需求三种，需求的满足是个体心理成长、心理完整和心理幸福的必要条件（Deci & Ryan，2000）。自主性需求代表了个体根据自我意愿和感受采取行为的内在欲望，强调个体在参与工作、活动等过程中的心理自由和选择感的主观体验。关联性需求指个体内在的希望与他人建立联系的倾向。当个体通过互动、沟通和交流与他人建立起亲密的伙伴关系时，他们的关联性需求就会得到满足。胜任力需求是指个体希望在与环境的互动中感到有效性的内在欲望，尤其表现在探索和控制环境的倾向方面。个体希望通过从事具有挑战性的工作来发展和展现其个人技能和能力。胜任力需求的满足会让个体能够适应复杂多变的环境。当环境因素促使三种需求得到满足时，个体的内在动机会得到提升，从而产生更加积极的工作态度和行为，如工作满意度、组织承诺、组织公民行为等。

知识分享被定义为团队成员之间分享与工作相关的想法、信息和建议（Srivastava et al.，2006）。从本质上看，知识分享是以工作相关信息为内容的人际交流过程。我们认为个体的多元文化经历会通过满足个体心理需求而促进其产生自我决定动机，进而做出知识分享行为。第一，多元文化经历意味着个体接触过不同的文化环境，拥有选择和体验不同文化的权利，这在一定程度上会满足个体自主性的心理需求。第二，多元文化经历会让人接触到来自不同文化背景的个体，在此过程中，个体能够学习并提升与他人的沟通和互动技巧。并且，已有研究表明，具有多元文化经历的个体，会对他人产生更高的信任感和包容性（Tadmor et al.，2012，2018；Cao & Galinsky，2020），有利于减少人际偏见，促进人际沟通。上述条件均表明多元文化经历有利于满足个体的关联性心理需求。第三，多元文化经历也会提升个体的胜任力需求。一方面，个体会在不同文化中获得多样化的信息，学习新的知识和技能，这些知识积累能够帮助其应对更复杂的环境和问题。另一方面，多元文化经历也会促进个体的认知灵活性，形成更清晰的自我认知（Adam et al.，2018），提升个体的创造力，因此能够运用更具创造性的新思路去解决复杂问题。上述两方面均能够满足个体的胜任力需求。综上所述，个体的多元文化经历会通过提升个体的自主性、关联性和胜任力需求，促进其产生自我决定动机，积极调动内在资源，在工作环境中主动做出知识分享行为。据此，我们提出如下研究假设：

H1：个体多元文化经历对知识分享具有正向影响。

H1a：广度多元文化经历对知识分享具有正向影响。

H1b：深度多元文化经历对知识分享具有正向影响。

10.2 核心自我评价的中介作用

对于多元文化经历与个体知识分享行为间的关系，我们认为可能存在一些过程变量的中介作用。在本研究中，我们提出核心自我评价可能在多元文化经历和个体知识分享关系中起中介作用。核心自我评价指的是人们对自己的自我价值、能力和潜力的基本评价（Judge et al.，1997），包括四个特质维度：自尊、一般自我效能感、控制点和神经质。核心自我评价值高的个体，具有较高的自尊和自我效能感、较低的神经质和较高的内部控制能力，对自己所具备的能力、自身的价值和所处的环境具有更加积极的认知和评价。已有研究表明，核心自我评价可以降低个体对主动性行为中潜在风险和障碍的担忧，使个体更愿意投入推动组织发展的主动性行为中（Liang et al.，2013）。

我们认为，个体的多元文化经历会提升其核心自我评价，进而使其做出积极的知识分享行为。首先，个体在不同文化中的经历，会使其掌握更多样化的技能和知识，适应差异化的环境，更可能以多样化的方法解决复杂问题。这些技能和知识储备会使其拥有更高的自尊和自我效能感，同时也会让其感受到自己对外界事物具有更强的控制力，更不容易因外界环境变动而产生过大的情绪波动，因此会降低其神经质程度，并感到内部控制点提升。此外，多元文化经历也会增加个体的认知灵活性，提升其创造力（Maddux & Galinsky，2009；Godart et al.，2015；Adam et al.，2018）和沟通能力（Tadmor et al.，2012；2018），在这样的情况下，个体会更有能力提出创新性的想法，更意愿去与团队中的其他人进行知识分享和交流。因此，我们提出员工的多元文化经历会促进其产生积极的核心自我评价，进而推动其做出知识分享行为。据此，我们提出如下假设：

H2：核心自我评价在个体多元文化经历与知识分享的关系中起中介作用。

H2a：核心自我评价在个体广度多元文化经历与知识分享的关系中起中介作用。

H2b：核心自我评价在个体深度多元文化经历与知识分享的关系中起中介作用。

10.3 多元文化经历评价的调节作用

我们认为，在多元文化经历和知识分享行为的关系中，也有可能存在过程变量的调节作用。多元文化经历评价指的是个体对于自身某段多元文化经历所持有的积极或消极的主观判断（Maddux et al.，2021）。已有研究发现，个体对于多元文化经历的差异化评价会影响多元文化经历对个体产生的作用。例如，Maddux 等（2010）的研究发现，当多元文化经历被个体评价为积极时，个体会将遇到的未知环境及不确定因素当作学习和适应的机会。个体会抱着好奇心来面对新鲜事物和差异，进而从差异中适应、学习以及整合，促进创造力并提升信任感。而当多元文化经历被个体评价为消极时，个体会将遇到的不确定环境以及与自身文化背景和认知不符合的文化因素视为威胁和挑战（黄林洁琼等，2018），导致多元文化经历对自身不产生影响或产生负向影响。因此我们认为，当员工对自身多元文化经历有着积极评价时，会促使员工去协调、理解、学习并整合不同文化因素间的联系，促进个体认知灵活性，提升人际信任感，加大多元文化经历对知识分享行为的积极影响；相反，当员工对自身多元文化经历有着消极评价时，会对其他文化产生排斥和抵制心理，因此会削弱多元文化经历对知识分享的积极影响。据此，我们提出以下假设：

H3：多元文化经历评价在个体多元文化经历和知识分享的关系中起调节作用。

H3a：多元文化经历评价在个体广度多元文化经历和知识分享的关系中起调节作用。

H3b：多元文化经历评价在个体深度多元文化经历和知识分享的关系中起调节作用。

进一步，我们认为个体多元文化经历评价会对核心自我评价在多元文化经历和知识分享关系中的中介效应起调节作用，即被调节的中介作用，因此我们提出以下假设：

H4：个体多元文化经历评价会正向调节核心自我评价在多元文化经历与知识分享关系中的中介作用。

H4a：个体多元文化经历评价会正向调节核心自我评价在广度多元文化经历与知识分享关系中的中介作用，即个体多元文化经历的评价越积极，核心自我评价在广度多元文化经历与知识分享关系中的中介效应越显著。

H4b：个体多元文化经历评价会正向调节核心自我评价在深度多元文化经历与知识分享关系中的中介作用，即个体多元文化经历的评价越积极，核心自我评价在深度多元文化经历与知识分享关系中的中介效应越显著。

10.4 本章小结

我们介绍了本研究所涉及的几个核心概念（包括多元文化经历、核心自我评价、多元文化经历评价），提出了本部分的研究假设：个体多元文化经历（包括广度和深度）对于员工知识分享行为具有显著的影响作用；核心自我评价在多元文化经历与员工知识分享的关系中起中介作用，个体多元文化经历评价在多元文化经历与个体知识分享的关系中起调节作用，并进一步调节核心自我评价的中介作用。研究假设和模型见图 10.1。

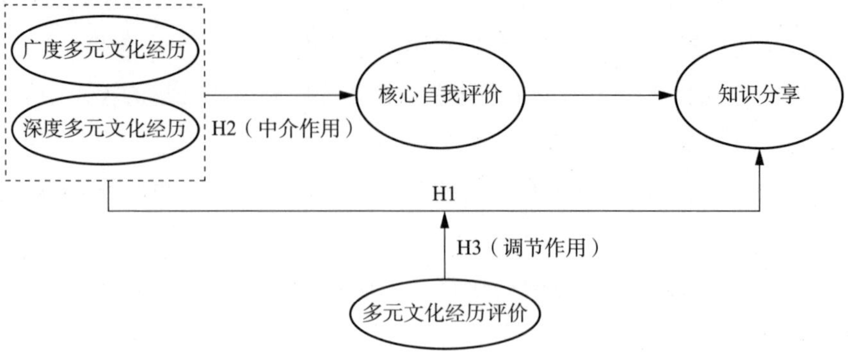

图 10.1 研究假设模型

H1：个体多元文化经历对知识分享具有正向影响。

H1a：广度多元文化经历对知识分享具有正向影响。

H1b：深度多元文化经历对知识分享具有正向影响。

H2：核心自我评价在个体多元文化经历与知识分享的关系中起中介作用。

H2a：核心自我评价在个体广度多元文化经历与知识分享的关系中起中介作用。

H2b：核心自我评价在个体深度多元文化经历与知识分享的关系中起中介作用。

H3：多元文化经历评价在个体多元文化经历和知识分享的关系中起调节作用。

H3a：多元文化经历评价在个体广度多元文化经历和知识分享的关系中起调节作用。

H3b：多元文化经历评价在个体深度多元文化经历和知识分享的关系中起调节作用。

H4：个体多元文化经历评价会正向调节核心自我评价在多元文化经历与知识分享关系中的中介作用。

H4a：个体多元文化经历评价会正向调节核心自我评价在广度多元文化经历与知识分享关系中的中介作用，即个体多元文化经历的评价越积极，核心自我评价在广度多元文化经历与知识分享关系中的中介效应越显著。

H4b：个体多元文化经历评价会正向调节核心自我评价在深度多元文化经历与知识分享关系中的中介作用，即个体多元文化经历的评价越积极，核心自我评价在深度多元文化经历与知识分享关系中的中介效应越显著。

第11章

实证研究：多元文化经历与知识分享

在本章中，我们依据收集的调查问卷数据对本书所提出的研究假设进行了实证检验。第一，我们介绍了样本选择和数据收集过程，并对调查问卷中的控制变量处理进行了介绍；第二，我们对研究中涉及的 6 个变量进行了效度与信度检验；第三，由于本书的调查问卷由同一人填写，可能存在共同方法偏差的问题，因此我们对问卷进行了共同方法偏差检验；第四，我们对所有变量进行了描述性统计及分析；第五，我们对所有变量进行了回归分析，对提出的所有假设进行了检验。

11.1 样本选择与数据收集

根据研究目的，我们的调查对象为企业全职员工。我们采用问卷调查方式，在专业数据收集平台 Credamo 上总计发布问卷 250 份，在剔除遗漏回答、错误填写等有问题的问卷后，最终获得有效问卷 199 份，问卷回收率为 79. 60%。问卷填写者均为企业基层员工和管理者。为消除填写顾虑，问卷均采用匿名形式作答。为了有效提高被调查者质量和问卷作答质量，我们对问卷发布进行了质量控制，要求被调查者的信用分达到 90 分以上，且历史采纳率需要达到 90%以上。同时，为了提高被调查者填写积极性，根据问卷题量，每位被调查者在填写完毕后可获得 11. 5 元的奖励。

在 199 名被调查者中，男性为 82 人，占比 41. 21%，女性为 117 人，占比 58. 79%；平均年龄为 29. 9 岁，主要为 25~36 岁，其中 21~25 岁占比为 17. 09%，26~30 岁占比为 37. 18%，31~35 岁占比为 35. 18%，36~40 岁占比为 10. 55%；在工作年限方面，平均工作年限为 6. 38 年，94. 47%的被调查者在 2 年及以上，其中工作 2~5 年的占比为 39. 70%，6~10 年的占比为 43. 21%，10 年以上的占比为 11. 56%；在受教育水平方面，本科及本科以上学历占 91.46%，其中，本科学历占 74.37%，硕士学历占 17.09%；在工作职位方面，基层员工占比 49.25%，基层管理者占比 27.64%，中层管理者占比为 22.11%，高层管理者占比为 1.01%；来自互联网/游戏/软件、金融、汽车/机械/制造、广告/传媒/教育/文化行业的分别占 21.11%、13.57%、12.56%和 9.55%；在收入水平方面，年收入水平在 15 万元及以下的占比为 46.73%，15 万~30 万元的占比为 40.20%，30 万元以上的占比为 13.07%。总体来看，样本来源覆盖面较广，具有较好的代表性。样本的描述性统计见表 11.1。

表 11.1　被调查者的人口统计学特征分布（N=199）

变量	样本特征	频数	百分比（%）	累计百分比（%）
性别	男	82	41.21	41.21
	女	117	58.79	100.00
年龄	21~25 岁	34	17.09	17.09
	26~30 岁	74	37.18	54.27
	31~35 岁	70	35.18	89.45
	36~40 岁	21	10.55	100.00
学历	高中及以下	3	1.51	1.51
	专科	14	7.04	8.54
	本科	148	74.37	82.91
	硕士及以上	34	17.09	100.00
工作年限	2 年以下	11	5.53	5.53
	2~5 年	79	39.70	45.23
	6~10 年	86	43.21	88.44
	11~15 年	22	11.06	99.50
	15 年以上	1	0.50	100.00
工作职位	基层员工	98	49.25	49.25
	基层管理者	55	27.64	76.88
	中层管理者	44	22.11	98.99
	高层管理者	2	1.01	100.00

续表

变量	样本特征	频数	百分比（%）	累计百分比（%）
收入水平	15 万元以下	93	46.73	46.73
	15 万~30 万元	80	40.20	86.93
	30 万~50 万元	21	10.56	97.49
	50 万~100 万元	5	2.51	100.00
行业	互联网/游戏/软件	42	21.11	21.11
	金融	27	13.57	24.68
	汽车/机械/制造	25	12.56	47.23
	广告/传媒/教育/文化	19	9.55	56.78
	电子/通信/硬件	17	8.54	65.33
	房地产/建筑/物业	15	7.54	72.86
	交通/贸易/物流	13	6.53	79.40
	制药/医疗	13	6.53	85.93
	其他	28	14.07	100.00

本研究选取了常用的个体层面变量作为控制变量。(1) 性别：为虚拟变量，男性为 1，女性为 0。(2) 年龄：请被调查者填写自己的实际年龄，以年为单位。(3) 工作年限：请被调查者填写工作时长，以年为单位。(4) 受教育水平：请被调查者填写自己目前所获得的最高学历，为虚拟变量。1 为初中及以下，2 为高中/中专/技校/职高，3 为专科，4 为本科，5 为硕士，6 为博士。(5) 工作职位：为虚拟变量，1 为基层员工，2 为基层管理者，3 为中层管理者，4 为高层管理者。

11.2 量表的信度与效度分析

本研究使用 STATA12 统计软件，对主要的 6 个变量——知识分享、多元文化经历、广度多元文化经历、深度多元文化经历、多元文化经历评价、核心自我评价进行了信度效度检验。为保证调查问卷的准确性，我们采用“回译”法，首先将国外成熟问卷翻译为中文，然后再将翻译后的中文回译为英文，反复对比后再最终确认。测量均采用 5 点李克特量表，其中“5”表示“非常同意”，“1”表示“非常不同意”。具体问卷内容参见附录 B。

11.2.1 知识分享

对于知识分享的测量，我们采用 Cabrera 等（2006）开发的成熟量表，总共包括 3 个测量条目，示例题目包括“每当我得到与工作相关的有价值的信息时，我愿意将它们分享给其他我认为感兴趣的同事”“当其他同事需要与我的工作内容或专业领域相关的信息时，我会毫不犹豫地将我拥有的全部信息提供给他/她”。我们运用 STATA12 对其效度进行检验，结果显示，3 个测量条目的标准化因子载荷值分别为 0.70、0.57 和 0.49，均在 0.45 以上，表明测量条目具有较好的解释力度，量表的效度较为理想。同时，我们也运用 STATA12 对量表的信度进行了检验，结果显示，量表的整体 Cronbach's α 值为 0.602，表明量表也同样具有可接受的信度，见表 11.2。

表 11.2 知识分享的效度与信度分析

变量名	效度检验		信度检验
	标准化载荷值	T 值	Cronbach's α
知识分享			0.602
KS1	0.70	7.55	
KS2	0.57	6.73	
KS3	0.49	6.09	

11.2.2 多元文化经历及经历评价

本研究采用两种较为成熟的测量方式来测量被调查者的多元文化经历。第一种是针对被调查者多元文化经历的综合水平测量，采用 Leung 等（2008）开发的多元文化经历调查量表（Multicultural Experience Survey，MES），该量表测量了被调查者在国外生活的时间、掌握外语的能力、父母是否在国外出生以及对国外文化的熟悉度等五项指标（Leung et al.，2008）。第二种是对被调查者多元文化经历的深度和广度的测量。我们让被调查者在 28 个国家名单中选择他们访问过的国家或地区，并汇报他们的访问目的、访问时长，以及对这段经历的评价，同时被调查者还可以在 28 个国家或地区以外自行补充至多 5 个国家。28 个国家/地区名单来自联合国旅游组织（2008 年）编制的 50 个最常去旅游的国家/地区名单[①]前 20 个和中国旅游研究院国际研究所[②] 2021 年发布的《中国出境旅游发展年度报告》前 15 个的综合。根据过往研究，我们将被调查者在国外的总时长（单位：年）作为深度多元文化经历的测量（Godart et al.，2015），将被调查者曾访问过的外国国家数量作为广度多元文化经历的测量（Lu et al.，2017）。虽然测量问卷并非采用标准的李克特量表，我们无法对其进行信度效度检验，但所选量表均为研究领域使用频率最高的量表，可以间接证明其具有良好的信度和效度。

11.2.3 核心自我评价

我们对核心自我评价的测量，采用 Judge（2003）开发的核心自我评价量表（Core Self-Evaluations Scale，CSES），总计 9 个测量条目。示例问题包括“我相信我可以取得人生应有的成就”“有时，如果我失败了我会感觉自己很没用”等。效度检验的结果显示，9 个测量条目的标准化因子载荷值为 0.50、0.78、0.49、0.75、0.58、0.82、0.48、0.53 和 0.78，均在 0.45 以上，表明测量条目具有较好的解释力度，量表的效度较为理想。量表的内部一致性系数 Cronbach's α 值为 0.860，表明量表也同样具有较理想的信度，见表 11.3。

表 11.3 核心自我评价的效度与信度分析

变量名	效度检验		信度检验
	标准化载荷值	T 值	Cronbach's α
核心自我评价			0.860
CSE1	0.50	8.47	
CSE2	0.78	22.90	
CSE3	0.49	8.36	
CSE4	0.75	20.71	

① https：//www.unwto.org.

② http：//www.ctaweb.org.cn.

续表

变量名	效度检验		信度检验
	标准化载荷值	T 值	Cronbach's α
CSE5	0.58	10.97	
CSE6	0.82	26.97	
CSE7	0.48	8.09	
CSE8	0.53	9.37	
CSE9	0.78	23.02	

11.3 共同方法偏差检验

由于本研究中的调查问卷均由员工一人填写，因此可能存在共同方法偏差的问题（common method bias）。我们借鉴谢宝国和龙立荣（2008）所提出的检验方法，对可能存在的共同方法偏差问题进行了检验，我们采用了 Harman 单因素检验法，让所有变量的测量条目均载荷在 1 个公共因子上，并比较了不同因子数量下的模型拟合优度。如果所有变量的测量条目都能被这个公共因子解释，单因素模型的模型拟合程度较高，则说明测量存在较严重的共同方法偏差问题。结果显示，与单因素模型相比，假设模型显示出更好的拟合度（RMSEA = 0.097，CFI = 0.889，TLI = 0.862，SRMR = 0.058），证明本研究不存在严重的共同方法偏差问题。

11.4 变量的描述性统计

我们对本部分所涉及的 6 个主要变量——知识分享（因变量）、多元文化经历（自变量）、深度多元文化经历（自变量）、广度多元文化经历（自变量）、核心自我评价（中介变量）、个体多元文化经历评价（调节变量）以及 5 个控制变量——性别、年龄、工作年限、受教育水平和工作职位进行了描述性统计和分析，分析结果见表 11.4 和表 11.5。

在表 11.4 中，我们对 6 个主要变量和 5 个控制变量进行了描述性统计分析，包括变量的均值、标准误、最小值和最大值。

在表 11.5 中，我们对 6 个主要变量和 5 个控制变量进行了相关性分析。从表中我们可以看出，多元文化经历与知识分享具有显著的正相关关系，相关系数为 0.185（$p<0.01$），在一定程度上支持了我们的假设 H1；广度多元文化经历同样与知识分享显著正相关，相关性系数为 0.167（$p<0.05$），支持了我们的假设 H1a；深度多元文化经历与知识分享也具有正相关关系，相关系数为 0.213（$p<0.01$），支持了我们的假设 H1b。除此之外，核心自我评价与知识分享具有显著的正相关关系，相关性系数为 0.667（$p<0.01$），个体多元文化经历评价与知识分享具有显著的负相关关系，相关性系数为-0.191（$p<0.01$），这在一定程度上支持了我们的假设 2 和假设 3。在控制变量方面，年龄、工作年限和工作职位与知识分享具有显著的正相关关系，其他两个控制变量与知识分享的相关关系并不显著。为进一步验证所提出的假设，我们将运用回归分析的方式逐一对所提出的假设进行检验。

表 11.4　主要变量的描述性统计

变量	均值	标准误	最小值	最大值
1. 知识分享	4.193	0.579	2	5
2. 多元文化经历	0.811	0.232	0.181	1.436
3. 深度多元文化经历	0.607	0.532	0.017	2.167
4. 广度多元文化经历	4.799	2.568	1	12
5. 核心自我评价	4.024	0.635	2.111	5
6. 个体多元文化经历评价	1.226	0.845	0.318	5
7. 性别	0.412	0.493	0	1
8. 年龄	29.915	4.077	21	40
9. 工作年限	6.382	3.414	0.600	16
10. 受教育水平	4.070	0.546	2	5
11. 工作职位	1.749	0.833	1	4

注：样本量 N=199。

表 11.5 主要变量的相关性统计分析

变量	1	2	3	4	5	6	7	8	9	10	11
1. 知识分享	1.000										
2. 多元文化经历	0.185***	1.000									
3. 深度多元文化经历	0.213***	0.454***	1.000								
4. 广度多元文化经历	0.167**	0.326***	0.562***	1.000							
5. 核心自我评价	0.667***	0.224***	0.245***	0.179**	1.000						
6. 个体多元文化经历评价	-0.191***	-0.285***	-0.429***	-0.755***	-0.281***	1.000					
7. 性别	0.074	-0.184***	0.032	0.058	-0.017	-0.019	1.000				
8. 年龄	0.146**	-0.119*	0.138*	0.170**	0.201***	-0.148	0.128*	1.000			
9. 工作年限	0.154**	-0.097	0.172**	0.250***	0.205***	-0.198***	0.114	0.893***	1.000		
10. 受教育水平	-0.006	0.146**	0.096	0.075	-0.045	-0.031	-0.052	0.025	-0.108	1.000	
11. 工作职位	0.136*	0.171**	0.234***	0.146**	0.212***	0.177***	0.007	0.409***	0.360***	0.172**	1.000

注：样本量 N=199；其中*表示 $p<0.1$，**表示 $p<0.05$，***表示 $p<0.01$。

11.5 假设检验

在本节中，我们将运用逐步回归的方式，对提出的 4 组假设依次进行检验。

11.5.1 多元文化经历与个体知识分享的假设检验

我们运用逐步回归方法对本书的假设 H1 进行检验，回归结果见表 11.6。我们以知识分享为因变量，构建了模型 1 和模型 2。模型 1 为基准模型，我们以知识分享为因变量，仅加入了本研究当中的 5 个控制变量，分别为：性别、年龄、工作年限、受教育水平和工作职位。回归结果显示，5 个控制变量对知识分享的影响并不显著。在模型 1 的基础上，我们在模型 2 中引入了自变量多元文化经历。回归结果显示，模型在整体上是显著的（$F=2.63$，$p<0.05$），整体的解释力度 R^2 为 0.076，调整后的 R^2 为 0.047，明显优于模型 1，同时也不存在多重共线性的问题（VIF = 1.08）。多元文化经历的回归系数为正向显著（$\beta=0.537$，$p<0.01$），这说明，个体多元文化经历越丰富，越愿意进行知识分享活动，我们的假设 H1 得到了验证。

表 11.6 假设 H1 的回归结果

变量	因变量：知识分享			
	模型 1		模型 2	
	回归系数	标准误	回归系数	标准误
性别	0.071	0.084	0.110	0.083
年龄	−0.001	0.024	0.009	0.023
工作年限	0.020	0.028	0.015	0.027
受教育水平	−0.007	0.080	−0.035	0.079
工作职位	0.067	0.055	0.032	0.055
多元文化经历			0.537***	0.184
常数项	3.967***		3.432***	
R^2 Adjusted R^2 F	0.035 0.010 1.40**	0.576	0.076 0.047 2.63**	0.565

注：样本量 N=199；其中 * 表示 $p<0.1$，** 表示 $p<0.05$，*** 表示 $p<0.01$。

11.5.2 广度多元文化经历与个体知识分享的假设检验

我们同样运用逐步回归法对假设 H1a 进行了检验，回归结果见表 11.7。我们以知识分享为因变量，构建了模型 1 和模型 2。模型 1 依旧为基准模型，仅加入了本研究当中的 5 个控制变量：性别、年龄、工作年限、受教育水平和工作职位。模型 2 在模型 1 的基础上，加入了第二个自变量广度多元文化经历。回归结果显示，模型解释力度 R^2 为 0.051，调整后的 R^2 为 0.022，相比模型 1 有很大提升，且不存在多重共线性的问题（VIF=1.05）。广度多元文化经历的回归系数为正向显著（$\beta=0.030$，$p<0.1$），这说明，个体多元文化经历的广度，将对其知识分享行为产生促进作用，我们的假设 H1a 得到了验证。

表 11.7 假设 H1a 的回归结果

变量	因变量：知识分享			
	模型 1		模型 2	
	回归系数	标准误	回归系数	标准误
性别	0.071	0.084	0.064	0.083
年龄	−0.001	0.024	0.007	0.024
工作年限	0.020	0.028	0.006	0.029
受教育水平	−0.007	0.080	−0.027	0.080
工作职位	0.067	0.055	0.060	0.055
广度多元文化经历			0.030*	0.017
常数项	3.967***		3.780***	
R^2 Adjusted R^2 F	0.035 0.010 1.40**	0.576	0.051 0.022 1.73	0.572

注：样本量 N=199；其中 * 表示 $p<0.1$，** 表示 $p<0.05$，*** 表示 $p<0.01$。

11.5.3 深度多元文化经历与个体知识分享的假设检验

我们同样运用逐步回归方法对假设 H1b 进行了检验，回归结果见表 11.8。因变量仍旧为知识分享，我们建立了两个回归模型。模型 1 仍旧为基准模型，仅加入了本书的 5 个控制变量：性别、年龄、工作年限、受教育水平和工作职位。模型 2 在模型 1 的基础上，加入了自变量深度多元文化经历。回归结果显示，模型在整体上是显著的（F=2.27，$p<0.05$），且不存在多重共线性的问题（VIF=1.07）。整体的解释力度 R^2 为 0.066，调整后的 R^2 为 0.037。深度多元文化经历的回归系数也为正向显著（β=0.201，$p<0.05$），这说明个体多元文化经历的深度，将对其知识分享行为产生促进作用，我们的假设 H1b 得到了验证。

表 11.8 假设 H1b 的回归结果

变量	因变量：知识分享			
	模型 1		模型 2	
	回归系数	标准误	回归系数	标准误
性别	0.071	0.084	0.065	0.083
年龄	-0.001	0.024	0.005	0.023
工作年限	0.020	0.028	0.010	0.028
受教育水平	-0.007	0.080	-0.027	0.079
工作职位	0.067	0.055	0.042	0.055
深度多元文化经历			0.201**	0.079
常数项	3.967***	0.576	3.859***	0.568
R^2	0.035		0.066	
Adjusted R^2	0.010		0.037	
F	1.40**		2.27**	

注：样本量 N=199；其中 * 表示 $p<0.1$，** 表示 $p<0.05$，*** 表示 $p<0.01$。

11.5.4 核心自我评价的中介作用检验

假设 H2 推测多元文化经历会通过核心自我评价的中介效应来影响知识分享行为。我们采用 Baron 和 Kenney（1986）提出的层级回归法进行检验。第一步，我们需验证自变量对因变量具有显著影响，证明自变量的变化能够显著解释因变量的变化。如表 11.9 中模型 4 结果所示，多元文化经历对于员工的知识分享行为具有显著的正向影响（β=0.537，$p<0.01$），第一步得到验证。第二步，我们需验证自变量对中介变量具有显著影响，证明自变量的变化能够显著解释中介变量的变化。如模型 2 结果所示，多元文化经历也对中介变量核心自我评价具有显著的正向影响（β=0.661，$p<0.01$），第二步的条件得以满足。最后，我们对核心自我评价的中介作用进行了检验，将自变量、中介变量和因变量一起放入模型中，证明中介

变量在自变量和因变量的影响关系中具有显著的作用。如模型5结果所示，我们将自变量多元文化经历和中介变量核心自我评价同时放入模型中。结果显示，核心自我评价对知识分享行为具有显著的正向影响（$\beta=0.599$，$p<0.01$），多元文化经历对员工的知识分享行为的正向影响不再显著。中介检验的第三个条件得以满足。这说明，核心自我评价在多元文化经历和员工知识分享的关系中起完全中介作用。因此，假设H2得到验证。

表11.9 假设H2的回归结果（多元文化经历）

变量	因变量：核心自我评价		因变量：知识分享		
	模型1	模型2	模型3	模型4	模型5
	回归系数（S.E.）	回归系数（S.E.）	回归系数（S.E.）	回归系数（S.E.）	回归系数（S.E.）
性别	-0.052 (0.090)	-0.004 (0.089)	0.071 (0.083)	0.110 (0.083)	0.112* (0.064)
年龄	0.010 (0.025)	0.022 (0.025)	-0.001 (0.024)	0.009 (0.023)	-0.004 (0.018)
工作年限	0.015 (0.030)	0.009 (0.029)	0.020 (0.028)	0.015 (0.027)	0.009 (0.021)
受教育水平	-0.080 (0.0896)	-0.114 (0.084)	-0.007 (0.080)	-0.035 (0.079)	0.034 (0.061)
工作职位	0.128 (0.059)	0.085 (0.059)	0.067 (0.055)	0.032 (0.055)	-0.019 (0.043)
多元文化经历		0.661*** (0.197)		0.537*** (0.184)	0.141 (0.145)
核心自我评价					0.599*** (0.052)
常数项	3.743*** (0.603)	3.084*** (0.619)	3.967*** (0.559)	3.432*** (0.578)	1.583*** (0.472)
R^2 Adjusted R^2 F	0.069 0.045 2.88**	0.121 0.094 4.40***	0.035 0.010 1.40	0.076 0.047 2.63**	0.457 0.437 22.96***

注：样本量N=199；其中*表示$p<0.1$，**表示$p<0.05$，***表示$p<0.01$；S.E.为标准误。

假设H2a推测广度多元文化经历会通过核心自我评价的中介作用来影响知识分享行为。同理，我们仍采用Baron和Kenney（1986）提出的三步回归方法进行检验。首先，如表11.10中模型4结果所示，广度多元文化经历对员工的知识分享行为具有显著的正向影响（$\beta=0.030$，$p<0.1$）；其

次，如模型 2 结果所示，广度多元文化经历也对中介变量核心自我评价具有显著的正向影响（$\beta=0.036$，$p<0.05$）。最后，我们同时将自变量广度多元文化经历和中介变量核心自我评价放入模型中。结果显示，核心自我评价对员工的知识分享行为仍具有显著的正向影响（$\beta=0.606$，$p<0.01$），而广度多元文化经历对员工的知识分享行为的正向影响不再显著。中介检验的第三个条件得以满足。这说明，核心自我评价在广度多元文化经历和员工知识分享行为的关系中同样起着完全中介作用。因此，假设 H2a 得到验证。

表 11.10 假设 H2a 的回归结果（广度多元文化经历）

变量	因变量：核心自我评价		因变量：知识分享		
	模型 1	模型 2	模型 3	模型 4	模型 5
	回归系数 (S. E.)	回归系数 (S. E.)	回归系数 (S. E.)	回归系数 (S. E.)	回归系数 (S. E.)
性别	-0.052 (0.090)	-0.061 (0.090)	0.071 (0.083)	0.064 (0.083)	0.100 (0.063)
年龄	0.010 (0.025)	0.019 (0.026)	-0.001 (0.024)	0.007 (0.024)	-0.005 (0.018)
工作年限	0.015 (0.030)	-0.000 (0.031)	0.020 (0.028)	0.006 (0.029)	0.007 (0.022)
受教育水平	-0.080 (0.0896)	-0.103 (0.086)	-0.007 (0.080)	-0.027 (0.080)	0.036 (0.061)
工作职位	0.128 (0.059)	0.120** (0.059)	0.067 (0.055)	0.060 (0.055)	-0.012 (0.042)
广度多元文化经历		0.036** (0.018)		0.030* (0.167)	0.009 (0.013)
核心自我评价					0.606*** (0.051)
常数项	3.743*** (0.603)	3.522*** (0.608)	3.967*** (0.559)	3.780*** (0.565)	1.644*** (0.465)
R^2	0.069	0.088	0.035	0.051	0.456
Adjusted R^2	0.045	0.060	0.010	0.022	0.436
F	2.88**	3.10***	1.40	1.73	22.83***

注：样本量 N=199；其中*表示 $p<0.1$，**表示 $p<0.05$，***表示 $p<0.01$；S. E. 为标准误。

假设 H2b 推测深度多元文化经历会通过核心自我评价的中介作用来影响知识分享行为。同理，我们仍采用 Baron 和 Kenney（1986）提出的三步回归方法进行检验。首先，如表 11.11 中模型 4 结果所示，深度多元文化经历对员工的知识分享行为具有显著的正向影响（$\beta=0.201$，$p<0.05$）；

其次，如模型 2 结果所示，深度多元文化经历也对中介变量核心自我评价具有显著的正向影响（$\beta=0.247$，$p<0.01$）。最后，我们同时将自变量深度多元文化经历和中介变量核心自我评价放入模型中。结果显示，核心自我评价对员工知识分享行为仍具有显著的正向影响（$\beta=0.602$，$p<0.01$）。深度多元文化经历对员工知识分享行为的正向影响不再显著。中介检验的第三个条件得以满足。这说明，核心自我评价在深度多元文化经历和员工知识分享行为的关系中同样起着完全中介作用。因此，假设 H2b 得到验证。

表 11.11 假设 H2b 的回归结果（深度多元文化经历）

变量	因变量：核心自我评价		因变量：知识分享		
	模型 1	模型 2	模型 3	模型 4	模型 5
	回归系数（S. E.）	回归系数（S. E.）	回归系数（S. E.）	回归系数（S. E.）	回归系数（S. E.）
性别	-0.052 (0.090)	-0.059 (0.089)	0.071 (0.083)	0.065 (0.083)	0.101 (0.063)
年龄	0.010 (0.025)	0.018 (0.025)	-0.001 (0.024)	0.006 (0.023)	-0.005 (0.018)
工作年限	0.015 (0.030)	0.003 (0.030)	0.020 (0.028)	0.010 (0.028)	0.008 (0.021)
受教育水平	-0.080 (0.0896)	-0.105 (0.085)	-0.007 (0.080)	-0.027 (0.079)	0.036 (0.061)
工作职位	0.128 (0.059)	0.097** (0.059)	0.067 (0.055)	0.042 (0.055)	-0.016 (0.042)
深度多元文化经历		0.247*** (0.085)		0.201** (0.079)	0.052 (0.062)
核心自我评价					0.602*** (0.051)
常数项	3.743*** (0.603)	3.610*** (0.593)	3.967*** (0.559)	3.859*** (0.553)	1.685*** (0.462)
R^2 Adjusted R^2 F	0.069 0.045 2.88**	0.109 0.081 3.90***	0.035 0.010 1.40	0.066 0.037 2.27**	0.456 0.436 22.90***

注：样本量 N=199；其中*表示 $p<0.1$，**表示 $p<0.05$，***表示 $p<0.01$；S. E. 为标准误。

11.5.5 个体多元文化经历评价的调节作用检验

假设 3 推测个体多元文化经历评价在多元文化经历（H3）、广度多元文化经历（H3a）、深度多元文化经历（H3b）与员工知识分享的关系中起正向调节作用。我们采用逐步回归的方法对三个假设依次进行了检验。

假设 H3 预测个体多元文化经历评价在多元文化经历和员工知识分享的关系中起正向调节作用。我们以知识分享为因变量，构建了模型 1。模型 1 为仅加入了 5 个控制变量——性别、年龄、工作年限、受教育水平和工作职位的基准模型。模型 2 在模型 1 的基础上，同时加入了多元文化经历和个体多元文化经历评价。结果如表 11.12 所示，多元文化经历的系数为正向显著（$\beta=0.453$，$p<0.05$）；个体多元文化经历评价的系数为负向，但不显著（$\beta=-0.076$）。在模型 3 中，我们进一步加入了多元文化经历与个体多元文化经历评价两者的乘积项，结果显示，多元文化经历与个体多元文化经历评价两者的乘积项对知识分享具有显著的正向影响（$\beta=0.562$，$p<0.01$）。这表明，个体对其多元文化经历的评价越好，多元文化经历对其知识分享的影响越大。为更加直观地反映个体多元文化经历评价的调节作用，我们也绘制了调节效应图（见图 11.1）。

表 11.12 假设 H3 的回归结果

变量	因变量：知识分享		
	模型 1	模型 2	模型 3
	回归系数 (S. E.)	回归系数 (S. E.)	回归系数 (S. E.)
性别	0.071 (0.083)	0.103 (0.083)	0.103 (0.082)
年龄	-0.001 (0.024)	0.011 (0.023)	0.009 (0.023)
工作年限	0.020 (0.028)	0.009 (0.028)	0.012 (0.027)
受教育水平	-0.007 (0.080)	-0.037 (0.079)	-0.029 (0.077)
工作职位	0.067 (0.055)	0.031 (0.055)	0.041 (0.054)
多元文化经历		0.453** (0.192)	-0.264 (0.324)
个体多元文化经历评价		-0.076 (0.051)	-0.467 (0.153)
多元文化经历× 个体多元文化经历评价			0.562*** (0.207)

续表

变量	因变量：知识分享		
	模型 1	模型 2	模型 3
	回归系数 （S. E.）	回归系数 （S. E.）	回归系数 （S. E.）
常数项	3. 967*** （0. 559）	3. 592*** （0. 567）	4. 104*** （0. 607）
R^2 Adjusted R^2 F	0. 035 0. 010 1. 40	0. 087 0. 053 2. 58**	0. 121 0. 084 3. 26***

注：样本量 N=199；其中*表示 $p<0.1$，**表示 $p<0.05$，***表示 $p<0.01$；S. E. 为标准误。

假设 H3a 预测个体多元文化经历评价在广度多元文化经历和员工知识分享的关系中起正向调节作用。我们以知识分享为因变量，构建了模型 1。模型 1 为仅加入了 5 个控制变量——性别、年龄、工作年限、受教育水平和工作职位的基准模型。模型 2 在模型 1 的基础上，同时加入了广度多元文化经历和个体多元文化经历评价。结果如表 11. 13 所示，广度多元文化经历的系数为正向，但不显著（$\beta=0.006$）；个体多元文化经历评价的系数为负向，但不显著（$\beta=-0.098$）。在模型 3 中，我们进一步加入了广度多元文化经历与个体多元文化经历评价的乘积项，结果显示，广度多元文化经历与个体多元文化经历评价的乘积项对知识分享具有显著的正向影响（$\beta=0.398$，$p<0.01$）。这表明，个体对其多元文化经历的评价越好，广度多元文化经历对其知识分享的影响越大。为更加直观地反映个体多元文化经历评价的调节作用，我们也绘制了调节效应图（见图 11. 2）。

表 11. 13　假设 H3a 的回归结果

变量	因变量：知识分享		
	模型 1	模型 2	模型 3
	回归系数 （S. E.）	回归系数 （S. E.）	回归系数 （S. E.）
性别	0. 071 （0. 083）	0. 068 （0. 083）	0. 082 （0. 077）
年龄	-0. 001 （0. 024）	0. 005 （0. 024）	-0. 006 （0. 022）
工作年限	0. 020 （0. 028）	0. 008 （0. 029）	0. 020 （0. 027）

续表

变量	因变量：知识分享		
	模型 1	模型 2	模型 3
	回归系数（S. E.）	回归系数（S. E.）	回归系数（S. E.）
受教育水平	-0.007（0.080）	-0.020（0.080）	-0.022（0.074）
工作职位	0.067（0.055）	0.057（0.055）	0.012（0.051）
广度多元文化经历		0.006（0.025）	-0.019（0.024）
个体多元文化经历评价		-0.098（0.074）	-0.170（0.070）
广度多元文化经历×个体多元文化经历评价			0.398***（0.071）
常数项	3.967***（0.559）	4.030***（0.594）	2.885***（0.589）
R^2	0.035	0.060	0.192
Adjusted R^2	0.010	0.026	0.158
F	1.40	1.75	5.65***

注：样本量 N=199；其中*表示 $p<0.1$，**表示 $p<0.05$，***表示 $p<0.01$；S. E. 为标准误。

假设 H3b 预测个体多元文化经历评价在深度多元文化经历和员工知识分享的关系中起正向调节作用。我们以知识分享为因变量，构建了模型 1。模型 1 为仅加入了 5 个控制变量——性别、年龄、工作年限、受教育水平和工作职位的基准模型。模型 2 在模型 1 的基础上，同时加入了深度多元文化经历和个体多元文化经历评价。结果如表 11.14 所示，深度多元文化经历的系数为正向显著（$\beta=0.154$，$p<0.1$）；个体多元文化经历评价的系数为负向，但不显著（$\beta=-0.073$）。在模型 3 中，我们进一步加入了深度多元文化经历与个体多元文化经历评价的乘积项，结果显示，深度多元文化经历与个体多元文化经历评价的乘积项对知识分享具有显著的正向影响（$\beta=0.290$，$p<0.05$）。这表明，个体对其多元文化经历的评价越好，深度多元文化经历对其知识分享的影响越大。为更加直观地反映个体多元文化经历评价的调节作用，我们也绘制了调节效应图（见图 11.3）。

表 11.14 假设 H3b 的回归结果

变量	因变量：知识分享		
	模型 1	模型 2	模型 3
	回归系数 (S.E.)	回归系数 (S.E.)	回归系数 (S.E.)
性别	0.071 (0.083)	0.065 (0.082)	0.075 (0.082)
年龄	-0.001 (0.024)	0.007 (0.023)	-0.000 (0.023)
工作年限	0.020 (0.028)	0.005 (0.028)	0.015 (0.028)
受教育水平	-0.007 (0.080)	-0.029 (0.079)	-0.035 (0.078)
工作职位	0.067 (0.055)	0.041 (0.055)	0.027 (0.055)
深度多元文化经历		0.154* (0.086)	-0.087 (0.139)
个体多元文化经历评价		-0.073 (0.053)	-0.143 (0.062)
深度多元文化经历×个体多元文化经历评价			0.290** (0.132)
常数项	3.967*** (0.559)	3.958*** (0.556)	4.240*** (0.566)
R^2	0.035	0.075	0.098
Adjusted R^2	0.010	0.042	0.060
F	1.40	2.23**	2.59**

注：样本量 N=199；其中*表示 $p<0.1$，**表示 $p<0.05$，***表示 $p<0.01$；S.E. 为标准误。

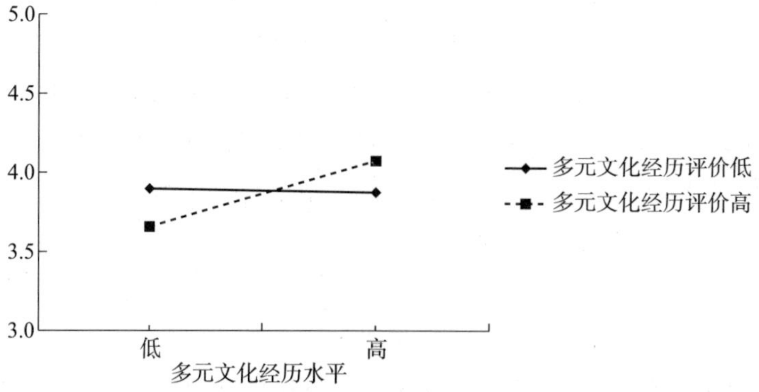

图 11.1 个体多元文化经历评价对多元文化经历与员工知识分享关系的调节作用

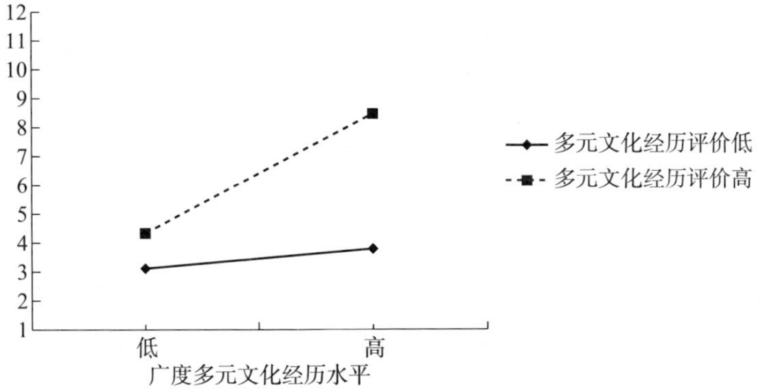

图 11.2 个体多元文化经历评价对广度多元文化经历与员工知识分享关系的调节作用

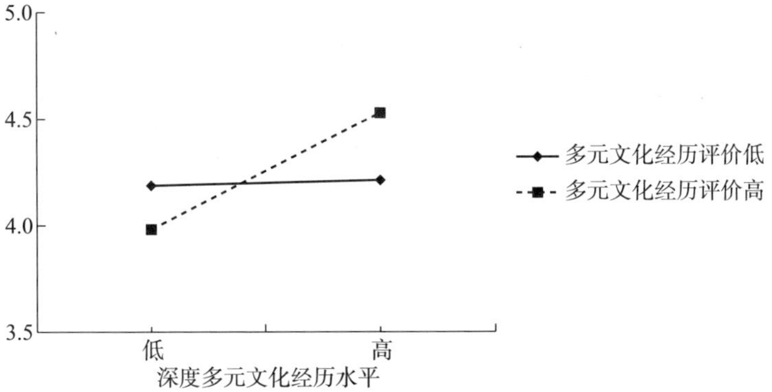

图 11.3 个体多元文化经历评价对深度多元文化经历与员工知识分享关系的调节作用

11.5.6 被调节的中介作用检验

假设 H4 认为，核心自我评价的中介作用大小依赖于个体多元文化经历评价，即表现为被调节的中介作用。我们采用 Edwards 和 Lambert（2007）提出的调节路径分析法，利用刀切法，分析了核心自我评价对多元文化经历与知识分享行为的中介作用如何被个体多元文化经历评价所调节。我们运用 Preacher 和 Hayes（2008）开发的 SPSS Process 宏来检验在调节变量的不同水平上，中介效应的大小及显著性，这一方法在组织研究的领域上得到广泛认可和应用。本书将 Bootstrap 抽样设定为 5000 次进行运算，计算 95%的置信区间，检验假设 4、假设 4a、假设 4b 中的被调节的中介模型。模型回归结果显示在表 11.15 和表 11.16 中。Bootstrap 分析结果表明，在广度多元文化经历和深度多元文化经历影响知识分享的中介过程中受到了个体多元文化经历评价调节作用，但是在整体多元文化经历影响知识分享的中介过程中没有受到个体多元文化经历评价调节作用。

在广度多元文化经历影响知识分享的中介过程中，首先，广度多元文化经历与个体多元文化经历评价的乘积项为正向显著（$\beta = 0.44$，$p < 0.01$）。进一步地，当调节变量个体多元文化经历评价取两种不同的条件值，即高个体多元文化经历评价（均值加上 1 个标准差）和低个体多元文化经历评价（均值减去 1 个标准差）时，间接效应的估计结果显示，在高个体多元文化经历评价的情况下，广度多元文化经历通过核心自我评价影响知识分享行为的间接效应是 0.855，95% 的置信区间为［0.555，1.556］，此区间不包括 0，说明这种间接效应显著；而在低个体多元文化经历评价的情况下，广度多元文化经历通过核心自我评价影响知识分享行为的间接效应为 0.116，95%的置信区间为［0.049，0.183］，此区间不包括 0，说明这种间接效应显著。并且，这两个间接效应的估计结果之间存在显著的差异（$\Delta\beta = 0.17$，$p < 0.1$）。同时，本研究还在表 11.15 中报告了 Process 运算得到的被调节的中介判定指标 INDEX。INDEX 的值为 0.265，95%的置信区间为［0.152，0.404］，此区间也不包括 0，说明有调节的中介效应是显著的。根据上述结果，假设 H4a 得到验证，即个体多元文化经历评价调节了核心自我评价在广度多元文化经历——知识分享行为关系中的中介作用，在个体多元文化经历评价高的情况下，核心自我评价在广度多元文化经历与知识分享行为关系中的中介作用变强；而在个体多元文化经历评价低的情况下，上述中介作用减弱。

表 11.15　假设 H4a 的回归结果（广度多元文化经历）

变量	核心自我评价	
	β	S. E.
性别	-0.034	0.081
年龄	0.003	0.023
工作年限	0.017	0.028
受教育水平	-0.090	0.078
工作职位	0.061	0.054
广度多元文化经历	-0.051**	0.025
个体多元文化经历评价	-0.032***	0.073

续表

变量	核心自我评价	
	β	S. E.
广度多元文化经历×个体多元文化经历评价	0.437***	0.749
常数项	2.866***	0.618***
R^2	0.263	
F	0.847***	

利用 Bootstrap 估计的条件间接效应

调节变量	Effect	S. E.	下限	上限
高个体多元文化经历评价	0.855	0.152	0.555	1.556
低个体多元文化经历评价	0.116	0.034	0.049	0.183

被调节的中介效应

INDEX	S. E.	下限	上限
0.265	0.064	0.152	0.404

注：样本量 N=199；其中*表示 $p<0.1$，**表示 $p<0.05$，***表示 $p<0.01$；S. E. 为标准误；高个体多元文化经历评价代表均值加 1 个标准差，低个体多元文化经历评价代表均值减 1 个标准差。

在深度多元文化经历影响知识分享的中介过程中，首先，深度多元文化经历与个体多元文化经历评价的乘积项为正向显著（$\beta=0.45$，$p<0.01$）。进一步地，当调节变量个体多元文化经历评价取两种不同的条件值，即高个体多元文化经历评价（均值加上 1 个标准差）和低个体多元文化经历评价（均值减去 1 个标准差）时，间接效应的估计结果显示，在高个体多元文化经历评价的情况下，深度多元文化经历通过核心自我评价影响知识分享行为的间接效应是 0.708，95%的置信区间为［0.32，1.089］，此区间不包括 0，说明这种间接效应显著；而在低个体多元文化经历评价的情况下，深度多元文化经历通过核心自我评价影响知识分享行为的间接效应为 0.108，95%的置信区间为［-0.263，0.165］，此区间包括 0，说明这种间接效应不显著。并且，这两个间接效应的估计结果之间存在显著的差异（$\Delta\beta=0.60$，$p<0.1$）。同时，本书还在 11.16 中报告了 Process 运算得到的被调节的中介判定指标 INDEX。INDEX 的值为 0.270，95%的置信区间为［0.106，0.544］，此区间也不包括 0，说明有调节的中介效应是显著的。根据上述结果，假设 H4b 得到验证，即个体多元文化经历评价调节

了核心自我评价在深度多元文化经历——知识分享行为的关系中起中介作用，在个体多元文化经历评价高的情况下，核心自我评价在深度多元文化经历与知识分享行为关系中的中介作用增强；而在个体多元文化经历评价低的情况下，上述中介作用不显著。

表 11. 16　假设 H4b 的回归结果（深度多元文化经历）

变量	核心自我评价	
	β	S. E.
性别	−0. 044	0. 085
年龄	0. 010	0. 024
工作年限	0. 009	0. 029
受教育水平	−0. 118	0. 082
工作职位	0. 073	0. 057
深度多元文化经历	−0. 219	0. 145
个体多元文化经历评价	−0. 256***	0. 064
深度多元文化经历×个体多元文化经历评价	0. 448***	0. 138
常数项	4. 244***	0. 591***
R^2	0. 185	
F	5. 380***	

利用 Bootstrap 估计的条件间接效应

调节变量	Effect	S. E.	下限	上限
高个体多元文化经历评价	0. 708	0. 193	0. 327	1. 089
低个体多元文化经历评价	−0. 049	0. 108	−0. 263	0. 165

被调节的中介效应

INDEX	S. E.	下限	上限
0. 270	0. 112	0. 106	0. 544

注：样本量 N=199；其中*表示 $p<0.1$，**表示 $p<0.05$，***表示 $p<0.01$；S. E. 为标准误；高个体多元文化经历评价代表均值加 1 个标准差，低个体多元文化经历评价代表均值减 1 个标准差。

11. 6　本章小结

我们依据调查问卷所获得数据对所有假设进行了检验。首先，对本研究所使用量表的信度和效度进行了检验，检验结果均通过。其次，我们对可能存在的共同方法偏差问题进行了检验，结果显示本研究不存在严重的共同方法偏差问题。再次，我们对本研究的所有变量进行了描述性统计分析和相关分析。最后，我们使用逐步回归的方法，依次对提出的所有假设进行了检验。结果表明，大部分假设都得到了验证，具体见表 11.17。

表 11.17　假设检验结果

假设	是否成立
H1：个体多元文化经历对知识分享具有正向影响	成立
H1a：广度多元文化经历对知识分享具有正向影响	成立
H1b：深度多元文化经历对知识分享具有正向影响	成立
H2：核心自我评价在个体多元文化经历与知识分享的关系中起中介作用	成立
H2a：核心自我评价在个体广度多元文化经历与知识分享的关系中起中介作用	成立
H2b：核心自我评价在个体深度多元文化经历与知识分享的关系中起中介作用	成立
H3：多元文化经历评价在个体多元文化经历和知识分享的关系中起调节作用	成立
H3a：多元文化经历评价在个体广度多元文化经历和知识分享的关系中起调节作用	成立
H3b：多元文化经历评价在个体深度多元文化经历和知识分享的关系中起调节作用	成立
H4：个体多元文化经历评价会正向调节核心自我评价在多元文化经历与知识分享关系中的中介作用	成立
H4a：个体多元文化经历评价会正向调节核心自我评价在广度多元文化经历与知识分享关系中的中介作用，即个体多元文化经历的评价越积极，核心自我评价在广度多元文化经历与知识分享关系中的中介效应越显著	成立
H4b：个体多元文化经历评价会正向调节核心自我评价在深度多元文化经历与知识分享关系中的中介作用，即个体多元文化经历的评价越积极，核心自我评价在深度多元文化经历与知识分享关系中的中介效应越显著	成立

第12章

研究总结：多元文化经历与知识分享

在本章中，我们总结了本部分的主要研究结论，对研究的理论贡献和管理意义进行了讨论，并提出了研究的局限和未来发展方向。

12.1 研究结论

本研究在文献分析和问卷调研的基础上，探讨了企业员工多元文化经历（包括广度多元文化经历和深度多元文化经历）对其知识分享行为的影响。同时，我们探讨了核心自我评价在上述影响关系中的中介作用，以及多元文化经历评价在上述影响关系中的调节作用。

在本研究中，我们最终收集了 199 个有效样本，通过回归分析、中介检验、调节和被调节的中介检验等方法，对提出的 4 组假设依次进行了检验。实证研究的结果基本证实了我们的假设，具体研究结论如下：

（1）个体的多元文化经历（包括广度多元文化经历和深度多元文化经历）对其知识分享具有显著的正向影响。

（2）核心自我评价在个体多元文化经历（包括广度多元文化经历和深度多元文化经历）与知识分享的关系中起中介作用。

（3）多元文化经历评价在个体多元文化经历（包括广度多元文化经历和深度多元文化经历）和知识分享的关系中起调节作用，即个体对自身多元文化经历的评价越积极，多元文化经历对知识分享的影响越显著。

（4）个体多元文化经历评价会正向调节核心自我评价在多元文化经历（包括广度多元文化经历和深度多元文化经历）与知识分享关系中的中介作用，即个体多元文化经历的评价越积极，核心自我评价在多元文化经历与知识分享关系中的中介效应越显著。

12.2 理论贡献

本研究的理论贡献主要体现在以下四方面：

（1）本研究探讨了全球化背景下企业员工的多元文化经历（包括深度多元文化经历和广度多元文化经历）与其知识分享行为之间的关系问题，拓展了多元文化经历在组织管理领域的研究范畴。目前已有的多元文化经历探讨主要集中于社会心理学领域，相关研究主要探索了多元文化环境和多元文化经历对个体认知表现的影响（例如，Hofstede et al.，1990；Triandis & Gelfand，1998；Gelfand et al.，2017）。在管理学领域，最早由国际商务领域的学者们开始探讨员工外派的相关议题（Carpenter et al.，2001）。而后在组织研究中，学者们主要集中于多元文化经历对个体层面少数几个心理和行为指标的影响，例如员工创造力（Lee & Kim，2011；Perry-Smith & Shalley，2014；Lu，Hafenbrack et al.，2017；Shipilov et al.，2017；Chua，2018）、人际信任（Cao et al.，2014）、群体偏见（Tadmor et al.，2012；2018）等。然而，总体而言，目前在组织管理领域对多元文化经历与个体工作表现的研究还不够深入，尚未有与知识管理相关的研究。因此，本研究将多元文化经历的研究拓展至知识分享层面，探讨了多元文化经历的广度和深度对员工知识分享行为的影响。

（2）本研究将多元文化经历引入知识管理的研究范畴，为知识分享研究提供了新背景和新思路。早期有关员工知识分享行为的研究集中在信息系统领域，关注企业内部的知识管理系统对于员工知识分享的影响。之后，学者们发现知识管理系统的促进作用有限，因此逐步将研究拓展至组织行为学、战略管理和心理学领域，探讨心理、环境等因素对于员工知识分享行为的影响。例如：在组织情境层面探讨了组织文化和氛围、管理支持、薪酬奖励制度和组织结构等；在团队特征与人际关系方面探讨了团队属性、多样性、社会网络、人际信任和公平等；在个体特征和领导因素方面，主要从个体性格特征、动机、态度以及领导类型等方面开展对员工知识分享的研究。然而，目前有关文化层面前因变量的研究，主要关注企业宏观层面，尚未有研究从个体的文化背景层面进行探讨。因此在本书中，我们采用个体多元文化经历的视角，同时考察了员工的多元文化经历广度和深度分别对于知识分享行为的影响，丰富了员工知识分享行为的前因变量研究。

（3）本研究将核心自我评价引入员工知识分享行为的研究中，探讨了影响员工知识分享行为的内部机制。核心自我评价是指人们对自己的自我价值、能力和能量的基本评价（Judge et al.，1997），它是促进员工做出积极行为的重要动机因素。已有研究发现，个体的核心自我评价会对员工的工作绩效（Eraz & Judge，2001；Bono & Judge，2003；Grant & Wrzesniewski，2010）、工作满意度（Judge et al.，2005；Dormann et al.，2006）、组织承诺（Johnson et al.，2010）以及组织公民行为（Chang et al.，2011）等产生显著的正向影响。在本研究中，我们提出多元文化经历可能会通过增加个体的多样化知识和技能提高其核心自我评价，进而促进知识分享行为。

（4）我们将多元文化经历评价整合到多元文化经历与知识分享的关系研究中，丰富了影响员工知识分享行为的情境因素研究。多元文化经历评价是指个体对自身所经历的多元文化给予的积极或消极评价。已有研究发现，个体积极的多元文化经历能够更加促进其对个体创造力等特征的影响（Maddux et al.，2010），而消极的经历可能会阻碍对个体特征的积极影响，甚至会产生负面影响（黄林洁琼等，2018）。因此，我们引入多元文化经历评价这一概念，通过探讨其与多元文化经历和员工知识分享间的关系，加深对于情境和边界因素的理解。

12.3 管理启示

（1）本研究有助于企业科学认识多元文化经历对于员工知识分享的作用，在员工选拔及团队构成中，将多元文化经历当作参考，促进企业内部员工间的知识分享行为。随着企业对于多元文化经历的关注和重视，也可以对在职员工开展多元文化经历的培训活动。根据以往研究结论，多元文化经历的增长并不一定需要物理上的“移动”，学习外国语言、结交外国朋友等都属于多元文化经历，这些都会对员工的知识分享行为产生积极影响。因此，企业人力资源管理部门可以科学设计各类多元文化经历的培养体系，以达到更好的人才培养目标，促进内部的知识分享与交流。

（2）本研究有利于企业更好地发挥知识管理系统的作用，节省企业在知识管理系统方面的投入。过往研究指出，知识管理系统对于员工知识分享行为的促进作用十分有限，系统本身并不能显著促进知识分享行为。只有综合考虑企业内外部环境、个体特征等多方面因素才能达到理想的知识管理效果。因此，我们建议企业在实践中多关注个体多元文化经历这一影响因素，可以通过跨文化团队合作等灵活工作形式，提升员工间的知识分享与交流。

（3）本研究还发现了核心自我评价及多元文化经历评价在个体多元文化经历与知识分享关系中的情境作用，这也为组织文化和氛围的积极构建提供了一定的参考。虽然本研究发现多元文化经历会对个体核心自我评价产生积极影响，进而促进知识分享行为，但这并不意味着多元文化经历是提升个体核心自我评价的唯一途径。企业也可以在组织文化的层面推行更加包容和多元的文化氛围，为员工提供在不同文化背景下工作的机会，提高员工的核心自我评价，进而促进知识分享和交流。此外，企业也应积极引导员工接受和包容多元文化，例如在企业内部组织不同国家的文化之旅活动等，这将有助于员工对多元文化产生积极评价，进而促进多元文化对个体和企业知识分享带来积极影响。

12.4 研究局限与未来展望

本研究也存在一定的局限性，我们希望能在未来的研究中得到改进和发展。

（1）本研究所有的调查数据均由企业员工个人填写，未从多个数据来源收集，因此可能存在共同方法偏差问题。虽然我们通过 Harman 单因素方法对此问题进行了检验，并发现其在可接受范围内，但我们依然无法完全消除影响。在未来的研究中，我们建议可以考虑从领导、同事、客观绩效等多个来源收集数据，以消除共同方法偏差的影响。

（2）本研究的数据均由中国的企业员工填写，这对于多元文化经历数据的代表性具有一定的影响。同时，由于近两年新冠肺炎疫情，个体的多元文化经历显著减少，汇报的经历发生时间也较久。未来我们将拓展样本至全球范围，收集范围更广、代表性更强的多元文化经历信息，提升数据的代表性和丰富性。

（3）本研究样本数据为同一时点收集的横截面数据，虽然我们从理论上提出假设并通过问卷调查数据基本验证了所有假设，但仍未能完全证明变量之间存在的因果关系。在未来的研究中，建议运用纵向数据进一步检验。可以考虑在第一个时点上收集自变量信息，在第二个时点上收集因变量信息，以此确保原因发生在前，结果产生在后。此外，我们也可以考虑采用实验室的研究方法，通过心理学实验，检验自变量和因变量之间的因果关系。

参考文献

[1] Adam, H., Obodaru, O., Lu, J. G., Maddux, W. W., Galinsky, A. D., & Crichton, M. The shortest path to oneself leads around the world: Living abroad increases self-concept clarity. Organizational Behavior and Human Decision Processes, 2018, 145: 16-29.

[2] Affinito S J, Antoine G E, Chao M, et al. Multicultural experience and social dynamics. Academy of Management Proceedings. Briarcliff Manor, NY 10510: Academy of Management, 2021 (1): 11745.

[3] Affinito, S., Maddux, W. W., Antoine, G., & Gray, K. Eat, Pray... Hate? Negative multicultural experiences can increase outgroup bias. Working paper, 2020.

[4] Aiken L S, West S G. Multiple regression: Testing and interpreting interactions. Newbury Park: Sage, 1991.

[5] Ajzen I. The theory of planned behavior. Organizational Behavior and Human Decision Processes, 1991, 50 (2): 179-211.

[6] Ajzen, I., & Fishbein, M. A Bayesian analysis of attribution processes. Psychological Bulletin, 1975, 82 (2): 261-277.

[7] Al-Alawi A I, Al-Marzooqi N Y, Mohammed Y F. Organizational culture and knowledge sharing: Critical success factors. Journal of Knowledge Management, 2007, 11 (2): 22-42.

[8] Allen D G, Shore L M, Griffeth R W. The role of perceived organizational support and supportive human resource practices in the turnover process. Journal of Management, 2003, 29 (1): 99-118.

[9] Argote L. Organizational learning: Creating, retaining and transferring knowledge. Boston, MA: Kluwer Academic Publishers, 1999.

[10] Armeli, S., Eisenberger, R., Fasolo, P., Lynch, P. Perceived

organizational support and police performance: The moderating influence of socioemotional needs. Journal of Applied Psychology, 1998, 83 (2): 288-297.

[11] Aryee S, Budhwar P S, Chen Z X. Trust as a mediator of the relationship between organizational justice and work outcomes: Test of a social exchange model. Journal of Organizational Behavior, 2002, 23 (3): 267-285.

[12] Atwater L, Carmeli A. Leader-member exchange, feelings of energy, and involvement in creative work. The Leadership Quarterly, 2009, 20 (3): 264-275.

[13] Babcock P. Shedding light on knowledge management. HR Magazine, 2004, 49 (5): 46-50.

[14] Bandura A. Self-efficacy: Toward a unifying theory of behavioral change. Psychological Review, 1977, 84 (2): 191-215.

[15] Bandura, A. Reflections on self-efficacy. Advances in Behaviour Research and Therapy, 1978, 1 (4), 237-269.

[16] Bandura A, Jourden F J. Self-regulatory mechanisms governing the impact of social comparison on complex decision making. Journal of Personality and Social Psychology, 1991, 60 (6): 941-951.

[17] Bandura A, Wood R. Effect of perceived controllability and performance standards on self-regulation of complex decision making. Journal of Personality and Social Psychology, 1989, 56 (5): 805-814.

[18] Banks, G. C., Batchelor, J. H., Seers, A., O'Boyle Jr, E. H. What does team-member exchange bring to the party? A meta-analytic review of team and leader social exchange. Journal of Organizational Behavior, 2014, 35 (2): 273-295.

[19] Barlow, F. K., Paolini, S., Pedersen, A., Hornsey, M. J. The contact caveat: Negative contact predicts increased prejudice more than positive contact predicts reduced prejudice. Personality and Social Psychology Bulletin, 2012, 38 (12): 1629-1643.

[20] Baron R M, Kenny D A. The moderator-mediator variable distinction in social psychological research: Conceptual, strategic, and statistical considerations. Journal of Personality and Social Psychology, 1986, 51 (6): 1173-1182.

[21] Bartol, K. M., Liu, W., Zeng, X., & Wu, K. Social exchange

and knowledge sharing among knowledge workers: The moderating role of perceived job security. Management and Organization Review, 2009, 5 (2): 223-240.

[22] Bartol K M, Srivastava A. Encouraging knowledge sharing: The role of organizational reward systems. Journal of Leadership & Organizational Studies, 2002, 9 (1): 64-76.

[23] Bavik, Y. L., Tang, P. M., Shao, R., Lam, L. W. Ethical leadership and employee knowledge sharing: Exploring dual-mediation paths. The Leadership Quarterly, 2018, 29 (2): 322-332.

[24] Benet-Martínez V, Lee F, Leu J. Biculturalism and cognitive complexity: Expertise in cultural representations. Journal of Cross-Cultural Psychology, 2006, 37 (4): 386-407.

[25] Bhaskar-Shrinivas, P., Harrison, D. A., Shaffer, M. A., Luk, D. Input-based and time-based models of international adjustment: Meta-analytic evidence and theoretical extensions. Academy of Management Journal, 2005, 48 (2): 257-281.

[26] Blau P M. Exchange and power in social life. New York: Transaction Publishers, 1964.

[27] Bock, G. W., Zmud, R. W., Kim, Y. G., Lee, J. N. Behavioral intention formation in knowledge sharing: Examining the roles of extrinsic motivators, social-psychological forces, and organizational climate. MIS Quarterly, 2005, 29 (1): 87-111.

[28] Boh W F, Wong S S. Managers versus co-workers as referents: Comparing social influence effects on within- and outside-subsidiary knowledge sharing. Organizational Behavior and Human Decision Processes, 2015, 126 (126): 1-17.

[29] Bolino, M. C., Hsiung, H., Harvey, J., LePine, J. A. "Well, I'm Tired of Tryin'!" Organizational citizenship behavior and citizenship fatigue. Journal of Applied Psychology, 2015, 100 (1): 56-74.

[30] Bono, J. E., Judge, T. A. Core self-evaluations: A review of the trait and its role in job satisfaction and job performance. European Journal of Personality, 2003, 17 (1_ suppl): S5-S18.

[31] Brown, D. J., Ferris, D. L., Heller, D., Keeping, L. M. Antecedents and consequences of the frequency of upward and downward social comparisons at work. Organizational Behavior and Human Decision Processes, 2007, 102 (1): 59-75.

[32] Brown S D, Lent R W, Larkin K C. Self-efficacy as a moderator of scholastic aptitude-academic performance relationships. Journal of Vocational Behavior, 1989, 35 (1): 64-75.

[33] Burnett M F, Chiaburu D S, Shapiro D L, Li N. Revisiting how and when perceived organizational support enhances taking charge: An inverted U-Shaped perspective. Journal of Management, 2015, 41 (7): 1805-1826.

[34] Cabrera A, Cabrera E F. Knowledge-sharing dilemmas. Organization Studies, 2002, 23 (5): 687-710.

[35] Cabrera Á, Collins W C, Salgado J F. Determinants of individual engagement in knowledge sharing. International Journal of Human Resource Management, 2006, 17 (2): 245-264.

[36] Cabrera E F, Cabrera A. Fostering knowledge sharing through people management practices. The International Journal of Human Resource Management, 2005, 16 (5): 720-735.

[37] Cao, J., Galinsky, A. D., Maddux, W. W. Does travel broaden the mind? Breadth of foreign experiences increases generalized trust. Social Psychological and Personality Science, 2014, 5 (5): 517-525.

[38] Cao, J., Galinsky, A. D. The Diversity-Uncertainty-Valence (DUV) model of generalized trust development. Organizational Behavior and Human Decision Processes, 2020, 161: 49-64.

[39] Carpenter, S., Walker, B., Anderies, J., Abel N. From metaphor to measurement: Resilience of what to what? Ecosystems, 2001, 4: 765-781.

[40] Cattell R B. A biometrics invited paper. Factor analysis: An introduction to essentials I. The purpose and underlying models. Biometrics, 1965, 21 (1): 190-215.

[41] Chang, C. C., Tsai, M. C., Tsai, M. S. The organizational citizenship behaviors and organizational commitments of organizational members influences the effects of organizational learning. International Journal of Trade. Economics

and Finance, 2011, 2 (1): 61-66.

[42] Caligiuri, P. M. The big five personality characteristics as predictors of expatriate's desire to terminate the assignment and supervisor-rated performance. Personnel Psychology, 2000, 53: 67-88.

[43] Carter C, Scarbrough H. Towards a second generation of KM? The people management challenge. Education Training, 2001, 43 (4/5): 215-224.

[44] Chang H H, Chuang S S. Social capital and individual motivations on knowledge sharing: Participant involvement as a moderator. Information & Management, 2011, 48 (1): 9-18.

[45] Chang, J. H., Hsu, C. C., Shih, N. H., Chen, H. C. Multicultural families and creative children. Journal of Cross-Cultural Psychology, 2014, 45 (8): 1288-1296.

[46] Chen G, Bliese P D. The role of different levels of leadership in predicting self- and collective efficacy: Evidence for discontinuity. Journal of Applied Psychology, 2002, 87 (3): 549-556.

[47] Chen G, Gully S M, Eden D. Validation of a new general self-efficacy scale. Organizational Research Methods, 2001, 4 (1): 62-83.

[48] Chen X P, Au W T, Komorita S S. Sequential choice in a step-level public goods dilemma: The effects of criticality and uncertainty. Organizational Behavior and Human Decision Processes, 1996, 65 (1): 37-47.

[49] Chen, X., Leung, A. K. Y., Yang, D. Y. J., Chiu, C. Y. Cultural threats in culturally mixed encounters hamper creative performance for individuals with lower openness to experience. Journal of Cross-Cultural Psychology, 2016, 47 (10): 1321-1334.

[50] Chen Z, Lam W, Zhong J A. Leader-member exchange and member performance: A new look at individual-level negative feedback-seeking behavior and team-level empowerment climate. Journal of Applied Psychology, 2007, 92 (1): 202-212.

[51] Cheng, C. Y., Lee, F. The malleability of bicultural identity integration (BII). Journal of Cross-Cultural Psychology, 2013, 44 (8): 1235-1240.

[52] Cheng, C. Y., Sanchez-Burks, J., Lee, F. Connecting the dots within. Psychological Science, 2008, 19 (11): 1178-1184.

[53] Chiu C, Hsu M, Wang E T. Understanding knowledge sharing in virtual communities: An integration of social capital and social cognitive theories. Decision Support Systems, 2006, 42 (3): 1872-1888.

[54] Chiu, C. Y., Mallorie, L., Keh, H. T., Law, W. Perceptions of culture in multicultural space: Jointpresentation of images from two cultures increases ingroup attribution of culture-typical characteristics. Journal of Cross-Cultural Psychology, 2009 (40): 282-300.

[55] Chow C W, Deng F J, Ho J L. The openness of knowledge sharing within organizations: A comparative study of the United States and the People's Republic of China. Journal of Management Accounting Research, 2000, 12 (1): 65-95.

[56] Chow W S, Chan L S. Social network, social trust and shared goals in organizational knowledge sharing. Information & Management, 2008, 45 (7): 458-465.

[57] Chowdhury S. The role of affect and cognition-based trust in complex knowledge sharing. Journal of Managerial Issues, 2005, 17 (3): 310-326.

[58] Chua, R. Y. The costs of ambient cultural disharmony: Indirect intercultural conflicts in social environment undermine creativity. Academy of Management Journal, 2013, 56 (6): 1545-1577.

[59] Chua, R. Y. J., Morris, M. W., Mor, S. Collaborating across cultures: Cultural meta-cognition and affect-based trust in creative collaboration. Organizational Behavior and Human Decision Processes, 2012, 118 (2): 116-131.

[60] Chua, R. Y. J. Innovating at cultural crossroads: How multicultural social networks promote idea flow and creativity. Journal of Management, 2018, 44 (3): 1119-1146.

[61] Chua, R. Y., Roth, Y., Lemoine, J. F. The impact of culture on creativity: How cultural tightness and cultural distance affect global innovation crowdsourcing work. Administrative Science Quarterly, 2015, 60 (2): 189-227.

[62] Cohen, E. Expatriate communities. Current Sociology, 1997, 24 (3): 5-90.

[63] Cohen-Charash Y, Spector P E. The role of justice in organizations:

A meta-analysis. Organizational Behavior and Human Decision Processes, 2001, 86 (2): 278-321.

[64] Colquitt, J. A., Conlon, D. E., Wesson, M. J., Porter, C. O. Justice at the millennium: A meta-analytic review of 25 years of organizational justice research. Journal of Applied Psychology, 2001, 86 (3): 425-445.

[65] Constant D, Kiesler S, Sproull L. What's mine is ours, or is it? A study of attitudes about information sharing. Information Systems Research, 1994, 5 (4): 400-421.

[66] Cooper C D, Kong D T, Crossley C D. Leader humor as an interpersonal resource: Integrating three theoretical perspectives. Academy of Management Journal, 2018, 61 (2): 769-796.

[67] Costa Jr P T, McCrae R R. From catalog to classification: Murray's needs and the five-factor model. Journal of personality and social psychology, 1988, 55 (2): 258-265.

[68] Coyle-shapiro J A, Conway N. Exchange relationships: Examining psychological contracts and perceived organizational support. Journal of Applied Psychology, 2005, 90 (4): 774-781.

[69] Cropanzano, R, Howes, J C, Grandey A A. The relationship of organizational politics and support to work behaviors, attitudes, and stress. Journal of Organizational Behavior, 1997, 18 (2): 159-180.

[70] Dansereau F, Cashman J, Graen G. Instrumentality theory and equity theory as complementary approaches in predicting the relationship of leadership and turnover among managers. Organizational Behavior and Human Performance, 1973, 10 (2): 184-200.

[71] Dansereau F, Graen G, Haga W J. A vertical dyad linkage approach to leadership within formal organizations: A longitudinal investigation of the role making process. Organizational Behavior and Human Performance, 1975, 13 (1): 46-78.

[72] Davenport T H, Prusak L. Working knowledge: How organizations manage what they know. Boston, Massachusetts: Harvard Business School Press, 1998.

[73] David W, Fahey L. Diagnosing cultural barriers to knowledge man-

agement. The Academy of Management Executive, 2000, 14 (4): 113-127.

[74] De Cremer D, Tyler T R, den Ouden N. Managing cooperation via procedural fairness: The mediating influence of self-other merging. Journal of E-conomic Psychology, 2005, 26 (3): 393-406.

[75] Deci E L, Ryan R M. Self - determination theory: When mind mediates behavior. The Journal of Mind and Behavior, 1980: 33-43.

[76] Deci E L, Ryan R M. The "what" and "why" of goal pursuits: Human needs and the self-determination of behavior. Psychological Inquiry, 2000, 11 (4): 227-268.

[77] De Vries R E, Van den Hooff B, de Ridder J A. Explaining knowledge sharing the role of team communication styles, job satisfaction, and performance beliefs. Communication Research, 2006, 33 (2): 115-135.

[78] Dienesch R M, Liden R C. Leader-member exchange model of leadership: A critique and further development. Academy of Management Review, 1986, 11 (3): 618-634.

[79] Dormann, C., Fay, D., Zapf, D., Frese, M. A state-trait analysis of job satisfaction: On the effect of core self-evaluations. Applied Psychology, 2006, 55 (1): 27-51.

[80] Duchon D, Green S G, Taber T D. Vertical dyad linkage: A longitudinal assessment of antecedents, measures, and consequences. Journal of Applied Psychology, 1986, 71 (1): 56-60.

[81] Dwertmann D J G, Boehm S A. Status Matters: The asymmetric effects of supervisor-subordinate disability incongruence and climate for inclusion. Academy of Management Journal, 2016, 59 (1): 44-64.

[82] Eden D, Kinnar J. Modeling Galatea: Boosting self-efficacy to increase volunteering. Journal of Applied Psychology, 1991, 76 (6): 770-780.

[83] Eder P, Eisenberger R. Perceived organizational support: Reducing the negative influence of coworker withdrawal behavior. Journal of Management, 2008, 34 (1): 55-68.

[84] Edwards, J. R., & Lambert, L. S. Methods for integrating moderation and mediation: A general analytical framework using moderated path analysis. Psychological Methods, 2007, 12 (1): 1-22.

[85] Eisenberger R, Armeli S, Rexwinkel B, et al. Reciprocation of perceived organizational support. Journal of Applied Psychology, 2001, 86 (1): 42-51.

[86] Eisenberger R, Cummings J, Armeli S, et al. Perceived organizational support, discretionary treatment, and job satisfaction. Journal of Applied Psychology, 1997, 82 (5): 812-820.

[87] Eisenberger R, Fasolo P, Davis-Lamastro V. Perceived organizational support and employee diligence, commitment, and innovation. Journal of Applied Psychology, 1990, 75 (1): 51-59.

[88] Eisenberger R, Huntington R, Hutchison S, et al. Perceived Organizational Support. Journal of Applied Psychology, 1986, 71 (3): 500-507.

[89] Erez, A., & Judge, T. A. Relationship of core self-evaluations to goal setting, motivation, and performance. Journal of Applied Psychology, 2001, 86 (6): 1270-1279.

[90] Elovainio, M., Kivimäki, M., Helkama, K. Organizational justice evaluations, job control, and occupational strain. Journal of Applied Psychology, 2001, 86 (3): 418-424.

[91] Farh, C. I. C., Lanaj, K., Ilies, R. Resource-based contingencies of when team-member exchange helps member performance in teams. Academy of Management Journal, 2017, 60 (3): 1117-1137.

[92] Farh J, Hackett R D, Liang J. Individual-level cultural values as moderators of perceived organizational support-employee outcome relationships in china: Comparing the effects of power distance and the Hong Kong University of Science and Technology. Academy of Management Journal, 2007, 50 (3): 715-729.

[93] Farmer, S. M., Dyne, L. V., Kamdar, D. The Contextualized Self: How team - member exchange leads to coworker identification and helping OCB. Journal of Applied Psychology, 2015, 100 (2): 583-595.

[94] Ferrin D L, Dirks K T. The use of rewards to increase and decrease trust: Mediating processes and differential effects. Organization Science, 2003, 14 (1): 18-31.

[95] Fisk G M, Friesen J P. Perceptions of leader emotion regulation and

LMX as predictors of followers' job satisfaction and organizational citizenship behaviors. The Leadership Quarterly, 2012, 23 (1): 1-12.

[96] Gee W B, Robert W Z, Young G K, Jae N L. Behavioral intention formation in knowledge in knowledge sharing: Examining the roles of extrinsic motivators, social-psychological forces, and organizational climate. MIS Quarterly, 2005, 29 (1): 87-111.

[97] Gelfand, M. J., Aycan, Z., Erez, M., & Leung, K. Cross-cultural industrial organizational psychology and organizational behavior: A hundred-year journey. Journal of Applied Psychology, 2017, 102 (3): 514-529.

[98] Gerpott F H, Fasbender U, Burmeister A. Respectful leadership and followers' knowledge sharing: A social mindfulness lens. Human Relations, 2020, 73 (6): 789-810.

[99] Gerstner C R, Day D V. Meta-Analytic review of leader-member exchange theory: Correlates and construct issues. Journal of Applied Psychology, 1997, 82 (6): 827-844.

[100] Gilliland S W. Effects of procedural and distributive justice on reactions to a selection system. Journal of Applied Psychology, 1994, 79 (5): 691-701.

[101] Gist M E, Mitchell T R. Self-efficacy: A theoretical analysis of its determinants and malleability. Academy of Management Review, 1992, 17 (2): 183-211.

[102] Gocłowska, M. A., & Crisp, R. J. How dual-identity processes foster creativity. Review of General Psychology, 2014, 18 (3): 216-236.

[103] Godart, F. C., Maddux, W. W., Shipilov, A. V. Fashion with a foreign flair: Professional experiences abroad facilitate the creative innovations of organizations. Academy of Management Journal, 2015, 58 (1): 195-220.

[104] Gouldner, A W. The norm of reciprocity: A preliminary statement. American Sociological Review, 1960, 25 (2): 165-167.

[105] Graen G, Dansereau F, Minami T. Dysfunctional leadership styles. Organizational Behavior and Human Performance, 1972a, 7 (2): 216-236.

[106] Graen G, Dansereau F, Minami T. An empirical test of the man-in-the-middle hypothesis among executives in a hierarchical organization

employing a unit-set analysis. Organizational Behavior and Human Performance, 1972b, 8 (2): 262-285.

[107] Graen G, Dansereau F, Minami T, et al. Leadership behaviors as cues to performance evaluation. Academy of Management Journal, 1973, 16 (4): 611-623.

[108] Graen G, Novak M A, Sommerkamp P. The effects of leader-member exchange and job design on productivity and satisfaction: Testing a dual attachment model. Organizational Behavior and Human Performance, 1982, 30 (1): 109-131.

[109] Graen G B, Scandura T A. Toward a psychology of dyadic organizing. Research in Organizational Behavior, 1987 (9): 175-208.

[110] Graen G B, Uhl-Bien M. Relationship-based approach to leadership: Development of leader-member exchange (LMX) theory of leadership over 25 years: Applying a multi-level multi-domain perspective. The Leadership Quarterly, 1995, 6 (2): 219-247.

[111] Grant, A. M., Wrzesniewski, A. I won't let you down...or will I? Core self-evaluations, other-orientation, anticipated guilt and gratitude, and job performance. Journal of Applied Psychology, 2010, 95 (1): 108-121.

[112] Grant M R. Toward a knowledge-based theory of the firm. Strategic Management Journal, 1996, 17 (winter special issue): 109-122.

[113] Greenberg J. A taxonomy of organizational justice theories. Academy of Management Review, 1987, 12 (1): 9-22.

[114] Guimera, R., Uzzi, B., Spiro, J., Amaral, L. A. N. Team assembly mechanisms determine collaboration network structure and team performance. Science, 2005, 308 (5722): 697-702.

[115] Hackman J R, Oldham G R. Motivation through the design of work: Test of a theory. Organizational Behavior and Human Performance, 1976 (16): 250-279.

[116] Harris K J, Wheeler A R, Kacmar K M. Leader-member exchange and empowerment: Direct and interactive effects on job satisfaction, turnover intentions, and performance. The Leadership Quarterly, 2009, 20 (3): 371-382.

[117] Harvey, M. G., & Moeller, M. Expatriate mangers: A historical re-

view. International Journal of Management Review, 2009, 11 (3): 275-296.

[118] Harvey, M. G. The multinational corporation's expatriate problem: An application of Murphy's law. Business Horizons, 1983, 26 (1): 71-78.

[119] Harzing, A. W. K. The persistent myth of high expatriate failure rates. International Business, 1995, 6 (2): 1-13.

[120] Hashim K F, Tan F B. The mediating role of trust and commitment on members' continuous knowledge sharing intention: A commitment-trust theory perspective. International Journal of Information Management, 2015, 35 (2): 145-151.

[121] Hippel V. Cooperation between rivals: Informal know-how trading. Research Policy, 1987, 16 (6): 291-302.

[122] Hofmann D A, Morgeson F P. Safety-related behavior as a social exchange: The role of perceived organizational support and leader-member exchange. Journal of Applied Psychology, 1999, 84 (2): 286-296.

[123] Hofstede, G., Neuijen, B., Ohayv, D. D., & Sanders, G. Measuring organizational cultures: A qualitative and quantitative study across twenty cases. Administrative Science Quarterly, 1990, 35 (2): 286-316.

[124] Hong, Y. Y., Morris, M. W., Chiu, C. Y., & Benet-Martinez, V. Multicultural minds: A dynamic constructivist approach to culture and cognition. American Psychologist, 2000, 55 (7): 709-720.

[125] Huber G P. Organizational learning: The contributing processes and the literatures. Organization Science, 1991, 2 (1): 88-115.

[126] Hwang Y, Kim D J. Understanding affective commitment, collectivist culture, and social influence in relation to knowledge sharing in technology mediated learning. Professional Communication, IEEE Transactions on, 2007, 50 (3): 232-248.

[127] Igbaria M, Iivari J, Maragahh H. Why do individuals use computer technology? A Finnish case study. Information & Management, 1995, 29 (5): 227-238.

[128] Ilies R, Nahrgang J D, Morgeson F P. Leader-member exchange and citizenship behaviors: A meta-analysis. Journal of Applied Psychology, 2007, 92 (1): 269-277.

[129] James B. DeConinck. The effect of organizational justice, perceived organizational support, and perceived supervisor support on marketing employees' level of trust. Journal of Business Research, 2010, 63 (12): 1349-1355.

[130] Jarvenpaa S L, Staples D S. The use of collaborative electronic media for information sharing: An exploratory study of determinants. The Journal of Strategic Information Systems, 2000, 9 (2): 129-154.

[131] Jawahar, I. M. A model of organizational justice and workplace aggression. Journal of Management, 2002, 28 (6): 811-834.

[132] Johnson, R. E., Rosen, C. C., Toumbeva, T., & Djurdjevic, E. Does "CSE" mean core self-evaluations or common source effects. In 25th Annual Society for Industrial and Organizational Psychology Conference, Atlanta, Georgia, 2010.

[133] Jones M C. Tacit knowledge sharing during ERP implementation: A multi-site case study. Information Resources Management Journal, 2005, 18 (2): 1-23.

[134] Jordan M H, Feild H S, Armenakis A A. The relationship of group process variables and team performance a team-level analysis in a field setting. Small Group Research, 2002, 33 (1): 121-150.

[135] Judge T A, Bono J E, Locke E A. Personality and job satisfaction: The mediating role of job characteristics. Journal of Applied Psychology, 2000, 85 (2): 237.

[136] Judge T A, Bono J E. Relationship of core self-evaluations traits—self-esteem, generalized self-efficacy, locus of control, and emotional stability—with job satisfaction and job performance: A meta-analysis. Journal of Applied Psychology, 2001, 86 (1): 80-92.

[137] Judge, T. A., Bono, J. E., Erez, A., & Locke, E. A. Core self-evaluations and job and life satisfaction: The role of self-concordance and goal attainment. Journal of Applied Psychology, 2005, 90 (2): 257-268.

[138] Judge, T. A., Colquitt, J. A. Organizational justice and stress: The mediating role of work-family conflict. Journal of Applied Psychology, 2004, 89: 395-404.

[139] Judge T A, Erez A, Bono J E. The power of being positive: The

relation between positive self-concept and job performance. Human Performance, 1998, 11 (2-3): 167-187.

[140] Judge, T. A., Erez, A., Bono, J. E., & Thoresen, C. J. The core self-evaluations scale: Development of a measure. Personnel Psychology, 2003, 56 (2): 303-331.

[141] Judge T A, Hurst C. How the rich (and happy) get richer (and happier): Relationship of core self-evaluations to trajectories in attaining work success. Journal of Applied Psychology, 2008, 93 (4): 849-863.

[142] Judge T A, Hurst C, Simon L S. Does it pay to be smart, attractive, or confident (or all three)? Relationships among general mental ability, physical attractiveness, core self-evaluations, and income. Journal of Applied Psychology, 2009, 94 (3): 742-755.

[143] Judge T A, Jackson C L, Shaw J C, et al. Self-efficacy and work-related performance: The integral role of individual differences. Journal of Applied Psychology, 2007, 92 (1): 107-127.

[144] Judge T A, Locke E A, Durham C C. The dispositional causes of job satisfaction: A core evaluations approach. Research in Organizational Behavior, 1997, (19): 151-188.

[145] Judge T A, Locke E A, Durham C C, et al. Dispositional effects on job and life satisfaction: The role of core evaluations. Journal of Applied Psychology, 1998, 83 (1): 17-34.

[146] Judge T A, Thoresen C J, Pucik V, et al. Managerial coping with organizational change: A dispositional perspective. Journal of Applied Psychology, 1999, 84 (1): 107.

[147] Kamdar D, Van Dyne L. The joint effects of personality and workplace social exchange relationships in predicting task performance and citizenship performance. Journal of Applied Psychology, 2007, 92 (5): 1286-1298.

[148] Kim K Y, Eisenberger R, Takeuchi R, et al. Organizational-level perceived support enhances organizational profitability. Journal of Applied Psychology, 2022.

[149] Kim S, Lee H. The impact of organizational context and information technology on employee knowledge-sharing capabilities. Public Administration

Review, 2006, 66 (3): 370-385.

[150] King L A, King D W. Role conflict and role ambiguity: A critical assessment of construct validity. Psychological Bulletin, 1990, 107 (1): 48.

[151] Kluemper D H, Taylor S G, Bowler W M, Bing M N. How leaders perceive employee deviance: Blaming victims while excusing favorites. Journal of Applied Psychology, 2019, 104 (7): 946-964.

[152] KPMG Knowledge Management Survey. [2015-04-08]. www. kpti-igconsulting. com/ kpmgsite/ service/km/survey2000. html.

[153] Kraimer M, Wayne S. An examination of perceived organizational support as a multidimensional construct in the context of an expatriate assignment. Journal of Management, 2004, 30 (2): 209-237.

[154] Lakshman C, Ramaswami A, Alas R, et al. Ethics trumps culture? A cross-national study of business leader responsibility for downsizing and CSR perceptions. Journal of Business Ethics, 2014, 125 (1): 101-119.

[155] Lam L W, Liu Y, Loi R. Looking intra-organizationally for identity cues: Whether perceived organizational support shapes employees' organizational identification. Human Relations, 2016, 69 (2): 345-367.

[156] Lambert W E, Tucker G R, Anglejan A. Cognitive and attitudinal consequences of bilingual schooling. Journal of Educational Psychology, 1973, 65 (2): 141-159.

[157] Latha R C R, Daisy P. Insulin-secretagogue, antihyperlipidemic and other protective effects of gallic acid isolated from Terminalia bellerica Roxb. in streptozotocin-induced diabetic rats. Chemico-biological Interactions, 2011, 189 (1-2): 112-118.

[158] Lee C, Bobko P. Self-efficacy beliefs: Comparison of five measures. Journal of Applied Psychology, 1994, 79 (3): 364-369.

[159] Lee H, Kim K H. Can speaking more languages enhance your creativity? Relationship between bilingualism and creative potential among Korean American students with multicultural link. Personality and Individual Differences, 2011, 50 (8): 1186-1190.

[160] Lee J, Peccei R. Perceived organizational support and affective commitment: The mediating role of organization-based self-esteem in the context of

job insecurity. Journal of Organizational Behavior, 2007, 28 (6): 661-685.

[161] Lee J H, Kim Y G, Kim M Y. Effects of managerial drivers and climate maturity on knowledge-management performance: Empirical validation. Information Resources Management Journal, 2006, 19 (3): 48-60.

[162] Lee S, Klein H J. Relationships between conscientiousness, self-efficacy, self-deception, and learning over time. Journal of Applied Psychology, 2002, 87 (6): 1175-1182.

[163] Lee S, Kim S L, Yun S. A moderated mediation model of the relationship between abusive supervision and knowledge sharing. The Leadership Quarterly, 2017, 29 (3): 403-413.

[164] Leung A K Y, Chiu C. Interactive effects of multicultural experiences and openness to experience on creative potential. Creativity Research Journal, 2008, 20 (4): 376-382.

[165] Leung, A. K., Chiu, C. Multicultural experience, idea receptiveness, and creativity. Journal of Cross-Cultural Psychology, 2010, 41 (5-6): 723-741.

[166] Leung A K, Maddux W W, Galinsky A D, et al. Multicultural experience enhances creativity: The when and how. American Psychologist, 2008, 63 (3): 169-181.

[167] Leventhal G S, Karuza J, Fry W R. Beyond fairness: A theory of allocation preferences. // Mikula G. Justice and social interaction: Experimental and theoretical contributions, from psychological research. New York: Springer-Verlag, 1980: 167-218.

[168] Levine J M, Moreland R L. Collaboration: The social context of theory development. Personality and Social Psychology Review, 2004, 8 (2): 164-172.

[169] Levinson H. Reciprocation: The relationship between man and organization. Administrative Science Quarterly, 1965, 9 (4): 370-390.

[170] Liam Freeman. Gucci's CEO Marco Bizzarri: Creativity comes from diversity, 2020, Retrieved from http: //m. vogue. com. cn/invogue/news _ 181532754472e0a0. html.

[171] Liang J, Gong Y. Capitalizing on proactivity for informal mentoring re-

ceived during early career: The moderating role of core self-evaluations. Journal of Organizational Behavior, 2013, 34 (8): 1182-1201.

[172] Li Y, Fu F, Sun J M, Yang B. Leader-member exchange differentiation and team creativity: An investigation of nonlinearity. Human Relations, 2016, 69 (5): 1121-1138.

[173] Liao H, Rupp D E. The impact of justice climate and justice orientation on work outcomes: A cross-level multifoci framework. Journal of Applied Psychology, 2005, 90 (2): 242-256.

[174] Liden R C, Graen G. Generalizability of the vertical dyad linkage model of leadership. Academy of Management Journal, 1980, 23 (3): 451-465.

[175] Liden R C, Wayne S J, Sparrowe R T. An examination of the mediating role of psychological empowerment on the relations between the job, interpersonal relationships, and work outcomes. Journal of Applied Psychology, 2000, 85 (3): 407-416.

[176] Liden R C, Wayne S J, Stilwell D. A longitudinal study on the early development of leader-member exchanges. Journal of Applied Psychology, 1993, 78 (4): 662-674.

[177] Lilgendahl, J. P., Benet-Martinez, V., Bishop, M., Gilson, K. "So now, I wonder, what am I?": A narrative approach to bicultural identity integration. Journal of Cross-Cultural Psychology, 2018, 49 (10): 1596-1624.

[178] Lim, Benson T H, and Martin Loosemore. The effect of inter-organizational justice perceptions on organizational citizenship behaviors in construction projects. International Journal of Project Management, 2017, 35 (2): 95-106.

[179] Lin C. To share or not to share: Modeling knowledge sharing using exchange ideology as a moderator. Personnel Review, 2007a, 36 (3): 457-475.

[180] Lin C. To share or not to share: Modeling tacit knowledge sharing, its mediators and antecedents. Journal of Business Ethics, 2007b, 70 (4): 411-428.

[181] Lin, H. F. Effects of extrinsic and intrinsic motivation on employee knowledge sharing intentions. Journal of Information Science, 2007, 33 (2): 135-149.

[182] Lind E A, Tyler T R. The social psychology of procedural jus-

tice. New York: Plenum, 1988.

[183] Lipponen J, Olkkonen M E, Moilanen M. Perceived procedural justice and employee responses to an organizational merger. European Journal of Work and Organizational Psychology, 2004 (3): 391-413.

[184] Love M S, Forret M. Exchange relationships at work: An examination of the relationship between team-member exchange and supervisor reports of organizational citizenship behavior. Journal of Leadership & Organizational Studies, 2008, 14 (4): 342-352.

[185] Lu J G. Global leader or cultural outsider? The divergent effects of international experiences on leadership effectiveness vs. leadership selection. Columbia University, 2018.

[186] Lu, J. G., Hafenbrack, A. C., Eastwick, P. W., Maddux, W. W., & Galinsky, A. D. "Going out" of the box: Close intercultural friendships and romantic relationships spark creativity, workplace innovation, and entrepreneurship. Journal of Applied Psychology, 2017, 102 (7): 1091-1108.

[187] Lu, J. G., Quoidbach, J., Gino, F., Chakroff, A., Maddux, W. W. The dark side of going abroad: How broad foreign experiences increase immoral behavior. Journal of Personality and Social Psychology, 2017, 112 (1): 1-16.

[188] Lu L, Leung K, Koch P T. Managerial knowledge sharing: The role of individual, interpersonal, and organizational factors. Management and Organization Review, 2006, 2 (1): 15-41.

[189] Maddux, W. W., & Galinsky, A. D. Cultural borders and mental barriers: The relationship between living abroad and creativity. Journal of Personality and Social Psychology, 2009, 96 (5): 1047-1061.

[190] Maddux, W. W., Adam, H., & Galinsky, A. D. When in Rome... learn why the Romans do what they do: How multicultural learning experiences facilitate creativity. Personality and Social Psychology Bulletin, 2010, 36 (6): 731-741.

[191] Maddux, W. W., Bivolaru, E., Hafenbrack, A. C. Expanding opportunities by opening your mind: Multicultural engagement predicts job market success through longitudinal increases in integrative complexity. Social Psychological and Per-

sonality Science, 2014, 5 (5): 608-615.

[192] Maddux, W. W., Lu, J. G., Affinito, S. J., & Galinsky, A. D. Multicultural experiences: A systematic review and new theoretical framework. Academy of Management Annals, 2021, 15 (2): 345-376.

[193] Madjar N, Oldham G R. Preliminary tasks and creative performance on a subsequent task: Effects of time on preliminary tasks and amount of information about the subsequent task. Creativity Research Journal, 2002, 14 (2): 239-251.

[194] Maertz Jr C P, Griffeth R W, Campbell N S, et al. The effects of perceived organizational support and perceived supervisor support on employee turnover. Journal of Organizational Behavior, 2007, 28 (8): 1059-1075.

[195] Major D A, Kozlowski S W, Chao G T, et al. A longitudinal investigation of newcomer expectations, early socialization outcomes, and the moderating effects of role development factors. Journal of Applied Psychology, 1995, 80 (3): 418-431.

[196] Manville, C., El Akremi, A., Niezborala, M., & Mignonac, K. Organizational justice and musculoskeletal disorders: The role of sleep and emotional exhaustion. Academy of Management, 2015 (1): 13123.

[197] March J G. Exploration and exploitation in organizational learning. Organization Science, 1991, 2 (1): 71-87.

[198] Martocchio J J, Judge T A. Relationship between conscientiousness and learning in employee training: Mediating influences of self-deception and self-efficacy. Journal of Applied Psychology, 1997, 82 (5): 764-773.

[199] Matta F K, Scott B A, Koopman J, Conlon D E. Does seeing "eye to eye" affect work engagement and organizational citizenship behavior? A role theory perspective on lmx agreement. Academy of Management Journal, 2015, 58 (6): 1686-1708.

[200] Matsui T, Tsukamoto S. Relation between career self-efficacy measures based on occupational titles and Holland codes and model environments: A methodological contribution. Journal of Vocational Behavior, 1991, 38 (1): 78-91.

[201] McAllister, D. J. Affect- and cognition-based trust as foundations

for interpersonal cooperation in organizations. Academy of Management Journal, 1995, 38 (1): 24-59.

[202] McCarthy J M, Trougakos J P, Cheng B H. Are anxious workers less productive workers? It depends on the quality of social exchange. Journal of Applied Psychology, 2016, 101 (2): 279-291.

[203] Mendenhall, M., & Oddou, G. The dimensions of expatriate acculturation: A review. Academy of Management Review, 1985, 10 (1): 39-47.

[204] Mendenhall, M. E., Dunbar, E., & Oddou, G. R. Expatriate selection, training, and career-pathing: A review and critique. Human Resource Management, 1987, 26 (3): 331-345.

[205] Mok, A., & Morris, M. W. Asian-Americans' creative styles in Asian and American Situations: Assimilative and contrastive responses as a function of bicultural identity integration. Management and Organization Review, 2010, 6 (3): 371-390.

[206] Mooradian T, Renzl B, Matzler K. Who trusts? Personality, trust and knowledge sharing. Management Learning, 2006, 37 (4): 523-540.

[207] Moorman R H. Relationship between organizational justice and organizational citizenship behaviors: Do fairness perceptions influence employee citizenship? Journal of Applied Psychology, 1991, 76 (6): 845-855.

[208] Morris, M. W., Savani, K., & Fincher, K. Metacognition fosters cultural learning: Evidence from individual differences and situational prompts. Journal of Personality and Social Psychology, 2019, 116 (1): 46-68.

[209] Nanda A. Resources, capabilities and competencies // Moingeon, B, Edmondson, A. Organizational Learning and Competitive Advantage. London: Sage, 1996.

[210] Narvaez, D., & Hill, P. L. The relation of multicultural experiences to moral judgment and mindsets. Journal of Diversity in Higher Education, 2010, 3 (1): 43-55.

[211] Nemeth, C. J., & Kwan, J. L. Minority influence, divergent thinking and detection of correct solutions. Journal of Applied Social Psychology, 1987, 17 (9): 788-799.

[212] Nguyen, A. M. D. , & Benet-Martní ez, V. Biculturalism and adjustment: A meta -analysis. Journal of Cross-Cultural Psychology, 2013, 44 (1): 122-159.

[213] Noar S M. The role of structural equation modeling in scale development. Structural Equation Modeling. 2003, 10 (4): 622-647.

[214] Nonaka I. A dynamic theory of organizational knowledge creation. Organization Science. 1994, 5 (1): 14-37.

[215] Nystrom P C. Vertical exchanges and organizational commitments of American business managers. Group & Organization Management, 1990, 15 (3): 296-312.

[216] Ohana, M. , Stinglhamber, F. Co-workers' voice climate and affective commitment towards the team: A test of mediation and moderation. Human Resource Management Journal, 2019: 1-18.

[217] Ojha A K. Impact of team demography on knowledge sharing in software project teams. South Asian Journal of Management, 2005, 12 (3): 67-78.

[218] Oldham G R, Cummings A. Employee creativity: Personal and contextual factors at work. Academy of Management Journal, 1996, 39 (3): 607-634.

[219] Olkkonen, M. E. , & Lipponen, J. Relationships between organizational justice, identification with organization and work unit, and group-related outcomes. Organizational Behavior and Human Decision Processes, 2006, 100 (2): 202-215.

[220] Ones D S, Viswesvaran C. Personality determinants in the prediction of aspects of expatriate job success. 1997.

[221] Pajares, F. Current directions in self-efficacy research. Advances in Motivation and Achievement, 1997, 10 (149), 1-49.

[222] Pelos, P. How living abroad prepares you for leadership. Forbes. 2017, Retrieved from http://fortune.com/2017/01/19/fortune-500-career-advice-living-abroad-leadership.

[223] Perry-Smith J E, Shalley C E. A social composition view of team creativity: The role of member nationality-heterogeneous ties outside of the

team. Organization Science, 2014, 25 (5): 1434-1452.

[224] Peterson S J, Luthans F, Avolio B J, et al. Psychological capital and employee performance: A latent growth modeling approach. Personnel Psychology, 2011, 64 (2): 427-450.

[225] Preacher K J, Hayes A F. Asymptotic and resampling strategies for assessing and comparing indirect effects in multiple mediator models. Behavior Research Methods, 2008, 40 (3): 879-891.

[226] Puranik, H., Koopman, J., Vough, H. C., Gamache, D. L. They want what I've got (I think): The causes and consequencies of attributing coworker behavior to envy. Academy of Management Review, 2019, 44 (2): 424-449.

[227] Quigley N R, Tesluk P E, Locke E A, et al. A multilevel investigation of the motivational mechanisms underlying knowledge sharing and performance. Organization Science, 2007, 18 (1): 71-88.

[228] Raub S, Liao H. Doing the right thing without being told: Joint effects of initiative climate and general self-efficacy on employee proactive customer service performance. Journal of Applied Psychology, 2012, 97 (3): 651-667.

[229] Rawls J. A Theory of Justice. Cambridge, Massachusetts: Harvard University, 1971.

[230] Reagans R, Mcevily B. Network structure and knowledge transfer: The effects of cohesion and range. Administrative Science Quarterly, 2003, 48 (2): 240-267.

[231] Regts G, Molleman E, van de Brake H J. The impact of leader-member exchange on follower performance in light of the larger social network. Human Relations, 2019, 72 (8): 1265-1291.

[232] Rhoades L, Eisenberger R. Perceived organizational support: A review of the literature. Journal of Applied Psychology, 2002, 87 (4): 698-714.

[233] Rosenberg M. Rosenberg self-esteem scale (RSE). Acceptance and commitment therapy. Measures Package, 1965, 61 (52): 18.

[234] Rotter J B. Generalized expectancies for internal versus external control of reinforcement. Psychological monographs: General and applied, 1966, 80 (1): 1.

[235] Saad, C. S. , Damian, R. I. , Benet-Martní ez, V. , Moons, W. G. Multiculturalism and creativity: Effects of cultural context, bicultural identity, and ideational fluency. Social Psychological and Personality Science, 2013, 4 (3): 369-375.

[236] Sam D L, Berry J W. Acculturation: When individuals and groups of different cultural backgrounds meet. Perspectives on psychological science, 2010, 5 (4): 472-481.

[237] Sam D L, Vedder P, Liebkind K, et al. Immigration, acculturation and the paradox of adaptation in Europe. European Journal of developmental psychology, 2008, 5 (2): 138-158.

[238] Sawng Y W, Kim S H, Han H. R&D group characteristics and knowledge management activities: A comparison between ventures and large firms. International Journal of Technology Management, 2006, 35 (1): 241-261.

[239] Schepers P, Van den Berg P T. Social factors of work-environment creativity. Journal of Business and Psychology, 2007, 21 (3): 407-428.

[240] Scott B A, Judge T A. The popularity contest at work: Who wins, why, and what do they receive? . Journal of Applied Psychology, 2009, 94 (1): 20-33.

[241] Seers A. Team-member exchange quality: A new construct for role-making research. Organizational behavior and Human Decision Processes, 1989, 43 (1): 118-135.

[242] Seers A, Petty M M, Cashmean J F. Team-member exchange under team and traditional management. Group & Organization Management, 1995, 20 (1): 18-38.

[243] Settoon R P, Bennett N, Liden R C. Social exchange in organizations: Perceived organizational support, leader-member exchange, and employee reciprocity. Journal of Applied Psychology, 1996, 81 (3): 219-227.

[244] Sherer M, Maddux J E, Mercandante B, et al. The self-efficacy scale: Construction and validation. Psychological Reports, 1982, 51 (2): 663-671.

[245] Shipilov, A. , Godart, F. C. , & Clement, J. Which boundaries? How mobility networks across countries and status groups affect the creative per-

formance of organizations. Strategic Management Journal, 2017, 127 (1): 12-13.

[246] Shore L M, Tetrick L E. A construct validity study of the survey of perceived organizational support. Journal of Applied Psychology, 1991, 76 (5): 637-643.

[247] Shore L M, Wayne S J. Commitment and employee behavior: Comparison of affective commitment and continuance commitment with perceived organizational support. Journal of Applied Psychology, 1993, 78 (5): 774-780.

[248] Simonton, D. K. Greatness: Who makes history and why. Guilford Press. 1994.

[249] Simonton, D. K. Creative productivity: A predictive and explanatory model of career trajectories and landmarks. Psychological Review, 1997 (104): 66-89.

[250] Simonton, D. K. Talent and its development: An emergenic and epigenetic model. Psychological Review, 1999, 106 (3): 435-457.

[251] Simonton, D. K. Scientific creativity as constrained stochastic behavior: The integration of product, person, and process perspectives. Psychological Bulletin, 2003, 129 (4): 475-494.

[252] Siu H, Laschinger H K S, Finegan J. Nursing professional practice environments: Setting the stage for constructive conflict resolution and work effectiveness. JONA: The Journal of Nursing Administration, 2008, 38 (5): 250-257.

[253] Smith P A, Bakker M, Leenders R T A, et al. Is trust really social capital? Knowledge sharing in product development projects. The Learning Organization, 2006, 13 (6): 594-605.

[254] Spell, C. S. , & Arnold, T. J. A multi-level analysis of organizational justice climate, structure, and employee mental health. Journal of Management, 2007, 33 (5): 724-751.

[255] Srivastava A, Bartol K M, Locke E A. Empowering leadership in management teams: Effects on knowledge sharing, efficacy, and performance. Academy of Management Journal, 2006, 49 (6): 1239-1251.

[256] Srivastava A, Locke E A, Judge T A. Dispositional causes of task

Satisfaction: The mediating role of chosen level of task complexity [C] // R. Ilies (chair), Core self-evaluations: New developments and research findings. Symposium presentation at the Society for Industrial and Organizational Psychology Annual Meetings, Toronto, 2002.

[257] Stahl, G. K., & Caligiuri, P. The effectiveness of expatriate coping strategies: The moderating role of cultural distance, position level, and time on the international assignment. Journal of Applied Psychology, 2005, 90 (4): 603-615.

[258] Stajkovic A D, Luthans F. Self-efficacy and work-related performance: A meta-analysis. Psychological Bulletin, 1998, 124 (2): 240-261.

[259] Stamper C, Johlke M. The impact of perceived organizational support on the relationship between boundary spanner role stress and work outcomes. Journal of Management, 2003, 29 (4): 569-588.

[260] Swan J, Newell S, Scarbrough H, et al. Knowledge management and innovation: Networks and networking. Journal of Knowledge Management, 1999, 3 (4): 262-275.

[261] Tabachnica B G, Fidell L S. Using Multivariate Statistics. 2007, 5th Ed. Boston, MA: Allyn and Bacon.

[262] Tadmor, C. T., Hong, Y., Chao, M. M., Wiruchnipawan, F. Multicultural experiences reduce intergroup bias through epistemic unfreezing. Journal of Personality and Social Psychology, 2012, 103 (5): 750-772.

[263] Tadmor C T, Hong Y, Chao M M, et al. The tolerance benefits of multicultural experiences depend on the perception of available mental resources. Journal of Personality and Social Psychology, 2018, 115 (3): 398-426.

[264] Tasa K, Sears G J, Schat A C H. Personality and teamwork behavior in context: The cross-level moderating role of collective efficacy. Journal of Organizational Behavior, 2011, 32 (1): 65-85.

[265] Tepper, B. J. Health consequences of organizational injustice: Tests of main and interactive effects. Organizational behavior and human decision processes, 2001, 86 (2): 197-215.

[266] Thomas-Hunt M C, Ogden T Y, Neale M A. Who's really sharing?

Effects of social and expert status on knowledge exchange within groups. Management science, 2003, 49 (4): 464-477.

[267] Thompson, P. S., Bergeron, D. M., & Bolino, M. C. No obligation? How gender influences the relationship between perceived organizational support and organizational citizenship behavior. Journal of Applied Psychology, 2020, 105 (11), 1338-1350.

[268] Triandis H C, Gelfand M J. Converging measurement of horizontal and vertical individualism and collectivism. Journal of Personality and Social Psychology, 1998, 74 (1): 118-128.

[269] Tyler T R, Blader S L. The group engagement model: Procedural justice, social identity, and cooperative behavior. Personality and Social Psychology Review, 2003, 7 (4): 298-310.

[270] Tyler T R, Degoey P. Collective restraint in social dilemmas: Procedural justice and social identification effects on support for authorities. Journal of Personality and Social Psychology, 1995, 69 (3): 482-497.

[271] Usher, E. L., Pajares, F. Sources of self-efficacy in school: Critical review of the literature and future directions. Review of Educational Research, 2008, 78 (4), 751-796.

[272] Van Dyne L, Lepine J A. Helping and voice extra-role behaviors: Evidence of construct and predictive validity. Academy of Management Journal, 1998, 41 (1): 108-119.

[273] Van Lange, P. A. M., Joireman, J., Parks, C. D., & Van Dijk, E. The psychology of social dilemmas: A review. Organizational Behavior and Human Decision Processes, 2013, 120 (2): 125-141.

[274] Vardaman, J. M., Allen, D. G., Otondo, R. F., Hancock, J. I. Social comparisons and organizational support: Implications for commitment and retention. Human Relations, 2016, 69 (7): 1483-1505.

[275] Vecchio R P, Gobdel B C. The vertical dyad linkage model of leadership: Problems and prospects. Organizational Behavior and Human Performance, 1984, 34 (1): 5-20.

[276] Voelpel S C, Dous M, Davenport T H. Five steps to creating a global knowledge-sharing system: Siemens' ShareNet. The Academy of Manage-

ment Executive, 2005, 19 (2): 9-23.

[277] Volmer J, Spurk D, Niessen C. Leader-member exchange (LMX), job autonomy, and creative work involvement. The Leadership Quarterly, 2012, 23 (3): 456-465.

[278] Walumbwa F O, Mayer D M, Wang P, et al. Linking ethical leadership to employee performance: The roles of leader-member exchange, self-efficacy, and organizational identification. Organizational Behavior and Human Decision Processes, 2011, 115 (2): 204-213.

[279] Wanberg C R, Glomb T M, Song Z, et al. Job-search persistence during unemployment: A 10-wave longitudinal study. Journal of Applied Psychology, 2005, 90 (3): 411-430.

[280] Wang S, Noe R A. Knowledge sharing: A review and directions for future research. Human Resource Management Review, 2010, 20 (2): 115-131.

[281] Wang, C C. The influence of ethical and self-interest concerns on knowledge sharing intentions among managers: An empirical study. International Journal of Management, 2004, 21 (3): 370-381.

[282] Wasko M M, Faraj S. Why should I share? Examining social capital and knowledge contribution in electronic networks of practice. MIS Quarterly, 2005, 29 (1): 35-57.

[283] Wayne S J, Shore L M, Linden R C. Perceived organizational support and leader-member exchange: A social exchange perspective. Academy of Management Journal, 1997, 40 (1): 82-111.

[284] Wernerfelt B. A resource-based view of the firm. Strategic Management Journal, 1984, 5 (2): 171-180.

[285] Willem A, Scarbrough H. Social capital and political bias in knowledge sharing: An exploratory study. Human relations, 2006, 59 (10): 1343-1370.

[286] Wilson K S, Sin H, Conlon D E. What about the leader in leader-member exchange? The impact of resource exchanges and substitutability on the leader. Academy of Management Review, 2010, 35 (3): 358-372.

[287] Wu C H, Griffin M A. Longitudinal relationships between core self-e-

valuations and job satisfaction. Journal of Applied Psychology, 2012, 97 (2): 331-342.

[288] Wu W, Hsu B, Yeh R. Fostering the determinants of knowledge transfer: A team-level analysis. Journal of Information Science, 2007, 33 (3): 326-339.

[289] Yang C, Chen L. Can organizational knowledge capabilities affect knowledge sharing behavior? Journal of Information Science, 2007, 33 (1): 95-109.

[290] Yu C, Frenkel S J. Explaining task performance and creativity from perceived organizational support theory: Which mechanisms are more important? Journal of Organizational Behavior, 2013, 34 (8): 1165-1181.

[291] Yukl G A. Leadership in organizations. Englewood Cliffs, NJ: Prentice-Hall, 2002.

[292] Zander U, Kogut B. Knowledge and the speed of the transfer and imitation of organizational capabilities: An empirical test. Organization Science, 1995, 6 (1): 76-92.

[293] Zhang, Guilin, and Michelle Inness. Organizational justice and workplace aggression: The impact of power distance. Academy of Management Proceedings, 2016.

[294] 宝贡敏，刘枭．感知组织支持的多维度构思模型研究．科研管理，2011，32 (2)：160-168.

[295] 蔡地，刘佳，马金鹏．谦逊领导对个人—团队匹配的影响及其作用机制研究．研究与发展管理，2019 (3)：38-46，71.

[296] 曹科岩，李宗波．心理契约破坏与员工建言行为的关系：领导—成员交换的调节作用．心理科学，2016，39 (3)：644-650.

[297] 曹科岩，龙君伟．组织文化、知识分享与组织创新的关系研究．科学学研究，2009，27 (12)：1869-1876.

[298] 曹科岩，龙君伟，杨玉浩．组织信任、知识分享与组织绩效关系的实证研究．科研管理，2008，29 (5)：93-101.

[299] 陈波，杨东涛，潘亮．基于核心自我评价视角的团队关系冲突与员工拖延行为研究．管理学报，2020 (2)：216-224.

[300] 陈超，刘新梅，葛瑞波．领导—领导交换对团队创新的链式中

介效应研究．管理评论，2021（6）：192-200.

［301］陈国权．组织学习和学习型组织：概念，能力模型，测量及对绩效的影响．管理评论，2009，21（1）：107-116.

［302］陈慧，车宏生，朱敏．跨文化适应影响因素研究述评．心理科学进展，2003（6）：704-710.

［303］陈慧，甘怡群，温瑶，等．中国人核心自我评价构念的实证研究．北京大学学报：自然科学版，2010（1）：141-146.

［304］陈建文，廖建桥．核心自我评价与风险倾向．管理学报，2007（5）：610-613.

［305］陈力，宣国良．以知识分享的理念重塑企业文化．科学学与科学技术管理．2005（1）：70-73.

［306］陈璐，黄丽．基于性别调节作用的人格特质、领导身份认同与领导动机研究．管理学报，2017（1）：44-54.

［307］陈曦，宋合义，薛贤．价值认同对程序公平与组织公民行为之间关系的作用研究．科学学与科学技术管理，2012（9）：135-144.

［308］陈晓刚，李雪，崔颖安．交互记忆系统对知识分享的影响机制研究——基于开源软件团队的检验．科研管理，2014，35（6）：145-153.

［309］陈晓萍，徐淑英，樊景立．组织与管理研究的实证方法（第二版）．北京：北京大学出版社，2012：189-210.

［310］陈震红，Sijun Wang，董俊武．民间信仰影响战略决策吗？——基于超自然信念及中国企业高管的两层面研究．管理世界，2014（7）：119-133.

［311］程垦，林英晖．组织支持一致性与新生代员工离职意愿：员工幸福感的中介作用．心理学报，2017，49（12），1570-1580.

［312］褚福磊，王蕊，高中华．新员工资质过剩动态变化及作用机制：组织社会化视角．心理科学进展，2018（12）：2101-2112.

［313］邓玉林，吴洁，达庆利．基于制度逻辑的不同上下级关系对员工创新行为的差异化影响机制研究．中国管理科学，2021，29（9）：236-248.

［314］杜恒波，朱千林，许衍凤．职场欺凌对研发人员知识分享意愿的影响机制研究．中国软科学，2017（2）：113-122.

［315］杜鹏程，李敏，倪清，吴婷．差错反感文化对员工创新行为的

影响机制研究．管理学报，2015，12（04）：538-545.

［316］段锦云．员工建言和沉默之间的关系研究：诺莫网络视角．南开管理评论，2012，15（4）：80-88.

［317］段锦云，王重鸣，钟建安．大五和组织公平感对进谏行为的影响研究．心理科学，2007（1）：19-22.

［318］董秀成，吴明证．普通高校辅导员的职业认同与工作满意度的关系．心理科学，2010，33（1）：241-243，231.

［319］樊耘，颜静，张旭．组织公平与人力资源管理关系实践的交互作用机制研究．预测，2014，33（1）：15-20.

［320］范徵，范培华，贾思雪，张文洁，范青鑫，苏宗伟．中国企业"走出去"跨文化环境因素探究．管理世界，2018，34（7）：178-179.

［321］方阳春．包容型领导风格对团队绩效的影响——基于员工自我效能感的中介作用．科研管理，2014，35（5）：152-160.

［322］冯冬冬，陆昌勤，萧爱铃．工作不安全感与幸福感、绩效的关系：自我效能感的作用．心理学报，2008，40（4）：448-455.

［323］冯旭，鲁若愚，彭蕾．服务企业员工个人创新行为与工作动机、自我效能感关系研究．研究与发展管理，2009，21（3）：42-49.

［324］傅升，丁宁宁，赵懿清，姜妍．企业内的社会交换关系研究：组织支持感与领导支持感．科学学与科学技术管理，2010，31（6）：175-181.

［325］淦未宇，刘伟，徐细雄．组织支持感对新生代农民工离职意愿的影响效应研究．管理学报，2015，12（11）：1623-1631.

［326］淦未宇，徐细雄．组织支持、社会资本与新生代农民工离职意愿．管理科学，2018，31（1）：79-89.

［327］甘怡群，王纯，胡潇潇．中国人的核心自我评价的理论构想．心理科学进展，2007（2）：217-223.

［328］高日光．破坏性领导会是组织的害群之马吗？——中国组织情境中的破坏性领导行为研究．管理世界，2009（9）：124-132.

［329］高源，乐嘉昂，彭正龙．职场排斥影响因素的研究——一个有调节的中介模型．科学学与科学技术管理，2016（4）：147-157.

［330］高中华，赵晨．社会认同视角下交换关系差异对离职倾向的影响研究．管理学报，2019（10）：1466-1476.

[331] 高中华，赵晨，李超平，吴春波，洪如玲．高科技企业知识员工心理资本对其离职意向的影响研究——基于资源保存理论的调节中介模型．中国软科学，2012（3）：138-148.

[332] 顾远东，彭纪生．创新自我效能感对员工创新行为的影响机制研究．科研管理，2011，32（9）：63-73.

[333] 顾远东，周文莉，彭纪生．组织支持感对研发人员创新行为的影响机制研究．管理科学，2014，27（1）：109-119.

[334] 管春英．包容性领导对员工创新行为的多链条作用机制研究．科学学与科学技术管理，2016，（6）：159-168.

[335] 郭韧，周飞，林春培．组织知识共享氛围对管理创新的影响：基于员工自我效能的调节中介模型．科研管理，2018，39（10）：70-78.

[336] 郭文臣，杨静，付佳．以组织犬儒主义为中介的组织支持感、组织公平感对反生产行为影响的研究．管理学报，2015，12（4），530-537.

[337] 韩翼，肖素芳，龚鹏飞．基于说服理论的员工谏言与领导纳谏研究．管理学报，2020，17（4）：509-517.

[338] 韩翼，杨百寅．真实型领导、心理资本与员工创新行为：领导—成员交换的调节作用．管理世界，2011（12）：78-86.

[339] 何会涛，彭纪生，袁勇志．组织支持感、员工知识共享方式与共享有效性的关系研究．科学学与科学技术管理，2009（11）：122-128.

[340] 胡冬梅，陈维政．谁对组织社会化的贡献更大——组织社会化作用的优势分析．科学学与科学技术管理，2013（5）：172-180.

[341] 胡琼晶，谢小云．团队成员地位与知识分享行为：基于动机的视角．心理学报，2015，47（4）：545-554.

[342] 黄桂．强调“奉献”的企业为何不能如愿以偿？——基于国企组织与员工交换关系的思考．管理世界，2010（11）：105-113.

[343] 胡巧婷，王海江，龙立荣．新员工工作重塑会带来积极的结果吗？领导—成员交换与个体传统性的作用．心理学报，2020，52（5）：659-668.

[344] 胡晓檬，喻丰，彭凯平．文化如何影响道德？文化间变异，文化内变异与多元文化的视角．心理科学进展，2018，26（11）：2081-2090.

［345］黄河，吴培冠．团队—成员交换、社会因素策略与新员工社会化．管理科学，2012，25（1）：45-54.

［346］黄林洁琼，刘慧瀛，安蕾，刘亚楠，张舒，金彩玉．多元文化经历促进创造力．心理科学进展，2018，26（8）：1511-1520.

［347］黄庆，黄霞林，蒋春燕．员工谦逊对基层创新的影响——基于社会交换视角的研究．科学学与科学技术管理，2020，41（10）：138-155.

［348］霍生平，赵葳．众创空间创客团队断裂带对创新行为的影响：基于知识共享的中介跨层研究．科学学与科学技术管理，2019,（4）：94-108.

［349］贾冀南，孔祥学，王申玥．差错管理氛围对新生代员工创新行为影响研究．科研管理，2020，41（9）：238-246.

［350］简兆权，马琦，王晨．网络镶嵌对创新绩效的影响——基于华南地区的实证研究．研究与发展管理，2013，25（1）：1-11.

［351］蒋瑞，林新奇．威权领导对员工非伦理行为的影响：社会交换和社会学习视角．科研管理，2020，41（10）：248-257.

［352］井润田，胡思瑶．角色采择和领导—成员关系对团队绩效的影响．科研管理，2014，35（2）：62-69.

［353］柯江林，孙健敏，石金涛．企业 R&D 团队之社会资本与团队效能关系的实证研究——以知识分享与知识整合为中介变量．管理世界，2007（3）：89-101.

［354］柯江林，孙健敏，石金涛．变革型领导对 R&D 团队创新绩效的影响机制研究．南开管理评论，2009，12（6）：19-26.

［355］李超平，鲍春梅．社会交换视角下的组织沉默形成机制：信任的中介作用．管理学报，2011，8（5）：676-682.

［356］李超平，时勘．分配公平与程序公平对工作倦怠的影响．心理学报，2003（5）：677-684.

［357］李卉，汪群．外派人员文化智力对外派绩效的影响研究——基于中国“走出去”企业的实证．预测，2018，37（2）：1-8.

［358］李倩，龚诗阳，李超凡．团队文化多样性对团队创新的影响及作用机制．心理科学进展，2019，27（9）：1521-1539.

［359］李倩，李超凡，龚诗阳，周琦玮，可祎．多元文化经历对领导

者能力及发展的影响．心理科学进展，2022，30（9）：1922-1943.

［360］李倩，孙锐．企业员工社会交换关系、知识分享与创新行为研究．科学学与科学技术管理，2015，36（10）：147-157.

［361］李伟．内在动机对关系绩效的影响机制及强化条件．科研管理，2014，35（5）：77-83.

［362］李晓艳，周二华．顾客言语侵犯对服务人员离职意愿的影响研究：心理资本的调节作用．南开管理评论，2012，15（2）：39-47.

［363］李燕萍，刘宗华，林叶．员工知识分享的动力何在？——创新文化的跨层次作用机制．经济管理，2016，38（5）：75-86.

［364］李燚，蒋璐，张满，魏峰．个人资源和社会资本对工作绩效的提升路径研究．预测，2019（3）：24-30.

［365］李宜菁，唐宁玉．外派人员跨文化胜任力回顾与模型构建．管理学报，2010，7（6）：841-845.

［366］李永周，王月，阳静宁．自我效能感、工作投入对高新技术企业研发人员工作绩效的影响研究．科学学与科学技术管理，2015（2）：173-180.

［367］李宗波，陈红．上下属关系对员工知识分享行为的影响：组织认同和集体主义导向的作用．管理工程学报，2015，29（3）：30-38.

［368］梁阜，李树文，罗瑾琏．差异化变革型领导对员工创新行为的影响：资源转化视角．管理科学，2018，31（3）：62-74.

［369］梁巧转，唐亮，王玥．领导—成员交换组织层面前因变量及存在的调节效应分析．科学学与科学技术管理，2008（8）：183-188.

［370］梁彦清，杨俊青，刘伟鹏．领导—成员交换差异对工作幸福感影响的跨层次分析．预测，2019，38（2）：17-23.

［371］凌文辁，杨海军，方俐洛．企业员工的组织支持感．心理学报，2006，38（2）：281-287.

［372］廖海萍，燕晓彬，张华．政治技能与自我效能感对职业适应能力的影响——自尊的中介作用．心理科学，2019，42（1）：144-149.

［373］刘长在，吕贺港，孟慧．社会自我效能感与工作幸福感和工作绩效的关系：职场排斥的中介作用．心理科学，2020，43（1）：172-179.

［374］刘刚，王岚．公平感知、关系质量与研发合作关系价值研究．科研管理，2014，35（8）：25-33.

［375］刘建，王婷．工作场所交换关系对员工反生产行为的影响．财经科学，2014（3）：60-69.

［376］刘宁，贾俊生．研发团队多元性、知识分享与创新绩效关系的实证研究．南开管理评论，2012，15（6）：85-92.

［377］刘璞，井润田．中外合资企业的跨文化冲突研究．美中经济评论，2004，4（12）：33-39.

［378］刘璞，井润田，刘煜．基于组织支持的组织公平与组织承诺关系的实证研究．管理评论，2008，20（11）：31-35.

［379］刘晓琴．上级非伦理领导对下级非伦理领导的影响：基于资源消耗理论的视角．科学学与科学技术管理，2017，38（1）：166-180.

［380］刘亚，龙立荣，李晔．组织公平感对组织效果变量的影响．管理世界，2003（3）：126-132.

［381］刘燕，李锐．中国跨国公司外派人员多目标主动行为的前因与后果——挑战性—阻碍性压力视角．心理科学进展，2018，26（9）：1553-1566.

［382］刘玉敏，李广平．用工单位组织支持感对派遣员工离职倾向的影响——有调节的中介效应．管理评论，2016，28（10），193-201.

［383］刘智强，邓传军，廖建桥，龙立荣．组织支持、地位认知与员工创新：雇佣多样性视角．管理科学学报，2015，18（10）：80-94.

［384］卢纪华，陈丽莉，赵希男．组织支持感、组织承诺与知识型员工敬业度的关系研究．科学学与科学技术管理，2013（1）：147-153.

［385］陆欣欣，孙嘉卿．领导—成员交换与情绪枯竭：互惠信念和权力距离导向的作用．心理学报，2016，48（5）：566-577.

［386］买热巴·买买提，吴艳红．聚合文化视角下自我构念的动态性特征．心理科学进展，2017，25（7）：1229-1239.

［387］梅哲群，杨百寅，金山．领导—成员交换对组织主人翁行为及工作绩效的影响机制研究．管理学报，2014，11（5）：675-682.

［388］孟慧，宋继文，孙志强，王崴．变革型领导如何影响员工的工作结果：一个有中介的调节作用分析．心理科学，2011，34（5）：1167-1173.

［389］孟秀兰，柴攀峰，黄中伟．工作价值观、组织公平与离职倾向及其代际差异．科研管理，2020，41（6）：219-227.

[390] 苗仁涛，周文霞，刘军，李天柱．高绩效工作系统对员工行为的影响：一个社会交换视角及程序公平的调节作用．南开管理评论，2013，16（5）：38-50.

[391] 倪亚琨，郭腾飞，王明辉．德之大者能成为有效的管理者吗？个人品德对精神型领导的影响：一个有中介的调节模型．心理科学，2019，42（2）：358-364.

[392] 倪渊，林健．知识型团队中领导—成员交换关系差异对成员工作态度的影响：成员间信任的中介作用．管理工程学报，2013，27（4）：1-7.

[393] 潘亮，杨东涛．代际视角下相对的领导—成员交换关系对员工建言行为的影响研究．管理学报，2020，17（4）：518-526.

[394] 庞立君，任颋，王向阳．组织支持感与员工失败学习：基于复杂产品系统创新失败情境．管理工程学报，2022，36（2）：49-60.

[395] 彭建平．员工社会网络特征对员工知识分享行为和绩效的影响——来自珠江三角洲某企业的案例研究．研究与发展管理，2011，23（4）：1-11.

[396] 钱春海．团队内知识分享行为影响因素的结构性研究．南开管理评论，2010，13（5）：36-44.

[397] 秦伟平，李晋，周路路，赵曙明．团队真实型领导对创造力的影响：LMX 的跨层作用．管理工程学报，2016，30（3）：36-43.

[398] 秦伟平，赵曙明．多重认同视角下的新生代农民工组织公平感与工作嵌入关系研究．管理学报，2014，11（10）：1445-1452.

[399] 邱功英，龙立荣．威权领导与下属建言的关系：一个跨层分析．科研管理，2014，35（10）：86-93.

[400] 邱皓政，林碧芳．结构方程模型的原理与应用．北京：中国轻工业出版社，2009：77-85.

[401] 曲如杰，王桢，焦琳，时勘．领导—成员交换关系对研发人员创新的权变影响．科学学与科学技术管理，2013，34（7）：156-165.

[402] 容琰，隋杨，杨百寅．领导情绪智力对团队绩效和员工态度的影响——公平氛围和权力距离的作用．心理学报，2015，47（9）：1152-1161.

[403] 沈伊默，袁登华，张华，杨东，张进辅，张庆林．两种社会交

换对组织公民行为的影响：组织认同和自尊需要的不同作用．心理学报，2009，41（12）：1215-1227.

［404］施丹，陶祎祎，张军伟，陈蕾．领导—成员交换关系对产业工人敬业度的影响研究．管理学报，2019，16（5）：694-703.

［405］施丽芳，廖飞，丁德明．个人声誉关注作为心理不确定的缓解器：程序公平—合作关系下的实证研究．管理世界，2012（12）：97-114.

［406］孙健，王百强，袁蓉丽．信息系统整合，预算程序公平与企业业绩——一项基于国有企业的调查研究．管理世界，2017（5）：131-143.

［407］孙健敏，陈乐妮，尹奎．挑战性压力源与员工创新行为：领导—成员交换与辱虐管理的作用．心理学报，2018，50（4）：436-449.

［408］孙兰，孟慧，仲伟佶．员工的核心自我评价与多维生活满意度的关系：感知社会支持的中介作用．心理科学，2014，37（5）：1232-1237.

［409］苏涛，陈春花，李芷慧，潘伟，冯镜铭．跨文化视角下员工工作对家庭冲突与工作态度关系的 meta 研究．管理学报，2019，16（11）：1650-1660.

［410］苏伟琳，林新奇．上级发展性反馈能否抑制员工沉默？一个被中介的调节模型．科学学与科学技术管理，2018，39（11）：158-170.

［411］苏宗伟，李欢，杜娟．仁慈型领导对员工工作偏离行为的双刃剑效应研究．管理学报，2022，19（3）：362-372.

［412］孙健敏，陆欣欣，孙嘉卿．组织支持感与工作投入的曲线关系及其边界条件．管理科学，2016，28（2）：93-102.

［413］孙锐，陈国权．企业跨部门心理安全、知识分享与组织绩效间关系的实证研究．南开管理评论，2012，15（1）：67-74.

［414］孙锐，石金涛，张体勤．中国企业领导—成员交换、团队—成员交换，组织创新气氛与员工创新行为关系实证研究．管理工程学报，2009，23（4）：109-115.

［415］孙泽厚，郭颖．知识型员工领导—成员交换与周边绩效的关系研究．科学学与科学技术管理，2010（1）：153-156.

［416］汤国杰．普通高校体育教师职业认同与工作满意度的关系研究．心理科学，2009，32（2）：475-477，483.

［417］唐于红，赵琛徽，陶然，胡西武．团队中领导—成员交换差异对知识共享行为的影响研究——地位冲突的中介作用．研究与发展管理，

2021，33（2）：97-108.

［418］田喜洲，谢晋宇．组织支持感对员工工作行为的影响：心理资本中介作用的实证研究．南开管理评论，2010，13（1）：23-29.

［419］田在兰，黄培伦．基于自我认知理论的家长式领导对建言的影响．科研管理，2014，35（10）：150-160.

［420］汪曲，李燕萍．团队内关系格局能影响员工沉默行为吗：基于社会认知理论的解释框架．管理工程学报，2017（4）：34-44.

［421］王冬冬，钱智超．领导—成员交换差异与新生代员工敬业度的关系研究．科学学与科学技术管理，2017，38（4）：172-180.

［422］王端旭，赵铁．学习目标取向对员工创造力的影响机制研究：积极心境和领导—成员交换的作用．科学学与科学技术管理，2011（9）：172-179.

［423］王磊，邢志杰．权力感知视角下的双元威权领导与员工创新行为．管理学报，2019，16（7）：987-996.

［424］王国锋，黄宛凌，钟燕宜．以台湾服务业为视角的自我牺牲型领导与下属亲社会行为研究．管理学报，2013，10（9）：1309-1315.

［425］王丽平，于志川，王淑华．心理距离对知识共享行为的影响研究——基于组织支持感的中介作用．科学学与科学技术管理，2013（9）：37-45.

［426］王陵峰，龙静，刘海建．并购中组织的 LMX，TMX 对员工创新影响的实证研究——基于威胁刚性理论的视角．科学学与科学技术管理，2011（6）：166-171.

［427］王萍，陈文．知识型员工组织公平对工作绩效的影响——一个有中介的调节模型．心理学进展，2021（11）：2003-2012.

［428］王启亮，虞红霞．协同创新中组织声誉与组织间知识分享——环境动态性的调节作用研究．科学学研究，2016，34（3）：425-432.

［429］王雪莉，林洋帆，杨百寅，马琳．信任的双刃剑：对变革型领导与知识分享关系的中介作用．科学学与科学技术管理，2013，34（8）：172-180.

［430］王雁飞，朱瑜．组织社会化、信任、知识分享与创新行为：机制与路径研究．研究与发展管理，2012，24（2）：34-46.

［431］王颖，杨梦遥，王笑宇．公务员职业承诺及形成过程研究．科

研管理，2021，42（6）：194-201.

［432］王永丽，卢海陵，谭玲，杨洋．领导工作过载对下属工作自我效能感和工作—家庭促进的影响：领导—成员交换关系的调节效应．预测，2019，38（3）：9-15.

［433］王永跃，王慧娟，王晓辰．内部人身份感知对员工创新行为的影响——创新自我效能感和遵从权威的作用．心理科学，2015，38（4）：954-959.

［434］王永跃，张玲．心理弹性如何影响员工创造力：心理安全感与创造力自我效能感的作用．心理科学，2018，41（1）：118-124.

［435］王站杰，买生，李万明．组织公平氛围对员工离职意愿的影响——企业社会责任被中介的调节效应模型．科研管理，2017，38（8）：101-109.

［436］王泽宇，王蕊，王国锋．科研团队领导者的社会网络交互及其对团队绩效的影响．南开管理评论，2014，17（1）：145-150.

［437］王震，宋萌．员工反馈规避行为的形成与后果：基于应对理论的实证研究．科研管理，2015（5）：127-138.

［438］王震，孙健敏．核心自我评价、组织支持对主客观职业成功的影响：人—情境互动的视角．管理学报，2012，9（9）：1307-1313.

［439］王震，孙健敏．领导—成员交换关系质量和差异化对团队的影响．管理学报，2013，10（2）：219-224.

［440］王震，孙健敏，张瑞娟．管理者核心自我评价对下属组织公民行为的影响：道德式领导和集体主义导向的作用．心理学报，2012，44（9）：1231-1243.

［441］魏峰，李然．伦理领导和核心自我评价对职业成功的影响．工业工程与管理，2016（1）：96-101，108.

［442］魏峰，王艺霏，袁欣欣．CEO 谦卑和任务分配有效性对创业绩效的影响：领导—成员交换的中介作用．科学学与科学技术管理，2021，42（1）：161-173.

［443］温利群，周明建，陆强．创业公司成员创造力与领导授权行为的关系研究．中国管理科学，2016，24（S1）：665-670.

［444］温利群，周明建，陆强．创造型领导力对下属创造力的影响研究：量表开发与验证．管理评论，2017，29（2）：129-142.

[445] 吴丙山，赵骅，罗军．高新技术企业中知识分享微观机制研究．科研管理，2012，33（3）：65-71.

[446] 吴伟伟，刘业鑫，戴维序，李婧婷．研发项目群人员创新绩效提升的内在驱动机制：自我认知视角．预测，2017，36（5）：24-29.

[447] 吴莹，杨宜音，赵志裕．全球化背景下的文化排斥反应．心理科学进展，2014，（4）：721-730.

[448] 肖贵蓉，赵衍俊．伦理型领导与员工离职倾向：领导—成员交换的中介作用．科学学与科学技术管理，2017，38（3）：160-171.

[449] 谢宝国，龙立荣. 职业生涯高原对员工工作满意度、组织承诺、离职意愿的影响．心理学报，2008，40（8）：927-938.

[450] 谢荷锋，刘超．“拥挤”视角下的知识分享奖励制度的激励效应．科学学研究，2011，29（10）：1549-1556.

[451] 谢荷锋，刘超．基于多元理论视角下的企业员工知识分享的激励机制研究．研究与发展管理，2014，26（2）：38-48.

[452] 谢荷锋．关系结构、信任与员工知识分享决策的关系研究．科学学研究，2008，26（S1）：145-151.

[453] 徐本华，邓传军，武恒岳．领导—成员交换与员工主动创新行为：一个被中介的调节模型．管理科学，2021，34（2）：44-55.

[454] 徐光，黄莹，谭玲玉．信息公平与员工知识分享：组织认同的中介作用和公平敏感性的调节作用．中国软科学，2020（S1）：125-132.

[455] 徐细雄，淦未宇．组织支持契合、心理授权与雇员组织承诺：一个新生代农民工雇佣关系管理的理论框架——基于海底捞的案例研究．管理世界，2011（12）：131-147.

[456] 徐琳，王济干，樊传浩．授权型领导对员工亲组织非伦理行为的影响：一个链式中介模型．科学学与科学技术管理，2018，39（6）：109-121.

[457] 许勤，席猛，赵曙明．基于工作投入与核心自我评价视角的辱虐管理与员工主动行为研究．管理学报，2015（3）：347-354.

[458] 许彦妮，顾琴轩，蒋琬．德行领导对员工创造力和工作绩效的影响：基于 LMX 理论的实证研究．管理评论，2014，26（2）：139-147.

[459] 薛会娟．研发团队中的效能感与创造力的关系——跨层次研究．南开管理评论，2013，16（5）：71-76.

[460] 薛亦伦，张骁，丁雪，沙开庆．高政治技能的员工如何规避工作场所排斥？——基于中国文化情境的研究．管理世界，2016（7）：98-108，188.

[461] 闫威，陈燕．管理自我效能感与管理绩效和组织承诺关系的实证研究．管理评论，2009，21（8）：45-51.

[462] 阎海峰，陈灵燕．承诺型人力资源管理实践、知识分享和组织创新的关系研究．南开管理评论，2010，13（5）：92-98.

[463] 阎亮，张治河．组织创新氛围对员工创新行为的混合影响机制．科研管理，2017，38（9）：97-105.

[464] 颜爱民，裴聪．辱虐管理对工作绩效的影响及自我效能感的中介作用．管理学报，2013，10（2）：213-218.

[465] 颜静，樊耘，张旭．顺从型与挑战型组织公民行为：基于情感体验与理性认知双路径．管理工程学报，2016，30（3），63-71.

[466] 杨春江，冯秋龙，田子州．变革型领导与员工任务绩效：主动性人格和领导—成员交换的作用．管理工程学报，2015，29（1）：39-46，97.

[467] 杨春江，李陶然，逯野．基于工作嵌入视角的组织伦理气候与员工离职行为关系研究．管理学报，2014，11（3）：351-359.

[468] 杨春江，逯野，杨勇．组织公平与员工主动离职行为：工作嵌入与公平敏感性的作用．管理工程学报，2014，28（1）：16-25.

[469] 杨付，王桢，张丽华．员工职业发展过程中的“边界困境”：是机制的原因，还是人的原因？管理世界，2012（11）：89-109.

[470] 杨付，张丽华．团队沟通、工作不安全氛围对创新行为的影响：创造力自我效能感的调节作用．心理学报，2012，44（10）：1383-1401.

[471] 杨皎平，戴万亮，李豪．人岗匹配、资源赋能与平台企业员工创新激情．科研管理，2022（4）：1-8.

[472] 杨晓莉，刘力，张笑笑．双文化个体的文化框架转换：影响因素与结果．心理科学进展，2010，18（5）：840-848.

[473] 杨玉浩，龙君伟．组织支持感、感情承诺与知识分享行为的关系研究．研究与发展管理，2008，20（6）：62-66.

[474] 姚凯．自我效能感研究综述——组织行为学发展的新趋势．管理学报，2008，5（3）：463-468.

［475］姚艳虹，韩树强．组织公平与人格特质对员工创新行为的交互影响研究．管理学报，2013，10（5）：700-707.

［476］姚艳虹，李扬帆，夏敦．领导者不当督导对员工创新行为的影响研究．管理学报，2014，11（8）：1177-1183.

［477］姚柱，罗瑾琏，宛群超．研发团队领导愤怒对团队创新绩效的影响：情绪与认知的双路径．管理工程学报，2022，36（5）：25-34.

［478］叶宝娟，李露，夏扉，宫盛花，刘明矾，王鑫强．农村幼儿教师的组织公平感与其职业倦怠的关系：心理授权的中介作用与家庭支持的调节作用．心理科学，2020，43（1）：125-131.

［479］尹洪娟，杨静，王铮，李琛．"关系"对知识分享影响的研究．管理世界，2011（6）：178-179.

［480］尹晶，郑兴山．上级反馈对员工创造力和组织公民行为的影响——领导—成员交换的中介作用．科学学与科学技术管理，2011，32（12）：153-159.

［481］尹奎，刘永仁，宋璐璐．领导友好关系管理（LRM）与员工情感承诺：LMX 的中介与调节作用．管理工程学报，2016，30（4）：1-10.

［482］尹奎，孙健敏，张凯丽，陈乐妮．职场友谊对建言行为的影响：一个有调节的中介模型．管理评论，2018（4）：132-141.

［483］尹奎，张凯丽，李秀凤．工作重塑对工作意义的影响：团队任务绩效、领导—成员交换关系差异化的作用．管理评论，2019，31（3）：143-153.

［484］于海波，郑晓明．薪酬满意的动力机制：比较、公平、满意．科学学与科学技术管理，2013（6）：163-171.

［485］袁勇志，何会涛．组织内社会交换关系对心理契约违背影响的实证研究．中国软科学，2010（2）：122-131.

［486］曾萍，蓝海林．从微软知识分享策略看企业知识分享对策．科学学与科学技术管理，2005（7）：97-101.

［487］占小军，卢娜，罗文豪，祝养浩．自我调节理论视角下教练型领导对员工主动担责行为的作用机制研究．管理评论，2020（8）：193-203.

［488］张端民．领导—成员交换与员工沉默行为：组织公平与传统性的作用．预测，2017，36（3）：14-20.

［489］张桂平，廖建桥．挑战性—阻断性压力对员工敬业度的影响机制研究．科研管理，2015（2）：152-159.

［490］张汉鹏，李文勇，高春燕，王秀国．团队层面凝聚力对公平氛围—研发绩效关系的中介作用分析．研究与发展管理，2014，26（4）：42-55.

［491］张华磊，袁庆宏，王震，黄勇．核心自我评价、领导风格对研发人员跨界行为的影响研究．管理学报，2014，11（8）：1168-1176.

［492］张辉华，李爱梅，凌文辁，徐波．管理者情绪智力与绩效的关系：直接和中介效应研究．南开管理评论，2009，12（3）：104-116.

［493］张建平，刘善仕，李焕荣．资质过剩感知与员工内部创业的曲线关系及作用机制研究．管理学报，2020，17（6）：861-870.

［494］张军成，凌文辁．组织政治知觉对研发人员工作态度的影响——基于资源保存理论的实证分析．科学学与科学技术管理，2013（2）：134-143.

［495］张凯丽，唐宁玉，陈景秋．诚实的奖励：员工自我效能感、差错承认与绩效评估关系探究．心理科学，2016，39（6）：1448-1453.

［496］张莉，刘宝巍，贾琼，Brian Earn. 基于领导—成员交换关系的沟通满意度研究．管理评论，2009，21（4）：72-82.

［497］张伶，连智华．基于组织公正调节中介模型的新生代员工自我效能和创新绩效研究．管理学报，2017，14（8）：1162-1171.

［498］张伶，聂婷．团队凝聚力、工作—家庭促进与员工在职行为关系研究．管理学报，2013，10（1）：103-109.

［499］张文勤，孙锐．知识员工目标取向与知识团队反思对知识活动行为的交互影响研究．南开管理评论，2014，17（5）：33-41.

［500］张秀娟，申文果，陈健彬，杜敏．顾客不公平交往行为对员工工作绩效的多层次影响．南开管理评论，2008（3）：96-103.

［501］张燕，王辉，景立．组织支持对人力资源措施和员工绩效的影响．管理科学学报，2008，11（2）：120-131.

［502］张银普，骆南峰，石伟，万金，张译方，杨小进．中国情境下领导—成员交换与绩效关系的元分析．南开管理评论，2020，23（3）：177-187.

［503］张勇，龙立荣．绩效薪酬对雇员创造力的影响：人—工作匹配和创造力自我效能的作用．心理学报，2013，45（3）：363-376.

[504] 张永军．绩效考核公平感对反生产行为的影响：交换意识的调节作用．管理评论，2014，26（8）：158-167.

[505] 张永军，江晓燕，李永鑫．亲组织非伦理行为的形成机制：一个交互模型的检验．心理科学，2019，42（5）：1161-1166.

[506] 张征．下属—主管匹配与员工的工作幸福感：领导—成员交换和政治技能的作用．心理科学，2016，39（5）：1204-1209.

[507] 赵红丹，彭正龙．服务型领导与团队绩效：基于社会交换视角的解释．系统工程理论与实践，2013，33（10）：2524-2532.

[508] 赵红丹，彭正龙，梁东．组织信任、雇佣关系与员工知识分享行为．管理科学，2010，23（6）：33-42.

[509] 赵可汗，贾良定，蔡亚华，王秀月，李珏兴．抑制团队关系冲突的负效应：一项中国情境的研究．管理世界，2014（3）：119-130.

[510] 赵文红，周密．R&D 团队人力资源管理实践对企业创新绩效的影响研究．研究与发展管理，2012，24（4）：61-70.

[511] 郑晓明，陈昊，龚洋冉．创业型企业股权分配设计与创业团队心理所有权的动态关系研究——基于中国创业型企业的双案例比较分析．管理评论，2017（3）：242-260.

[512] 郑晓明，王倩倩．伦理型领导对员工助人行为的影响：员工幸福感与核心自我评价的作用．科学学与科学技术管理，2016（2）：149-160.

[513] 郑晓旭，陈娇，骆瑒，孟慧．社会自我效能感与工作倦怠的关系：社会交换视角下有调节的中介模型．心理科学，2019，42（2）：350-357.

[514] 钟卫东，孙大海，施立华．创业自我效能感、外部环境支持与初创科技企业绩效的关系——基于孵化器在孵企业的实证研究．南开管理评论，2007，10（5）：68-74.

[515] 周飞，林春培，孙锐．道德领导与组织管理创新关系研究：非正式知识共享的中介作用．管理评论，2015，27（5）：169-177.

[516] 周浩，龙立荣．工作不安全感、创造力自我效能对员工创造力的影响．心理学报，2011，43（8）：929-940.

[517] 周浩，龙立荣．基于自我效能感调节作用的工作不安全感对建言行为的影响研究．管理学报，2013，10（11）：1604-1610.

［518］周明建，侍水生．领导—成员交换差异与团队关系冲突：道德型领导力的调节作用．南开管理评论，2013，16（2）：26-35.

［519］周文莉，顾远东，彭纪生．政府审计人员的工作压力对职业倦怠的影响：心理契约与领导—成员交换的作用．管理评论，2020，32（9）：229-238.

［520］周文莉，顾远东，唐天真．积极情绪对研发人员创新行为的影响：创造力效能感与工作卷入的中介作用．科研管理，2020，41（8）：268-276.

［521］朱飞．研发人员薪酬制度模式、公平感与个人绩效的实证研究．科学学与科学技术管理，2009（6）：192-196.

［522］朱其权，龙立荣．甄选程序公平感的来源及其负面溢出效应．管理科学，2012，25（2）：33-40.

［523］朱秀梅，方琦，鲍明旭．基于领导—成员交换调节作用的目标导向对员工创业学习的影响研究．管理学报，2016，13（12）：1792-1800.

［524］朱玥，王晓辰．服务型领导对员工建言行为的影响：领导—成员交换和学习目标取向的作用．心理科学，2015，38（2）：426-432.

［525］朱玥，金杨华，叶燕华．团队成员积极情感特质对工作满意度的影响．科研管理，2016（12）：114-121.

［526］朱玥，谢江佩，金杨华，施俊琦．团队权力分布差异对团队冲突的影响：程序公平和合法性的作用．心理学报，2019，51（7）：829-840.

［527］邹文篪，刘佳．团队中的“我为人人，人人为我”——团队—成员交换研究述评．心理科学进展，2011，19（8）：1193-1204.

附录A　调查问卷：多层次交换关系与知识分享

尊敬的先生/女士：您好！

我是清华大学经济管理学院的博士生，现正在进行组织管理的博士论文研究。本调查采用无记名方式填写，并对您的回答严格保密。所得结果完全用于学术研究，不会对您个人及所在组织产生任何影响。回答没有对错/好坏之分，请根据您的第一感觉，选择最符合您自身及所在组织实际情况的选项，在认为合适的地方打“√”。

Q1 个人信息（仅用于统计，请您完整填答。在合适的选项上打“√”或在横线上填写数字）

Z1 您的性别：（1）男　　（2）女

Z2 您的年龄：________（岁）

Z3 您在目前这家公司（单位）已经工作了（从入职时间算起）______（年）______（月）

Z4 您的工龄（从参加工作时算起）为________（年）

Z5 您的学历：

（1）在职（Part-time）MBA　（2）全职（Full-time）MBA

（3）研究生/博士生　（4）本科　（5）大专　（6）高中

（7）初中及以下

Z6 您目前在公司（单位）里的职位是：

（1）基层员工　（2）基层管理者　（3）中层管理者

（4）高层管理者

Z7 您的工作职能：

（1）财务/会计　（2）市场/销售　（3）营运物流　（4）综合管理

（5）IT 技术　（6）战略/策划　（7）研发　（8）行政职能

（9）其他（烦请说明）________

Z8 您目前与公司（单位）签订的合同类型为：
（1）无固定期限劳动合同
（2）有固定期限劳动合同（例如：3 年一个聘期）
（3）以完成一定工作任务为期限的劳动合同
（4）劳务派遣员工（与派遣机构签订）
（5）业务外包人员（与外部专门机构签订）
（6）其他（烦请说明）________
Z9 您所在公司（单位）的性质：
（1）国有企业　（2）外资/合资企业　（3）私（民）营企业
（4）机关/事业单位　（5）其他（烦请说明）________
Z10 贵公司（单位）成立至今已有________（年）
Z11 贵公司（单位）的员工总数________（人）
Z12 贵公司（单位）的主营业务行业：
（1）制造业　（2）金融保险业　（3）IT 业　（4）房地产业
（5）石油化工业　（6）电力业　（7）信息通信业　（8）食品业
（9）批发零售业　（10）其他（烦请说明）________

Q2 本页所有题目均与您自身状态有关，请依据下列陈述与“您自身实际情况”的符合程度，在合适的地方打“√”（每行限选一项）

下列描述与您自身实际情况的符合程度是？	非常不符合	不符合	比较不符合	一般	比较符合	符合	非常符合
S1 我能够实现我为自己设定的大多数目标	1	2	3	4	5	6	7
S2 面对困难的任务时，我确信自己能够完成它	1	2	3	4	5	6	7
S3 总的来说，我认为自己能够取得对我来说重要的结果	1	2	3	4	5	6	7
S4 我相信自己下决心努力去做的事情大多都能成功	1	2	3	4	5	6	7
S5 我能够成功地克服很多挑战	1	2	3	4	5	6	7
S6 我相信自己能够有效地完成许多不同类型的任务	1	2	3	4	5	6	7
S7 与其他人相比，我能够很好地完成大多数任务	1	2	3	4	5	6	7
S8 即便遇到困难的事情，我也能很好地完成它	1	2	3	4	5	6	7

续表

下列描述与您自身实际情况的符合程度是？	非常不符合	不符合	比较不符合	一般	比较符合	符合	非常符合
M1 每当我得到与工作相关的有价值的信息时，我愿意将它们分享给其他我认为感兴趣的同事	1	2	3	4	5	6	7
M2 当其他同事需要与我的工作内容或专业领域相关的信息时，我会毫不犹豫地将我拥有的全部信息提供给他/她	1	2	3	4	5	6	7
M3 我会积极参与公司内的各种讨论会或工作小组，提出我的想法，并帮助其他同事找到解决问题的方法	1	2	3	4	5	6	7

Q3 本页所有题目均与您的直属上司（所在团队领导）有关，请依据下列陈述与“您直属上司”的符合程度，在合适的地方打“√”（每行限选一项）

下列描述在多大程度上与您所在工作团队符合？	非常不符合	不符合	比较不符合	一般	比较符合	符合	非常符合
T1 我会经常向团队里的其他成员提出工作上的建议	1	2	3	4	5	6	7
T2 如果我在处理工作的过程中影响到了团队其他成员的工作，他们通常会告诉我	1	2	3	4	5	6	7
T3 如果团队其他成员所做的工作影响到了我的工作，我通常会告诉他们	1	2	3	4	5	6	7
T4 团队其他成员认可我的工作潜力	1	2	3	4	5	6	7
T5 团队其他成员理解我在工作中的困难和需求	1	2	3	4	5	6	7
T6 在交接工作时，我会努力让团队其他成员容易接手	1	2	3	4	5	6	7
T7 在工作繁忙时，团队其他成员会找我帮忙	1	2	3	4	5	6	7
T8 在工作繁忙时，我会主动去帮助团队其他成员	1	2	3	4	5	6	7
T9 我愿意去帮助团队其他成员完成分配给他们的工作任务	1	2	3	4	5	6	7
T10 团队其他成员愿意帮助我完成分配给我的工作任务	1	2	3	4	5	6	7

Q4 本页所有题目均与您所在工作团队（小组）有关，请依据下列陈述与“您所在工作团队的实际情况”的符合程度，在合适的地方打“√”（每行限选一项）

下列有关您直属上司（团队领导）的描述，与实际情况的符合程度是？	非常不符合	不符合	比较不符合	一般	比较符合	符合	非常符合
L1 我知道团队领导对我工作表现的满意程度	1	2	3	4	5	6	7
L2 我的团队领导了解我的工作需求及我在工作中的问题	1	2	3	4	5	6	7
L3 我的团队领导认可我的工作能力和潜力	1	2	3	4	5	6	7
L4 不论力量大小，团队领导总愿意帮助我解决在工作上遇到的问题	1	2	3	4	5	6	7
L5 当我有需要时，我的团队领导会站出来维护我	1	2	3	4	5	6	7
L6 我对我的团队领导有足够的信心，在他/她不方便出面时，我会站出来支持他/她的决策	1	2	3	4	5	6	7
L7 我和团队领导的工作关系融洽	1	2	3	4	5	6	7

Q5 本页所有题目均与您所在公司（单位）有关，请依据下列陈述与“您所在公司（单位）”的符合程度，在合适的地方打“√”（每行限选一项）

下列描述在多大程度上与您所在公司（单位）符合？	非常不符合	不符合	比较不符合	一般	比较符合	符合	非常符合
P1 公司（单位）会真正关心我的幸福感	1	2	3	4	5	6	7
P2 为了让我更好地发挥能力，公司（单位）愿意在某些方面放宽权限	1	2	3	4	5	6	7
P3 公司（单位）很看重我的意见	1	2	3	4	5	6	7
P4 公司（单位）关心我的工作满意度	1	2	3	4	5	6	7
P5 公司（单位）会为我在工作中取得的成就而感到骄傲自豪	1	2	3	4	5	6	7
P6 公司（单位）很少表示出对我的关心	1	2	3	4	5	6	7

续表

下列描述在多大程度上与您所在公司（单位）符合？	非常不符合	不符合	比较不符合	一般	比较符合	符合	非常符合
P7 即便我将工作做到最好（尽善尽美），公司（单位）也不会注意到	1	2	3	4	5	6	7
P8 在我特别需要帮助时，公司（单位）愿意帮我	1	2	3	4	5	6	7
P9 公司（单位）重视我的工作贡献	1	2	3	4	5	6	7
P10 公司（单位）会充分考虑我的目标和价值观	1	2	3	4	5	6	7
JC1 我认为公司（单位）的程序和规则非常公平	1	2	3	4	5	6	7
JC2 我们公司内用于决策的程序是公平的	1	2	3	4	5	6	7
JC3 公司薪酬的制定过程是基于准确客观信息的	1	2	3	4	5	6	7

问卷到此结束，衷心感谢！

附录 B　调查问卷：多元文化经历与知识分享

尊敬的女士/先生：您好！

感谢您参与我的毕业论文调研！请您根据自身的真实情况填写，我们保证对所填内容严格保密。

此次调研并非考试，答案也没有所谓“对”“错”或“好”“坏”之分，请您放心填写。

衷心地感谢您的支持！祝工作顺利，生活愉快！

Q1.1　您目前是否为全职员工?

○ 是　　○ 否

Q1.2　请选择您的性别

○ 男　　○ 女

Q1.3　请问您的年龄为________岁

Q1.4　请选择您的最高学历

○ 初中及以下　　○ 高中/中专/技校/职高

○ 专科　　○ 本科

○ 硕士　　○ 博士

Q1.5　请问您的工作年限为________年

Q1.6　请问您目前在本单位的职位级别是

○ 基层员工　　○ 基层管理者

○ 中层管理者　　○ 高层管理者

Q1.7　请选择您的年收入（单位：元）

○ 15 万及以下　　○ 15 万~30 万

○ 30 万~50 万　　○ 50 万~100 万

○ 100 万以上

Q1. 8　请选择您所处的行业

○ 互联网/游戏/软件　　○ 电子/通信/硬件

○ 房地产/建筑/物业　　○ 金融

○ 消费品　　○ 汽车/机械/制造

○ 服务/外包/中介　　○ 广告/传媒/教育/文化

○ 交通/贸易/物流　　○ 制药/医疗

○ 能源/化工/环保　　○ 政府/农林牧渔

○ 其他

Q2. 1　请问您是否会说外语

○ 是　　○ 否

Q2. 2　请您按照从熟练到生疏的顺序，列出您掌握的外语情况（如果您掌握了 n 门外语，填写前 n 行即可）

	外语名称	您对这门语言的掌握程度（1 分代表十分不熟悉，5 分代表十分熟悉）	通过的最高等级考试（如未参加任何考试，请写“无”）
外语 1		○ 1 ○ 2 ○ 3 ○ 4 ○ 5	
外语 2		○ 1 ○ 2 ○ 3 ○ 4 ○ 5	
外语 3		○ 1 ○ 2 ○ 3 ○ 4 ○ 5	
外语 4		○ 1 ○ 2 ○ 3 ○ 4 ○ 5	
外语 5		○ 1 ○ 2 ○ 3 ○ 4 ○ 5	

Q2. 3　您的父亲是否在中国以外的国家出生

○ 是　　○ 否

Q2. 4　您的母亲是否在中国以外的国家出生

○ 是　　○ 否

Q2. 5　您认为自己对中国以外国家文化的了解程度如何？

(0 到 10，数字越大代表程度越深)

○ 0　○ 1　○ 2　○ 3　○ 4　○ 5　○ 6　○ 7　○ 8　○ 9　○ 10

Q3. 1　请问您是否到访过下列国家/地区：

1. 法国

2. 西班牙

3. 美国

4. 意大利
5. 土耳其
6. 墨西哥
7. 德国
8. 泰国
9. 英国
10. 日本
11. 韩国
12. 越南
13. 印度尼西亚
14. 澳大利亚
15. 奥地利
16. 希腊
17. 中国香港
18. 中国澳门
19. 中国台湾
20. 马来西亚
21. 俄罗斯
22. 葡萄牙
23. 加拿大
24. 波兰
25. 荷兰
26. 新加坡
27. 柬埔寨
28. 菲律宾

○ 是　　○ 否

Q3. 2 请选择您到访该国家/地区的目的、时长，并对这段经历做出评价，1 代表非常消极，5 代表非常积极。

到访目的	访问时长（单位：月）	您对这段经历的评价
○ 学习 ○ 工作 ○ 生活 ○ 旅游 ○ 其他		○ 1 ○ 2 ○ 3 ○ 4 ○ 5

Q3.3　除上述国家/地区外，您是否还去过其他的国家/地区？

○ 是　　　　　　　　　　○ 否

Q3.4　请填写其他您曾到访过的国家/地区

	国家/地区	到访目的	访问时长（单位：月）	您对这段经历的评价（1代表非常消极，5代表非常积极）
1		○ 学习 ○ 工作 ○ 生活 ○ 旅游 ○ 其他		○ 1 ○ 2 ○ 3 ○ 4 ○ 5
2		○ 学习 ○ 工作 ○ 生活 ○ 旅游 ○ 其他		○ 1 ○ 2 ○ 3 ○ 4 ○ 5
3		○ 学习 ○ 工作 ○ 生活 ○ 旅游 ○ 其他		○ 1 ○ 2 ○ 3 ○ 4 ○ 5
4		○ 学习 ○ 工作 ○ 生活 ○ 旅游 ○ 其他		○ 1 ○ 2 ○ 3 ○ 4 ○ 5
5		○ 学习 ○ 工作 ○ 生活 ○ 旅游 ○ 其他		○ 1 ○ 2 ○ 3 ○ 4 ○ 5

Q3.5　截至目前，您在中国以外国家生活/工作的百分比（0 ~ 100%）

	0~100%
百分比	

Q4.1　请根据下列描述与您的自我评价的符合情况，做出真实的选择。谢谢！

每当我得到与工作相关的有价值的信息时，我愿意将它们分享给其他我认为感兴趣的同事

[非常不同意，非常同意]

1　　2　　3　　4　　5

Q4.2　当其他同事需要与我的工作内容或专业领域相关的信息时，我会毫不犹豫地将我拥有的全部信息提供给他/她

[非常不同意，非常同意]

1　　2　　3　　4　　5

Q4.3　我会积极参与公司内的各种讨论会或工作小组，提出我的想法，并帮助其他同事找到解决问题的方法

[非常不同意，非常同意]

1　　2　　3　　4　　5

Q5.1　请根据下列描述与您的自我评价的符合情况，做出真实的选择。谢谢！

我相信我可以取得人生应有的成就

[非常不同意，非常同意]

1 2 3 4 5

Q5.2 我有时会感到沮丧、失望或消沉

[非常不同意，非常同意]

1 2 3 4 5

Q5.3 一般情况下只要我努力都能成功

[非常不同意，非常同意]

1 2 3 4 5

Q5.4 有时，如果我失败了我会感觉自己很没用

[非常不同意，非常同意]

1 2 3 4 5

Q5.5 我能出色地完成各项任务

[非常不同意，非常同意]

1 2 3 4 5

Q5.6 有时，在工作上我感觉自己很无助

[非常不同意，非常同意]

1 2 3 4 5

Q5.7 我对自己的能力充满怀疑

[非常不同意，非常同意]

1 2 3 4 5

Q5.8 我觉得自己无法主宰事业上的成败

[非常不同意，非常同意]

1 2 3 4 5

Q5.9 有时，我感觉工作上的事情对我来说非常的糟糕和令人绝望

[非常不同意，非常同意]

1 2 3 4 5

重要术语索引表

后　记

在当今科技迅猛发展、国家间联系越发紧密的时代，知识分享对于个人和企业发展的意义越发重要。在企业内部，员工面临着不同层次的社会网络和资源，它们会对员工在工作中是否做出以及如何做出知识分享行为产生显著影响。在企业外部，员工正在全球化深入发展的浪潮中接触着多样性的文化。不同的文化经历会塑造员工心理，进而影响他们的知识分享行为。本书试图从两个理论视角——多层次和多元文化着笔，去探讨其对员工知识分享行为的影响。希望所得结论能够对企业管理理论和实践发展做出些许贡献。对于本书存在的不足和有待完善之处，还请各位读者多多包涵。

在知识经济时代，知识管理对于企业和个人发展的重要性不言而喻。于企业而言，知识管理是企业保持创新发展的根基。于个人而言，知识管理是个人成长和职业发展的关键。Share your knowledge to continue a timeless tradition。虽然本书所探讨的知识分享问题，只是知识管理过程中的一个环节，但这无疑是一个重要环节。一方面，它有利于个人自我成长，并能让个体在此过程中培养良好的道德习惯。另一方面，它有利于他人成长。“送人玫瑰，手有余香。”知识分享能帮助他人与自己共同进步，并能让个体在此过程中收获新的知识。

“学者观书，每见每知新意则学进矣。”学习和成长是人生永恒的话题，祝福本书的读者都能“求知若饥，虚心若愚”，人生不断进步。